企业经营业绩评价专论

张 蕊 著

中国财经出版传媒集团
中国财政经济出版社

图书在版编目（CIP）数据

企业经营业绩评价专论／张蕊著．--北京：中国财政经济出版社，2022.3

ISBN 978-7-5223-1223-1

Ⅰ.①企…　Ⅱ.①张…　Ⅲ.①企业经济－经济评价　Ⅳ.①F272.5

中国版本图书馆 CIP 数据核字（2022）第 037020 号

责任编辑：彭　波　　　　责任印制：史大鹏

封面设计：卜建辰　　　　责任校对：张　凡

中国财政经济出版社 出版

URL：http：//www.cfeph.cn

E-mail：cfeph@cfeph.cn

社址：北京市海淀区阜成路甲 28 号　邮政编码：100142

营销中心电话：010-88191522

天猫网店：中国财政经济出版社旗舰店

网址：https：//zgczjjcbs.tmall.com

北京财经印刷厂印刷　各地新华书店经销

成品尺寸：170mm×240mm　16 开　15.5 印张　249 000 字

2022 年 3 月第 1 版　2022 年 3 月北京第 1 次印刷

定价：68.00 元

ISBN 978-7-5223-1223-1

（图书出现印装问题，本社负责调换，电话：010-88190548）

本社质量投诉电话：010-88190744

打击盗版举报热线：010-88191661　QQ：2242791300

前 言

企业经营业绩评价历来都是一个重要的研究话题。就国家而言，其代表人民行使国有资产所有权的职责，担负着国有资产的保值增值的使命，势必关心国有资产经营者的经营状况或业绩，为此，需要就经营者的经营业绩进行评价。而企业经营者出于对自身利益的追求，如晋升、提薪、期权的行使等，也必然关注经营业绩的考核；同时，作为一种制度安排的业绩评价，还是企业根据经营目标定位进行管理的一个重要工具，帮助经营者对业绩的形成过程进行监控，从而确保经营目标的顺利实现。可见，对企业经营业绩的评价展开研究具有重要的实践意义。

为了更好地指导企业经营业绩评价的实践及运用，需要厘清业绩评价的理论问题，包括业绩评价的要素、功能，业绩评价的理论依据、原则、机理等；需要就科学的业绩评价及其指标体系的形成、评价标准的选择、评价方法的确定提供理论的支持。只有科学、恰当的评价体系，才能确保企业经营业绩评价实践正确开展，从而保证评价结果客观公正。

然而，科学的业绩评价体系也不是一成不变的，随着经济的发展、科技的进步、环境的变化，企业的经营目标定位、管理的理念与方法亦会发生改变，业绩评价的理论、指标体系、评价标准与方法也应与时俱进地发生变革。只有这样，才能使业绩评价这一机制作用的发挥与各经济发展阶段（时期）相适应。

指标体系是业绩评价体系中最为关键和重要的组成部分，它直接体现了业绩评价的导向，是风向标。指标的选择及其指标体系的设置所涉及的理论问题最多，包括应遵循的原则、理论依据、应考虑的因素等，关系到评价体系的合理性、科学性，直接影响评价结果的客观、公正、合理。因此，指标体系构成了企业业绩评价体系的研究重点。

本人长期以来一直关注并从事企业业绩评价理论与实践相关问题的研究，包括业绩评价的基本理论、理论依据及业绩评价的机理，业绩评价指标及其指标体系的设置；各个经济发展时期（或阶段）企业业绩评价的特征、内容、评价的理念、评价的原则等问题的研究，同时，还对一些产业与行业企业的绩效评价展开了专门的研究。针对这些研究主题本人还承担了国家社基金课题的研究项目。

本书汇集与整理了本人历年来与企业业绩评价相关的研究内容，并区分企业业绩评价概述、企业经营业绩评价指标体系研究和企业经营业绩评价专题分别展开，以期为企业经营业绩评论相关研究提供必要参考。

张　蕊
2022 年 5 月

目　录

第一部分

企业经营业绩评价概述

| 第一章 |

中外企业业绩评价的历史演进及其启示

回顾历史是为了更好地总结、借鉴和指导未来。从经济学角度来看，它是一个“路径依赖”的问题，任何事物的发展不可能是凭空的，它都是在过去事件的基础上的发展，因此，事物的现今特征或特点离不开其发展过程，现今的事物是对过去的一种“扬弃”。为了更好地理解现存的事物并对其未来发展进行科学的预测、判断和把握，就必须了解其产生和发展的历程。本章将在对国内外业绩评价演进史的回顾、分析和总结的基础上，总结规律，为展开业绩评价的相关问题研究提供参考。

一、国外企业业绩评价的历史发展

真正意义上的企业业绩评价是在现代公司制度诞生以后，为了加强资本所有权控制和公司内部控制而提出的，大致可分为三个阶段。

（一）成本业绩评价时期（19 世纪初至 20 世纪初）

从成本业绩评价时期各阶段的特点来看，可分为早期简单成本业绩评价阶段、较复杂成本业绩评价阶段和标准成本业绩评价阶段。

1. 简单成本业绩评价阶段。

早期的成本思想与简单的成本计算是随着商品货币经济的出现而随之萌芽的，是在自然经济的束缚之下形成和发展的，是处于低级阶段的成本会计。早期的成本思想是一种很简单的将本求利思想，成本计算也是一种简单的以盈利为目的的计算。这一阶段的经营业绩评价的重点就是降低生产成本，由此形成了诸如每码成本、每磅成本、每公里成本等的评价指标。这种业绩评价带有统计的性质。

2. 较复杂成本业绩评价阶段。

较复杂的成本业绩评价是伴随着成本会计第一次革命而到来的。随着资本主义商品货币经济的产生，资本主义手工工场的出现，原有的在一般商品货币经济条件下仅仅以计算盈利为目的的简单的将本求利思想已逐渐被如何提高生产效率，以便尽可能多地获取利润的思想所取代。简单的成本业绩评价已越来越不能满足工场的管理需要，于是，在人类早期的成本思想和简单成本业绩评价的基础上出现了较为复杂的成本计算和业绩评价。这一业绩评价经历了三个阶段：最初，人们核算与评价的依据是实际主要成本（actual primary cost），这种主要成本只包括材料和人工费用，而不包括间接制造费用，也称为直接成本计算的业绩评价。工业革命后，随着近代工厂制度的建立，企业将全部费用计入成本，认为这种实际全部成本才是唯一真实成本（true cost）。这样，“实际主要成本”就过渡到了“实际全部成本”核算的业绩评价。然而不久以后这种观念就被打破，取而代之的是将间接费用的正常分配额计入产品成本的正常分配理论（theory of normal burden）。在这一理论指导下，人们在核算成本时开始根据成本应负担的正常分配额进行计算，超额分配费用（over applied expense）和不足分配费用（under applied expense）则另行处理，因此就出现了所谓的“正常成本核算”（normal cost accounting）。由于“正常成本核算”主要是处理间接费用的分配问题，因此也称为“间接成本核算”，并以之作为该阶段业绩评价的主要依据，从而形成了间接成本业绩评价。

3. 标准成本业绩评价阶段。

19 世纪末，随着资本主义市场经济的进一步发展和竞争意识的加强，这种较复杂的成本会计核算与评价制度已不能满足资本家最大限度地提高生产效率以攫取利润的目的要求，这是因为已有的成本核算是事后的分析计算，反应迟钝，不便于成本控制；没有成本目标，不便于进行预防性管理，根据这样的成本评价指标对经营业绩进行考核，不利于预测和控制。于是建立一套以成本控制为中心的企业成本会计，并据此对经营业绩进行评价的制度已成为必要。1903 年，美国工程师 F. 泰罗创造了科学的管理理论，他所倡导的“一切工作标准化”制度，为后来标准成本制度的建立奠定了理论基础。

1911 年，美国会计工作者哈瑞设计了最早的标准成本制度，实现了成本会计的第二次革命。标准成本制度的建立，标志着人们观念的转变，由被动的事后系统反映分析转变为积极、主动的事前预算和事中控制，达到了对成本进行管理的目的。成本控制的状况即标准成本的执行情况和差异分析结果成为该时期评价企业经营业绩的主要依据。

（二）财务业绩评价时期（约 20 世纪初至 20 世纪 90 年代）

财务业绩评价时期经历了以下几个阶段。

1. 以销售利润为中心的财务业绩评价阶段。

20 世纪初，资本主义经济处于大发展时期，大量的现代公司制企业都处于建立与成长阶段，这时的企业经营管理目标是追求市场份额和销售额的增长，公司通常借助于“利润中心”对公司进行管理与控制，与之相适应，评价企业经营业绩状况的指标主要是销售利润率。

2. 以投资报酬率为中心的财务业绩评价阶段。

随着资本主义经济的发展，企业的规模不断扩大，企业经营所需的大量资金通过资本市场筹集，这时作为投资者——股东的利益越来越受到关注和重视，企业对股东投入的资金负有保值增值的义务。围绕着股东价值最大化这一财务管理目标，对企业业绩的评价主要是运用投资报酬率这一指标，20 世纪 70 年代，根据麦尔尼斯（Melnners）对 30 家美国跨国公司 1971 年业绩进行评价分析后发现，最常用的业绩评价指标为投资报酬率，包括净资产回报率，其次为预算比较和历史比较。在泊森（Person）和莱兹格（Lezzig）对 400 家跨国公司 1979 年经营状况所作的问卷调查分析中显示，采用业绩评价的财务指标还有销售利润率、每股收益（EPS）、现金流量和内含报酬率（IRR）等。其中，经营利润和现金流量已成为该时期业绩评价的重要因素。对管理者的补偿也是根据 EPS 及其增长以及与竞争对手相比的回报指标情况而定。

3. 以财务指标为主的业绩评价阶段。

20 世纪 80 年代，对企业经营业绩的评价形成了以财务指标为主、非财务指标为补充的业绩评价。美国许多公司，包括跨国公司已意识到过分强调短期财务业绩是美国公司在竞争中处于不利地位的重要原因，于是它们将着眼点部分地转向企业长期竞争优势的形成与保持上，由此，非财务指标在业绩评价中的作用越来越大。然而，它们的注意力基本上还是集中于财务业绩，而不是其他，更为重要的是对管理者的补偿主要还是依据财务业绩。因此，这只能说是一个以财务指标为主、非财务指标为补充的业绩评价时期。这一时期的重大变化就是将非财务指标如产品生产周期时间、客户的满意程度、保修成本等引入业绩评价体系。

（三）企业战略经营业绩评价时期（20世纪90年代至目前）

随着经济的进一步发展、企业战略经营目标的确立和管理要求的改变，这种置控制于中心地位的财务业绩评价已越来越不能满足置战略于核心地位的战略业绩评价的要求。新时期的经济呼唤着新的业绩评价体系的产生。于是平衡计分卡（the balanced score card）便应运而生。这一阶段的业绩评价特征为：财务指标和非财务指标的结合；以创新为内核，以竞争优势的形成与保持为关键；强调可持续发展。

二、我国企业业绩评价的历史演进

我国企业业绩评价的历史，主要是政府对国有企业业绩评价的发展史。此外，我国历来就存在财政部和其他部门，如国家计委、国家经委等两条线展开的企业业绩评价方法。

（一）以国家计委、国家经委等组织开展的企业业绩评价的演进

1. 20世纪70年代以前计划经济时期的实物产量考核。

在计划管理体制下，企业没有生产决策权、定价权、财务控制权、产品销售收入分配权；而是在国家计划下，按国家计划生产，生产要素由政府无偿拨付，所生产的产品规格、数量由政府计划决定，产品和劳务由政府统一调拨和销售，财务上实行统收统支，利润全部上缴，亏损全部核销。在这种计划经济下，国家只能采用产品产量、产品质量、节约降耗等作为主要考核评价指标。

1975年国家拟定了“工业企业八项经济技术考核指标”，包括：

· 产品产量

· 品种

· 质量

· 原材料燃料动力消耗

· 流动资金

· 成本

· 利润

· 劳动生产率

考核评价的方法是与计划目标和行业生产技术标准进行对照。与这种考核方式相适应的奖惩办法是完成指令性任务，发奖状、奖章，并辅以适当的物质奖励。在当时，亏损企业获奖的情况十分普遍。

2. 20 世纪 80 年代改革开放后以产值和利润为主的考核。

20 世纪 70 年代以前的以实物产量为主的企业考核方式的后果是国有企业严重缺乏效率，许多企业都有一种总量扩张的冲动，不计成本地千方百计上项目，生产积压越来越多。60 年代初不少经济学家看到了这种弊病，提出了企业应以利润为中心的思想。党的十一届三中全会，国家对企业逐步扩大了经营自主权，实施放权让利；特别是 1984 年的十二届三中全会《关于经济体制改革的决定》，突破了计划经济与商品经济相对立的传统观念，指出中国社会主义经济是公有制基础上的有计划的商品经济，国家对国有企业先后实行了提取企业基金制度、企业利润留成制度、企业利改税制度、企业承包制等，国家对企业经营考核逐步过渡到了产值和利润为主要内容。

1982 年国家经委、国家计委等部委制定了“企业 16 项主要经济效益指标”：

· 总产值和增长率

· 产品产量完成情况

· 产品质量稳定提高率

· 产品原材料燃料动力消耗降低率

· 产品优质品率

· 万元产值消耗能源和降低率

· 产品销售收入和增长率

· 实现利润和增长率

· 上缴利润和增长率

· 产值利税率和增长率

· 销售收入利润率和增长率
· 定额流动资金周转天数和加速率
· 产成品资金占用额和降低率
· 可比产品成本降低额和降低率
· 全员劳动生产率和增长率
· 职工重伤死亡人员和降价率

以上16项指标对企业经济效益给予了全面的反映，既有产值、产量、利税指标，还有产品质量、资金使用情况、成本、能耗、劳动生产率等指标。其考核评价的具体方法为综合计分法，通过报告期指标与基期指标逐一对比，判断其改善、持平与退步情况，然后进行打分，其计算公式为：

$$经济效益总分数=\sum(改善指标个数\times10+持平指标个数\times5+退步指标个数\times0) \quad (1-1)$$

总分数越大越好，其中的10分、5分是人为赋值。总分得出以后可以将报告期分数与基期分数对比，计算出综合经济效益动态指数，即效益总体发展情况：

$$综合经济效益动态指数=报告期效益分数/基期分数\times100\% \quad (1-2)$$

这种业绩评价方法存在以下的问题：

（1）没有考虑指标的重要性有不同程度，应有不同的权重，而是简单的计分加总；

（2）报告期与基期的比较，没有考虑企业的发展是一个长期的行为，容易造成“鞭打快牛”和企业的短期行业，越是基础差的越可以得高分。因此，到20世纪80年代后期被淘汰。

20世纪80年代后期，承包制成为深化国有企业改革的主要形式，其一般做法是：为企业规定一定的利润承包指标，任务完成后，对企业实行利润留成，并允许企业与工资总额、福利与效益挂钩。然而，承包制实施并没有解决国家对企业经营者业绩进行全面考核评价的问题，有许多企业利用扩大自主权不断侵犯所有者权益，如有意压低计划指标，扩大自销比重；与主管部门讨价还价；在发奖金上相互攀比，等等，导致国有资产大量流失。为了完成承包任务、多发奖金而拼设备的短期行为。为了克服这一弊端，1988年国家统计局、国家计委、财政部和中国人民银行曾联合发布了劳动生产率、销售利润、资金利税率等8项指标，但由于没有制定综合评价方法，这8项指标没有在企业考核中得到使用，因为对绝大多数实行承包制的企业主要是考核企业承包计划的完成情况。

单纯的实现利润和上缴利税的考核方法，使国有企业在表面繁华的花环下存在着巨大的“黑洞”，如企业为了完成业绩将大量的损失挂账，造成国有企业不良资产比例年年上升，奖金年年攀升。这导致20世纪90年代后期绝大多数国有企业包袱越背越重，不同限度地陷入经营困境。

3. 20世纪90年代以投资报酬率为核心的企业业绩评价。

在总结了承包制的经验与教训之后，1991年中央工作会议提出要将经济工作的重点转移到调整结构和提高经济效益上来，防止片面追求产值和速度，强化效益指标，于是在1992年国家计委、国务院生产办和国家统计局提出了6项工业企业经济效益考核指标：

· 产品销售率
· 资金利税率
· 成本费用利润率
· 全员劳动生产率
· 流动资金周转率
· 净产值率（后改为增加值率）

根据重要性程度，对各项指标进行了权数分配，并采用了标准值的概念，其计算公式为：

$$\text{经济效益综合评价分数} = \sum (\text{某项指标报告期数值/该项指标全国标准值}) \times \text{权数} \tag{1-3}$$

上述考核办法克服了1982年16项指标的考核方法中的不足，是国有企业考核评价方法上的历史进步，对工业企业的经营管理具有合理导向性作用。

1993年，党的十四届三中全会明确提出我国经济体制改革的目标是建立和完善社会主义市场经济体制，国有企业改革的方向是建立适应市场经济要求的，产权明晰、权责明确、政企分开、管理科学的现代企业制度，1995年，国家国有资产管理局本着建立新型政企关系，实施国有资产保值增值的考核，国家从所有者角度，重点考核投入企业的国有资本的安全与质量。但是这种单一指标的考核也存在局限性，企业为了完成保值增值任务，可以采取做假账、虚列资产、少提折旧、少摊费用等手段，达到账面保值增值，以增加效益工资的目的。既引导了企业的短期行为，又客观上带来另一种形式的国有资产流失。

为积极探索国有企业经营业绩的综合评价方法，1997 年国家统计局会同国家计委、国家经委，对 1992 年颁布的工业企业经济效益评价体系进行了调整，将原来的 6 项指标调整为：

· 总资产贡献率

· 资本保值增值率

· 资产负债率

· 流动资产周转率

· 成本费用利润率

· 全员劳动生产率

· 产品销售率

指标权数也进行了重新分配；评价标准按照前四年的全国平均值确定，计分方法基本未变，只是重新规定资产负债率指标按照功效系数法计分。

4. 20 世纪 90 年代后期的企业战略业绩评价。

1999 年，由四部委联合颁发了《国有资本金效绩评价规则》。其指标体系由四个层面的 32 项指标组成；采用的是功效系数法和综合分析判断法，评价结果的等级可划分为优、良、中、低、差。该规则根据实践经验的总结于 2002 年进行了修订。

（二）以财政部等单位展开的企业业绩评价的历程

在这之中出现过 3 次重大变革：

第一次是 1993 年财政部出台的《企业财务通则》所设计的财务业绩评价；

第二次是 1995 年财政部制定的《企业经济效益评价指标体系（试行）》；

第三次是 1999 年由财政部等四部委联合颁发实施的《国有资本金效绩评价规则》。

综上所述，财政部是在 20 世纪 90 年代初开始关注并陆续颁布企业业绩评价方面的规范。

1.《企业财务通则》。

1993 年，以财政部长令发布实施的《企业财务通则》中对企业业绩评价指标作了如下的规定：

· 资产负债率

· 流动比率

· 速动比率

· 应收账款周转率

· 存货周转率

· 资本金利润率

· 销售利税率

· 成本费用利润率

该套评价体系的优点在于：

（1）指标体系的设计能以市场经济发展规律的要求作为指导思想，集中于企业偿债能力、营运能力和盈利能力的评价，而不仅仅是资金利用效率。

（2）对企业的财务经营状况进行客观的评价，而不主要是考核企业各项指标的计划完成情况。

（3）对企业的业绩从各个方面进行综合、客观的评价。

但该套评价体系仍带有计划经济体制的痕迹。

2.《企业经济效益评价指标体系（试行）》。

为了积极响应党的十四届三中全会关于进一步转换国有企业经营机制，建立与市场相适应的产权明晰、权责明确、政企分开、管理科学的企业管理制度的号召，财政部于 1995 年制定和颁发了该通知。该套指标体系有：

· 销售利润率

· 总资产报酬率

· 资本收益率

· 资本保值增值率

· 资产负债率

· 流动比率（或速动比率）

· 应收账款周转率

· 存货周转率

·社会贡献率

·社会积累率

该套评价体系与《企业财务通则》相比，具有以下几个方面的优点：

（1）中国特色与国际惯例的结合。如在总资产报酬率指标的设计上。

（2）注重综合评价。分别从企业投资者、债权人以及企业对社会贡献三个方面设置了反映企业盈利能力、企业偿债能力、资本保值增值、企业对国家和社会贡献方面的评价指标。

然而，这一评价指标体系也存在问题：

（1）没有反映企业发展趋势的评价指标；

（2）没有考虑现金流量在企业业绩评价的作用；

（3）没有非财务指标。

3.《国有资本金绩效评价规则》的评价体系。

至此，结束了对企业实行两条线的业绩考核。这是一个进步：一方面，提高了业绩评价体系的研究制定效率，避免了人、财、物的浪费；另一方面，也可以使企业避免因接受多头的评价而导致的无所适从。

随着循环经济发展模式的逐渐导入和中央提出的建设和谐社会，如何按生态发展规律设计循环经济下的企业战略经营业绩评价体系，则是摆在我们面前的一个重要的研究课题。随着自然资源从相对剩余变为短缺，尊重生态发展规律，强调人和自然和谐生存和发展已成为企业可持续发展的前提条件。它为企业创新能力的施展、竞争优势的形成和保持提供了环境的保证。与“新时期”相比，这种战略经营业绩评价强调的是以“3R”为原则、以生态化创新为内核的竞争优势的形成与保持。

三、启示

通过中外企业经营业绩评价演进史，我们可以得到以下几点启示。

（一）所得与所费是企业经营业绩评价的基本内容

无论是国外还是国内，也无论是民间企业还是国有企业，贯穿企业业绩评价的一根主线就是所得与所费，或称投入产出，只是在不同的经济发展时期和各国、各企业发展的不同要求，所表现的形式（即指标具体内容）不同而已。

在成本业绩评价时期，所体现的所得与所费的关系比较直接，在当时的情况下，由于不存在产品的销售问题，成本的降低及降低的程度成为企业获利水平高低的主要标志。

在财务业绩评价时期，由于受该时期的经济发展及环境特点所决定，企业要实现尽可能多的利润，成本的降低已不是主要途径，企业可以通过扩大经营规模，提高内部管理水平和生产效率获得，因此，所得与所费表现为较复杂的各种收入与费用的关系。企业经营业绩评价就由成本的评价发展为包括成本指标在内的财务业绩评价。

从战略经营业绩评价时期开始，人们认识到核心竞争力是企业取得良好战略经营业绩的关键，因此，将影响和体现企业核心竞争力的因素纳入评价体系中。随着对资源短缺认识的加深，企业越来越认识到应将对环境的治理费用和成本、低耗带来的收益、再使用带来的效益纳入评价体系中来，使战略经营业绩的评价充分体现循环经济发展模式的要求。

我国计划经济时期，以总产值、产量为核心的考核导致的不经济现象，说明了不以所得和所费为基本内容的考核则不能发挥业绩评价的功效。

（二）经营环境的变化是企业经营业绩评价体系发生变化的重要原因

经营环境是指企业经营所面临的内、外部环境。内部环境是指企业组织结构、企业管理模式等；外部环境是指政治、经济、社会文化、科技教育、法律环境等。任何的经济活动、管理方式只有与环境的发展相一致，才能发挥作用，业绩评价体系的演变也正体现了这一点。

1. 从成本业绩评价的产生与发生过程来看。

简单的将本求利思想，产生了简单的成本指标体系法；

生产力的发展，间接费用的增加，围绕着如何处置间接费用产生了“主要成本法”和“完全成本法”的成本评价法；

随着经营竞争的加剧，为了提高生产率，充分挖掘成本降低的潜力，产生了“标准成本”评价体系。

2. 从财务业绩评价体系的产生与发展过程来看。

随着经济的发展，市场竞争的日益激烈和手段的多样化，企业获利的渠道和方式不断变化和增加，于是所得与所费的内涵不断扩大，指标体系也越来越丰富，分别出现了以销售利润率为中心的财务业绩评价阶段、以投资报酬率为中心的财务业绩评价阶段和以财务指标为主的业绩评价阶段。

3. 从战略经营业绩评价的产生与发展来看。

企业对长期利益最大化的追求，形成了以核心竞争力为内核的，考虑内外因素共同影响的财务指标与非财务指标相结合的企业战略经营业绩评价体系。循环经济发展模式的导入对已有的企业战略经营业绩评价体系又提出了新的挑战。

4. 从新中国企业业绩评价体系的演进来看。

从我国企业业绩评价体系的发展过程，则清晰地体现这一特点，如图1－1所示。

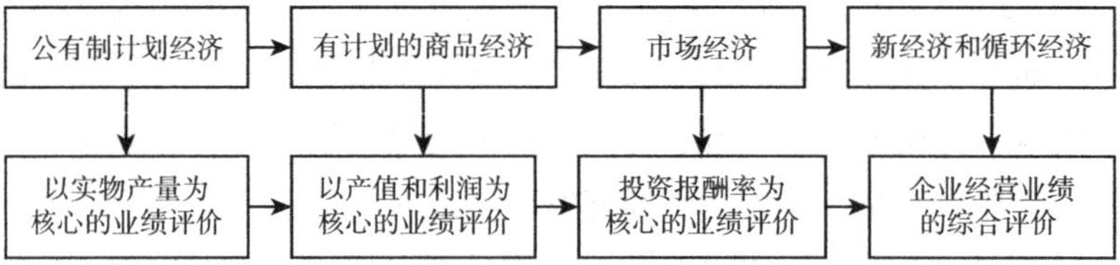

图1－1　我国企业业绩评价体系的演进

（三）业绩评价体现着不同阶段的财务管理目标

如以销售利润率为中心的业绩评价体现的是利润最大化的财务管理目标；以投资报酬率为中心的业绩评价体现的是股东财富最大化的财务管理目标；以财务与非财务指标的结合和战略经营业绩的评价体现的是相关者利益最大化的财务管理目标。

（四）业绩评价存在两种理念、作用等不尽相同的类型

这里所说的两种业绩评价主要是指以对业绩形成过程进行管理为主要目的业绩评价，如卡普兰的平衡计分卡；以及以对业绩形成结果进行管理为主要目的的业绩评价，如国有资本金效绩评价规则。

首先，两种业绩评价的作用不同。以平衡计分卡为代表的业绩评价，由于强调对业绩形成过程的管理，因此是企业的管理者为实现战略经营目标而实施的一种管理手段，它构成了企业战略管理的重要内容，是企业管理者的一种自觉自愿的行为。并且，由于各企业的情况各不相同，平衡计分卡的具

体内容也不尽相同。而以《国有资金效绩评价规则》为代表的业绩评价，是所有者对经营者的经营结果的评价，而且评价的结果是对经营者实施奖惩的依据，如与经营者的薪酬、晋升、期权等的挂钩，因此，是一种强制性的业绩评价。同时，为了便于比较，指标体系一般是相同的。

其次，两种业绩评价的主体不尽相同。综上所述，平衡计分卡的评价主体主要是企业的管理者、职员等；而规则的评价主体主要是投资者、债权人、政府等。

最后，也是最重要的，两种业绩评价的理念不同。以平衡计分卡为代表的业绩评价强调业绩形成过程的管理，通过管理来实现预期的目标。即运用层层分解的形式，将企业的战略经营目标转化为集团、公司、子公司、分公司、部门、职员等各个层面的平衡计分卡，通过不同层面的管理与协调，确保战略经营目标的实现。可见，这种业绩评价贯彻的是“程序的理性”，通过程序的理性来达到结果的理性和公平。以《国有资本金效绩评价规则》为代表的业绩评价，强调对业绩结果的管理，通过将业绩的结果划分成不同的等级，并实施必要的奖惩，达到对经营者的激励与约束。与此同时，通过经验的总结，为下一阶段的经营提供借鉴。因此，这种业绩评价体现的是“结果的理性”，是以“亡羊补牢，未为晚也”为管理理念。然而，毕竟羊已亡，损失已成，我们应乘羊未亡时，加固牢，使羊不亡，这可将损失降低到最低限度。

| 第二章 |

企业经营业绩评价理论与方法的变革

21 世纪是经济全球化、经济信息化和高科技化的世纪，企业的经营环境发生着前所未有的变化，企业的经营管理理念和方法正在进行着一场深刻的革命，与此相适应，业绩评价的理论与方法也正在进行一次重大的变革。

一、业绩评价重心的转移

业绩评价的重心从事后评价转到为实现企业战略经营目标服务，把业绩评价工作纳入战略管理的全过程。传统的财务业绩评价方法主要为企业的事后管理提供相关信息，并且易导致企业的短期行为，显然，已远不能适应现代企业的管理要求，即战略经营管理要求。这种不适应性体现在：财务业绩评价指标由于太“财务数据”化而不能与企业正在进行的作业活动相联系，因而不能有效地提供管理和决策所需要的信息。由于业绩的评价缺乏与企业战略经营目标的联系，可能会导致管理者做出错误的决策，企业的管理者很可能将公司目标定为净资产回报率最大化。这一目标的确定就会使高盈利部门由于担心投资回报率的降低而不愿意对那些有发展前途与项目进行投资；而那些经营状况不佳的部门，为了提高其平均投资回报率水平，而乐于投资任何项目，哪怕那些投资项目的回报低于公司的资本成本。这显然不利于企业战略经营管理和战略目标的实现。此外，传统业绩的评价所强调的是分部门的业绩考核，易产生局部利益行为。例如，材料采购部门为了避免发生原材料实际成本与标准成本之间的不利超支差额而采购价廉质低的原材料，从而导致产品质量的下降；生产部门为了完成生产预算而片面地增加产量，导致产品的积压；销售部门为了完成销售预算只愿意接受大笔订单而忽视了中小客户，导致了产品销售市场的萎缩；企业内部部门之间为了完成各自的预算目标，只顾及自身利益而缺乏各部门之间的协调与合作，导致企业难以实现全局目标，更不用说战略目标的实现。

为了能有效地克服传统业绩评价方法的缺陷，更好地适应现代企业管理的要求，应将业绩评价纳入整个管理过程之中，把企业既定的奋斗目标作为业绩评价的起点和管理的起点。也就是说，这时的业绩评价指标体系应有助于企业战略目标的战术转换和具体的执行。具体的程序是：首先，运用指标体系将战略目标转换成阶段性的战术目标，然后将这些目标分层次（高级管理人员、一般或中层管理人员和职员）转化为具体的评价指标内容，以便不同部门、不同人员明确各自的任务：高级管理人员清楚达到长期战略目标的关键因素，各部门和职员清楚地知道各自所完成的任务对企业总目标完成的影响，达到有效地克服在传统管理体制下制订战略和实施战略之间往往存在着差距这一问题。这种管理也有利于各部门的协调一致，从而达到整体利益最大化。总之，通过业绩评价指标体系使企业的战略目标转化为阶段性的、具体的、可操作的并为大多数人所理解的目标，使业绩评价指标体系融入战略管理的全过程，真正体现为企业战略管理服务的思想。

二、实现财务指标与非财务指标的有机结合

财务指标的有机融合可以充分反映企业经营业绩的发展趋势。财务指标是评价企业战略经营业绩的一个重要方面，但它不能也无法涵盖全部业绩评价的内容。战略经营业绩的评价应从影响企业经营成功的关键要素入手建立指标体系，才能进行正确的评价，而财务业绩评价指标体系偏重于企业内部因素对经营业绩影响的评价，忽视了对外部因素影响的评价。在现今这个动荡多变的经营环境下，企业所面对的外来环境挑战越来越激烈，没有对外部环境的正确评价，企业很难发现自身的优点、缺点以及所面临的机会和威胁，也就很难在长期的竞争中获得战略优势。因此，业绩的评价除了要关注企业内部管理水平及生产率的提高外，更应充分注意外部因素诸如客户满意程度、企业产品市场占有率、技术创新与产品创新等方面的因素，此外，还有职员的满意程度等均为业绩评价应予考虑的重要因素。不重视这些重要因

素的影响作用，业绩的评价就不可能做到客观、综合、合理。我们知道良好的业绩评价指标体系不仅有利于业绩的正确评价，还有利于管理者明确企业的努力方向，便于企业的战略经营管理和经营目标的实现。

通常，财务指标由于其数据太依赖于会计报表而具有滞后性，而非财务指标，诸如客户层面、职员层面和内部生产经营过程层面等有关指标，大多能反映出企业发展的趋势，因此，具有一定的预示性作用，可以有效地弥补单一财务业绩评价指标体系易导致企业短期行为的缺陷。

三、凸显创新绩效

重视创新业绩的评价，形成企业持续不断的核心竞争优势。新时期经济发展的核心特征就是创新，也正是因为有了不断的创新，才使新时期经济发展具有旺盛的生命力。创新又以技术创新为最重要。当前国际范围内的竞争主要是经济竞争，经济竞争的核心是技术和人才的竞争。在国际资本相对过剩、人才流动频繁的条件下，在市场容量、资源、环境的约束更为强烈的今天，一个国家的形象、一个企业在竞争中的地位和优势，主要取决于其技术创新及转化为生产力的速度、范围和效益。发达国家已由原来争夺原材料资源为重点转移到技术的开发和人才的竞争上。可见，创新已成为一个国家、一个企业获得竞争优势的首要因素，也是主要的推动力。美国之所以能保持较长时期的经济稳定增长，通货膨胀率持续下降，失业率下降，其本质原因在于其知识与技术的不断创新。

核心竞争力是指企业或组织所具有的、其竞争对手不易模仿或超越的，企业持续不断的竞争优势。它包括研究和开发能力、不断创新的能力、将技术和发明成果转化为产品或现实生产力的能力、组织协调各生产要素进行有效生产的能力以及企业应变能力。企业的核心竞争力是企业长期发展能力和企业业绩不断得到改善的有力保证，是企业战略经营成功的法宝。根据新时期经济发展的特点，具有不断创新能力的企业比其他企业更具有竞争优势，更易形成和保持自己的核心竞争力。企业的创新与核心竞争力之间是相互促进的关系：没有核心竞争力形成与保持的愿望，就没有创新的动力，没有创新也就没有核心竞争力的形成。正如著名经济学家罗伯特·艾略所说：技术是企业参与全球竞争的一个强有力的武器。从形成市场优势地位来看，创新可使企业在市场竞争中获得优势，可以使企业更迅速开拓新的市场领域，如提供了一种新产品可以抢先占领市场；或者由于改进了生产工艺使产品成本下降，使企业获得了价格上的优势，从而不断扩大企业的市场占有份额。从企业的发展来看，不断创新有利于企业的长期发展，提高自身的竞争能力，减少企业未来的不确定性。此外，创新还可使企业的资源配置更趋合理，产生更好的整体效益，降低企业受威胁的程度，使企业在优势的基础上谋求更大发展，从而进入良性循环。

总之，创新是企业核心竞争力形成与保持的关键因素，核心竞争力是企业实现其战略经营目标的法宝。因此，创新业绩的评价应是企业业绩评价中的一项重要内容。

四、重视知识与智力资本的作用

将知识与智力资本纳入评价指标体系，以体现无形资产在业绩方面的重要作用。农业经济是以自然资源为基础的经济，工业经济是以资本资源为基础的经济，知识经济是以知识与智力资源为基础的经济，缺乏对知识与智力资本方面的评价指标，不能不说是一大缺憾，注重财务衡量的传统会计对有形资产的刻画可谓淋漓尽致，而在对知识与智力等无形资产的确认、计量、记录和报告方面却显得捉襟见肘，然而恰恰是这些无形资产对当今在竞争激烈环境中的企业获得经营成功起着举足轻重的作用。例如，微软公司的账面资产价值与公司的市值之间的巨大差额以及 NEC 等高科技产业，其公司的股价均高于传统产业，这不能不说是由于知识与智力资本作用的结果。把上述资产纳入会计报表并成为正式的财务衡量的内容尚需时日，但把它纳入业绩评价指标体系则已势在必行。

可以预见，企业经营业绩评价将顺应现代化企业管理的要求，融入整个战略管理过程，并将战略目标作为其业绩评价的起点和管理的起点；其指标体系的建立将在传统业绩评价的基础上进行完善和拓展，形成充分体现企业战略经营管理要求、体现企业核心竞争力和知识与智力资本作用的财务与非财务指标有机结合的业绩评价指标体系。

| 第三章 |

企业经营业绩评价的理论依据及机理分析

企业经营业绩评价体系的设立是否科学、评价结论是否公正需要有理论作指引，这些理论主要包括以下几种。

一、“最大、最小”法则与业绩评价

经济学是研究如何有效配置稀缺性资源的科学，需要回答和解决三大基本经济问题：(1) 生产什么和多少；(2) 如何生产；(3) 为谁生产。在市场经济条件下，生产什么取决于消费者的货币选票，消费者偏好形成的购买决策指明了社会资源的最终用途，成为引导生产者进行生产决策的基本信号；如何生产取决于不同生产者之间的竞争，竞争迫使每个生产者采用效率最高的生产方法，以便把成本压到最低点；为谁生产取决于生产要素市场的供给与需求，即社会产品的分配取决于人们拥有的生产要素的数量和价格。这样，市场通过价格、供求和竞争机制的作用，有效地解决了人类社会的三大基本经济问题。

市场之所以能解决人类社会的三大基本经济问题，其深层原因在于人类的经济行为遵循着以下基本法则：

1. 追求利益（效应）最大化。这是市场能有效配置资源的最基本要素。在市场上消费者是追求个人效应最大化，生产者是追求利润最大化，劳动者是追求个人收入最大化，出资者是追求资本收益最大化。利益动机是驱使人们发生经济行为的基本动机，利益最大化是经济活动必须遵循的基本法则。

2. 力求代价（成本）最小化。人们在从事经济活动的过程中要实现利益最大化目标，就必须努力实现代价（成本）最小化目标。因为人们在经济活动中要取得收益，需要投入一定的人财物力，支付一定的成本，付出一定的代价。显然，在取得一定成果的情况下，付出的代价越小，投入的成本越低，获取的利益就越大，就越合算越经济。代价（成本）最小化也是经济活动必须遵循的基本法则。

总之，利益最大化和成本最小化是一个经济问题的两个方面，用最小的成本获取最大的利益是人类经济行为的基本取向，人们通常称其为经济活动的“最大、最小”法则。

从业绩评价看，“最大、最小”法则是企业经营业绩评价最主要的理论基础。因为企业从事生产经营活动首先要投入一定的人财物力，即垫支一笔成本，才能生产出产品和服务；企业通过交换实现的产品和服务价值，首先必须能补偿其垫支的成本，否则就不能进行简单再生产。只有当企业通过交换实现的产品和服务价值等于或大于所垫支成本时，企业才有存在的价值。企业要不断发展壮大，就必须千方百计扩大收入和降低成本。收入越高，成本越低，利润就越大，企业发展的基础就越牢固。用最小的成本去获取最大的收入，即利润最大化是企业从事生产经营活动的根本目的，也是企业经营业绩的集中体现。可见，所得与所费的关系是企业经营业绩评价的基本关系，“最大、最小”法则是企业经营业绩评价应遵循的基本法则。

二、资本保全理论与业绩评价

在市场经济条件下，企业是出资者的企业，是一个资本集合体，所有者是唯一的剩余风险承担者和剩余权益享受者，出资者利益是企业最高利益。企业追求利益最大化直接表现为资本增值最大化。资本保全和资本增值最大化成为企业经营业绩评价的基本前提，从而构成企业经营业绩评价最直接的理论基础。

资本是能增值的价值，这是人所共知的资本的本质特征。按照国际会计准则委员会的意见，资本有两种概念，即财务资本概念和实物资本概念。“按照资本的财务概念，资本如同投入的货币或投入的购买力，是企业净资产或产权的同义语。按照资本的实物概念，资本如同营运能力，被看作是以每日产量等为基础的企业的生产能力。”根据上述分析，资本是资产总额减去负债总额后的净资产，这部分净资产就是企业所有者的资本，它构成了企业所有者对企业的产权。其来源如下：一是所有者的投入资本，二是这种投入资本的增值（利润）。

公司制企业是一种有效的财产组合方式。它作为所有者的企业，体现了所有者权益，作为一种资本组织形式，汇集了所有者、债权人等社会化资本，作为多方利益的结合体，渗透了各方的利益。为此，第一，法律上赋予公司法人地位，使其拥有全部法人财产权并据此享有民事权利，承担民事责任，也就必然要从法律上保护企业法人财产权利不受侵犯，即从法律上保全法人资产。例如，规定所有者的投资不得抽回，只能转让，企业增资减资要有法律程序等。公司资本保全的法律目的之一在于保护企业各方利益。第二，会计上的持续经营假设首先要求的是资本保全，因为只有保全企业资本，才能维持企业法人这种资本组织形式的长期存在和发展，而企业这种资本组织形式正是所有者投入资本实现增值的“繁衍地”。所有者拥有公司（其价值以净资产表示），公司拥有资产资本，保全公司净资产就等于保全所有者的资本及其增值能力。

按照资本保全的经济含义，资本保全应该是在一个报告期内，期末的资本（净资产）大于等于期初的资本（净资产）。只有这样才算是保全了资本及其增值能力。这种表述看似简单，但是要准确地计算资本保全却不容易。至少有三个问题要解决：第一，由于存在期初和期末的时间差，资本保全要考虑货币的时间价值和物价变动等因素的影响；第二，由于资本有财务资本和实物资本两种概念，资本保全要从保全资本的名义货币、保全资本的实际购买力、保全资本的实际生产能力三个角度考察；第三，对非经营而增减的资本（净资产）要科学界定。

在考虑货币时间价值因素的情况下，只有在期末资本额大于或等于期初资本额的复利时，才可视为资本保全。在考虑物价变动因素影响的情况下，只有在期末资本额大于或等于按物价指数调整后的期初资本额时，才视为资本保全。

资本保全与盈利有着密切关系，利润是在资本保全的基础上确定的，资产的流入必须大于保全资本所需要的金额，才可以视为利润，也才可以作为资本报酬。不言而喻，利润是从收益中扣除费用后确定的，因而利润和成本补偿都与资本保全有密切关系。

在实践中，强调成本补偿与企业盈利，还是强调资本保全与资本增值，主要受所有权与经营权分离程度及企业财务管理目标两种因素制约。当企业所有权与经营权不分或分离程度很低时，企业财务管理的目标大多是利润最大化，分析和评价企业行为和业绩的指标往往是成本补偿与企业盈利。其原因是：利润的大小代表了剩余产品的多少；利润越大的企业越容易获得资本而有利于资源配置：企业的利润越多，社会财富就越大。当企业所有权与经营权分离程度较高时，企业的财务管理目标是所有者收益最大化，即在考虑货币时间价值和风险价值的情况下使企业的总价值最高，所有者收益最大。在上市公司中，所有者收益最大化体现为股票市价最大化。一般来说，股票市价可全面反映公司的获利能力、时间价值、风险价值、预期收益等各种因素及其变化。这一目标既反映了所有者的利益，也反映了债权人、劳动者和管理者的利益，是来自公司外部的客观评价。

从上述资本保全和资本保值增值的概念及其运用可知，资本保全和资本增值的实质是实现资本收益最大化，是在资本经营状态下所得与所费关系的具体体现，即用尽可能小的垫支资本去获取尽可能大的资本利益。

三、委托代理理论与业绩评价

委托代理理论是在现代公司制条件下产生的，揭示企业委托代理关系的形成、发展和协调机理及其有效性的理论。

现代公司制企业的委托代理关系有以下特征：(1) 委托代理关系是一种利益关系，委托人一方要事先确定一种报酬机制，激励代理人尽心尽责，努力实现委托人利益最大化目标；代理人据此选择自己的努力方向和行为方式，以求得自身利益（效用）最大化。委托代理关系是否有效的关键是这一制度安排能否实现双方利益的平衡，从而保证代理人目标与委托人目标一致性。(2) 委托代理关系是一种契约关系。委托人与代理人之间不是一种普通的合作关系，而是通过契约严格规定了双方的权利和责任，但这种契约是一种不完备的契约。这是由于企业经营存在不确定性、委托人与代理人之间的信息不对称性和有限理性、委托人与代理人目标的不一致性等所决定的。这种契约的不完备性隐含着代理风险，代理人有可能偏离委托人目标要求，从而发生损害委托人利益的行为，这就是所谓的代理人问题。

委托代理理论认为，委托代理关系中存在的基本问题就是代理人问题。要解决代理人问题，首先要建立有效的选聘机制，要考察代理人的专业胜任能力和信誉，执行严格的选聘程序，甚至采用试用期的方式增进对代理人的了解，消除信息障碍。但是，即使严格执行了选聘程序，仍然会产生代理人问题。一是因为代理人是一个具有独立利益和行为目标的“经济人”，他们的行为目标与委托人的利益目标不可能完全一致；二是代理人作为“经济人”同样存在“机会主义倾向”，在代理过程中可能产生职务怠慢、损害和侵蚀委托人利益的“道德风险”和“逆向选择”问题；三是市场环境的不确定性和信息的不对称性，委托人很难准确判断代理人的努力程度，代理人是否存在机会主义行为。为了解决代理人的道德风险和机会主义倾向，委托人必须建立一套规范的制衡机制来规范和约束代理人行为，使代理人目标与委托人目标趋向一致，从而减少代理风险，提高企业经营效率和投资回报。一般而言，委托人对代理人的管理主要通过选聘机制、激励机制、约束机制实现。选聘机制即按规定程序挑选和聘任经营管理者，激励机制包括高报酬（工资）和高质量物质待遇及权力配置激励；约束机制主要体现为对经理人决策行为的控制和经营过程的监督。

选聘机制、激励机制、约束机制作用的发挥都离不开评价机制的作用。评价机制通常也包括社会评价机制和企业内部评价机制。社会评价机制的核心是市场评价，主要有：资本市场评价机制、产品市场评价机制和经理市场评价机制。

1. 资本市场评价机制。

资本市场评价主要通过股票市场来实现。在股票市场有效的前提下，股票价格成为有关现在和未来净现金流量的内部决策效率的无形标志，股票价格下跌对公司未来筹资等经营方面带来压力，对经营者形象及其人力资本价值产生影响，迫使经营者的决策不能过分偏离股东的利益，因而形成对经营者行为的重要约束。

2. 产品市场评价机制。

在竞争性的产品市场，产品具有竞争力成为企业盈利的必要条件，而产品竞争取胜的重要因素在于产品质量和产品成本，在于产品决策是否适合消费者需要，而这些又取决于经营的优劣。这种竞争的市场环境把经营者的能力、努力程度和企业在市场中表现出来的经营业绩联系在一起，企业的利润水平的同行比较就形成了对经营者能力和行为的综合评价。产品竞争的压力迫使每个经营者必须努力为提高企业经营效益而努力拼搏。

3. 经理市场评价机制。

竞争性经理市场的存在对于降低代理成本具有重要意义。经理市场通过其内在机制决定经理的人力资本价格，它使经理人员的能力和道德水平通过产品市场和资本市场反映出来的企业价值，转化为经理市场的人力资本价值。经理市场的存在不仅为经理人员的流动和择业提供了条件，更重要的是它提供了一种公开、公平、公正的竞争机制，促使经理人员注重自身能力的提高和经营业绩的提高。

显然，上述评价机制的形成对约束代理人行为产生了重要作用，但仍然不能完全解决代理人问题。要充分发挥激励和约束机制的作用，必须加强对企业自身的控制和监督。客观、公正地对企业经营业绩作出评价的机制的建立，就成为现代企业的一项有效制度安排，为委托人对代理人实施奖惩措施提供了重要依据。可见，加强企业经营业绩的评价是完善激励和约束机制、保证委托代理关系有效性的重要途径。

四、管理理论的发展与业绩评价

企业经营业绩评价是为企业经营管理服务的，并且其本身也是一种管理制度。通过对企业经营业绩的评价，使管理者明确应努力的方向，确保企业经营目标的顺利实现。显而易见，业绩评价指标体系的变化与管理理论的发展有着必然的联系，这种联系体现在管理理论的发展为企业业绩评价指标体系的完善提供理论及方法论的指导。

1. 资本主义早期的管理思想。

18 世纪后期的工业革命，导致了工厂制度的产生，早期的管理思想就是伴随着工厂制度的出现而形成的。新兴的工厂制度带来了许多管理上的问题，如工人如何组织、相互间如何配合，在机器生产条件下人与机器、机器与机器如何协调运作、劳资之间的纠纷如何协调，劳动力如何招募、训练与采用什么样的激励方法、工厂员工的纪律如何维持，等等，所有这些都需要人们去研究和解决。为解决工业革命所带来的管理上的一系列难题，很多人从不同的角度对管理进行了一些理论研究，其中比较著名的有英国的詹姆、斯图亚特、亚当·斯密、查尔斯·巴贝奇等，这些人的早期管理思想的一个很重要特点就是解决劳动分工与协作问题，并主要着眼于企业如何进行分工与协作，以保证生产的顺利进行；怎样减少消耗，以提高生产效率取得更多的利润。管理的内容局限于生产管理、工资管理和成本管理上。在这一管理思想的指导下，早期的经营业绩评价就是运用成本指标对成本业绩的评价。

2. 泰罗的科学管理理论。

这一理论的核心内容就是提高工人的劳动生产率。为达到这一目标，必须对劳动条件和劳动定额进行一系列重大改革，必须使工人掌握标准的操作方法，并把工人使用的工具、材料、机器以及作业环境加以标准化，在此基础上制订出标准工时，按照实际完成的工作数量实行差别计件工资制。“泰罗制”的推行，提高了作业效率，降低了生产成本。与泰罗同时代的埃默森（Emerson）在成本管理上实行了标准人工成本法。亨·甘特（Gunter）又把标准人工成本法推广到材料和制造费用的成本管理中。与这一管理理论相适应，该时期的企业经营业绩评价主要是以标准成本指标为依据，形成了标准成本业绩评价方法。

3. 行为科学理论。

“行为科学”是从人们的社会心理方面去研究经济管理的一种理论，通过恢复“人的尊严”和“人性”、满足职员“自我成就”的愿望为手段，达到提高管理和生产效率的目的。在这一理论的指导下，当时在企业的管理上，划分了各个责任中心，如“投资中心”“利润中心”和“成本中心”等，利用以销售利润率为主要指标，对各个责任中心的经营业绩进行评价，形成了以销售利润率为中心的财务业绩评价时期。不可否认，行为科学理论为后来的多方位的企业综合经营业绩的评价，尤其是为包括职员满意度等方面的业绩评价指标体系的建立奠定了一定的理论基础。

4. 系统管理理论。

系统管理理论是指应用系统理论的范畴、原理，全面分析和研究企业及其他组织的管理活动和管理过程，并运用系统管理方法管理企业的理论。根据系统管理理论，企业是一个人造的开放系统，其经营既受外部因素影响，又受内部环境条件的制约，因此企业经营业绩的评价也要受外部经营环境（包括客户、竞争者、供货者等）的重大影响。与此同时，由于企业还是一个完整的系统，其经营业绩受系统内部各种因素（包括生产过程、管理水平、职员的素质等）的影响，因此作为对企业战略经营业绩进行评价的指标体系也应是一个开放的、完整的系统，这种指标体系的设置应全面考虑各项影响企业战略经营业绩的内外环境和条件因素。只有这样，才能使建立的业绩评价指标体系具有系统性、全面性，评价的结论才具有客观性、正确性。

5. 权变管理理论。

权变管理认为管理方式和技术要随企业内外环境的变化而变化。在管理因变量和环境自变量之间存在着一种函数关系，但不一定是因果关系，这种函数关系可以解释为"如果—就要"的关系。"如果"发生或存在某种环境情况，"就要"采取相应的管理思想、管理方式。显然，作为因变量的管理思想、管理方法和技术应随环境自变量的变化而变化，以便更有效地实现组织目标。在一般情况下，环境是自变量，管理思想和管理方式是因变量，但有时也有相反的情况。

以上述权变理论思想作指导，可以使业绩评价指标体系建立更为科学、合理。如前所述，企业管理系统作为一种开放的系统，在与外部环境进行能量交换的过程中，是与环境变量（自变量）相互影响、相互作用的：企业必须寻找适应环境变化的途径，以求企业长期的生存发展。权变理论认为，要使一个企业组织有效地满足环境变化的需要，则应使其各个子系统要素的设计与环境的变化需要保持连续的一致性，也就是说，企业组织结构的设计必须依据环境的不确定性和技术条件、组织规模等具体情况而进行。根据这种观点，作为企业管理的一个重要组成部分，业绩评价及指标体系的建立，应有权变的观念。

按照权变理论的基本思想，权变方法首先要考虑如何归纳划分业绩评价系统所涉及的诸多权变变量。关于这个问题，国外许多学者都发表了各自的见解：如戈登和米勒（Gorden and Miller）认为权变结构所涉及的主要变量有三类，即环境、组织和决策；类似地，海斯（Hayes）则按照以环境、责任的互相依存性和内部性因素的标准来划分变量；而沃特蒙斯和蒂森（Walerhouse and Tiessen）则主要选择技术和环境为权变变量。将国外学者对权变变量的研究进行归纳，可有以下几类。

（1）环境因素。企业的环境因素主要涉及宏观环境和外部的市场条件。宏观环境主要是指社会变量因素，在国际会计日益一体化的今天，每个特定国家的企业，其会计行为越来越多地受到来自不同国家和地区的种种社会因素的影响。根据美国会计学会（AAA）关于《国际会计》（1997）的公报，社会变量主要包括一个国家和地区的经济、法律和政治制度等。这些社会因素会对企业的经营活动产生重大影响。例如，社会经济因素往往涉及企业生产方式的所有制性质，进而影响该国企业经营决策的方式、程序及生产目的。这些内容都会影响企业业绩评价的方式和具体内容。企业外部的市场环境因素，是企业所面临的不确定性因素。根据权变理论的基本设想，在企业与其环境之间以及企业的各个子系统之间都应有一致性。在当今的社会经济形势下，由于企业的管理系统是一个有机的、动态的开放系统，故其所面临的环境因素的可预测性较低，决策目标呈多元性。这种思想用于业绩评价时，须从企业效益、适应性、灵活性及承担风险的能力等几个方面综合考虑，评价指标体系的设计也应充分考虑这些方面。

（2）组织特性。所谓组织特性主要是指企业资源及其配置方式的特性，包括企业组织规模、技术条件、劳动组织方式、资本密集程度及生产周期等。这些因素就业绩评价而言，主要会影响企业的生产效率、客户满意程度等方面。

（3）用户特征。这里的用户特征是指利用业绩评价指标体系的评价结构进行管理的个体或单位的特点。因此，用户特征和管理方式直接相关。根据权变理论的研究，决策有六种类型：在约束条件下的直觉管理、在不同时间点的水平管理、由影响管理因素数量决定的复合管理、以战略目标为参照的自觉的战略管理、在条件变化下的适应性管理、逆向思维管理。不同的管理方式所产生的经营结果和效果具有很大的差异，由此决定业绩评价报告所提供的评价结果也就具有不同的利用价值。

概括地说，根据权变管理理论，实践中不存在一成不变的、普遍适用的“最好”的业绩评价指标体系，各企业应根据自己的特点要求设计业绩评价指标体系。值得注意的是，权变理论提倡的“随机制宜”并不等于否定在同类企业中存在较通用的评价企业业绩基本状况的指标体系，因为同类企业在经营上具有许多共同的特征。所有这些将是我们对企业战略经营业绩评价指标体系质量特征及设置原则界定时的理论根据和基础。

6. 战略管理理论。

战略管理是一个包括战略规划（或计划）和战略实施（包括评价和控制）的过程。战略规划是企业的长期发展方向，是为实现企业的战略目标而进行的规划；战略实施则是为企业战略目标服务的阶段性战术目标的执行，是企业战略目标或长期奋斗目标的阶段性实现。为了谋求企业长远的发展，应在对企业内部条件和外部环境进行详细分析的基础上，确定企业的总体发展规划。与此同时，企业还应针对当前的形势，制订适应外部条件变化的战略实施方案。具体地说，企业必须正确地认识和分析相应的经营环境，把握经营方向和长期的发展趋势，并与短期的形势波动情况区别开来。为此，企业一方面需要按照既定的长期发展方向，明确经营目标和经营方式，增强市场应变能力；另一方面需要采取灵活的策略，适应短期条件的变化，解决当前或局部出现的问题，即实现长期与短期的结合、战略与战术的结合。

企业战略经营管理是为企业战略经营目标的实现服务的，战略经营管理的特点不仅受到企业经营环境的影响，更重要的是它还受到战略经营目标的制约。

根据企业经营所面临的外部环境与内部条件以及企业的战略经营目标，企业的战略经营管理应具备以下的特征。

（1）目标的长期性。长期目标与短期目标的统一，短期目标服从长期目标的需要。企业的战略经营管理必须始终为实现企业长期利益最大化服务、使企业保持长期的竞争优势。然而，战略目标并不排斥战术性的短期行动目标的实现。因为长远战略目标的实现是以分阶段的行动目标的实现为基础，而行动目标或实现目标则是实现长远目标的保证。具体的行动目标通常应根据当前的形势发展作灵活的调整以适应短期内的环境变化，但是，其目的还是为长期目标服务。对行动目标的管理也是战略经营管理的组成部分。

（2）利益的全局性。局部利益与整体利益的统一，局部利益服从整体利益。战略经营管理的这一特点也是由企业的战略经营目标所决定的。企业的战略经营目标是以企业的全局为对象，它所追求的是企业总体经营效益的最大化。然而，总体是以局部为基础，因此，它必然包括企业的局部活动，但总体的效果并不是局部效果的简单累加，也就是说，局部利益最佳并不等于总体效果最佳，有时两者会发生矛盾，这时就要牺牲或放弃局部利益而保全全局利益。企业的战略管理就应很好地发挥其功能作用，正确处理两者之间的关系。

（3）因素的全面性。在决策时，应同时考虑内部与外部因素的影响作用。在工业经济时代，企业经营目标的实现取决于企业内部管理水平和生产率水平，管理者进行决策时，主要考虑的是企业内部因素，而无须过多地考虑外在因素，这种内向型的决策在“新经济”条件下已不再适用，因为“新经济”时期，企业目标的实现不能再单独依靠内部管理水平和生产效率的提高来实现，而在很大程度上取决于外部因素，如企业产品的市场份额、竞争对手的状况、客户对企业产品和服务的要求、企业的创新能力和纠错能力、职员对其工作的满意程度等。因此，管理者在进行决策时，除考虑企业内部的条件外，同时更应关注外部的对企业战略经营成功具有重要影响的因素。只有这样的决策才能保证战略经营目标的顺利实现。

上述分析表明，战略管理理论对企业战略经营时期业绩评价指标体系的建立具有极其重要的指导作用，是构建企业战略经营业绩评价指标体系的重要理论基础。

第一，业绩评价工作必须有利于企业长期目标的实现，指标体系的设计要有利于企业长期竞争优势的形成，如财务指标的设置不能放在短期利润最大化目标上，而要立足于长期利润的最大化，要用发展的眼光去分析影响企业利润增减和竞争能力的因素，把财务指标与非财务指标有机结合起来。

第二，指标体系的设计要有全局观念，突出企业整体利益，区分影响整体利益和局部利益的因素，加强对影响整体利益的不可控因素的预测，把定性指标与定量指标有机统一起来。

第三，指标体系的设计要有环境适应性。战略总是面向未来，未来总是充满风险的，企业面向未来的经营活动的决策是外向型决策，指标体系的设计要体现外向型决策的要求，把业绩评价与战略管理有机统一起来。

五、业绩评价的机理分析

中外业绩评价史充分说明：经营环境的变化是企业经营业绩评价体系发生变革的重要原因。也即经营环境的变化导致企业经营目标的改变，继而产生企业经营管理理念和方法的变革，从而使企业业绩评价的理论依据、评价应遵循的原则和内容发生改变，最终使评价体系发生变化。

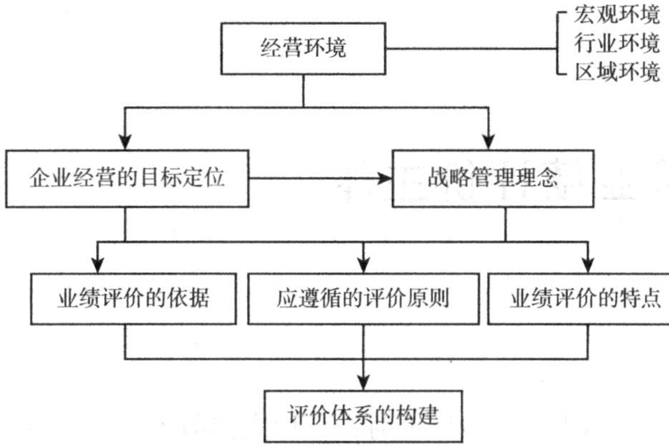

图 3－1　企业业绩评价机理分析

综上所述，经营业绩评价的初始动因来源于人们对经济利益的关心，是人们在经济活动中遵循“最大、最小”法则的必然要求；资本保全和资本保值增值是在资本主义市场经济条件下“最大、最小”法则的具体体现；两权分离条件下的委托代理关系强化了人们尤其是出资人对业绩评价重要性的认识，管理理论的发展丰富了业绩评价的内容，尤其是现代系统管理理论、权变管理理论和战略管理理论的产生大大拓展了人们开展业绩评价工作的视野，使评价方法更为科学。可见，“最大、最小”法则、资本保全理论、委托代理理论和现代管理理论共同构成现代企业经营业绩评价的理论基础。随着社会的进步，经济发展模式的转变，将会有更多的理论为企业经营业绩评价提供支撑。然而，任何形式的企业业绩评价体系形成的机理是相通的，只是适应不同经济发展阶段或发展时期的要求，具体内容不尽相同。

| 第四章 |

企业经营业绩评价主体

在研究企业经营业绩评价问题时，评价主体的正确定位至关重要，它直接影响着指标体系的设置、评价方法的确定和评价标准的选择。评价主体一般是指与评价对象的利益密切相关、关心评价对象业绩状况的相关利益人。目前，在经营业绩评价主体上有两大代表性观点：一是“单一主体观”，二是“多元主体观”。

一、单一主体论

“单一主体观”认为企业是出资人的企业，评价主体就是出资人，目的在于实现出资人收益最大化。在传统的业主制企业里，企业体现为业主的企业，业主的意志直接决定着企业业绩评价的内容和方法，评价指标由业主决定；在所有权与经营权相分离的传统公司制企业里，企业体现为出资人的企业，出资人是企业剩余风险的承担者，对企业具有控制权和剩余收益权，出资人的意志对企业经营业绩的评价具有决定性影响，因此，出资人成为传统公司制企业中业绩评价的主体。为此，“单一主体观”的业绩评价的逻辑思路是：是否对企业业绩做出评价由出资人决定；采取什么样的方式和评价指标对企业业绩进行评价决定于出资人的需要；出资人依据评价结论对经营管理者实施奖励和惩罚措施，从而实现出资人对经营管理者的有效控制。这种业绩评价将直接影响到经营管理者的利益和声誉。企业经营业绩评价的任务就是保证出资人收益的最大化。

二、多元主体论

“多元主体观”认为企业经营业绩评价的主体是企业的相关利益方，包括：(1) 出资人。出资人是企业经营业绩评价的基本主体。根据古典的资本雇佣劳动的理论，资本家投资购买设备、雇用工人，资本的投入是实现价值增值的关键因素，企业经营业绩的好坏，直接关系到投入资本的增值及其增值程度，资本家最关心企业的经营业绩，资本的投入者，亦即企业的所有者理所当然就是经营业绩评价的主体。Jom Copeland 认为，如果一群人在面临稀有资源竞争的情况下，组织起来完成某一项任务，他们之间有些人会选择只需要对于组织经营状况的有限信息的专业任务，相应地获取相对固定的报酬。当需要资本投入时，一部分资本投入被赋予对于现金流量的较大优先权，并受到限制组织行为的协议保护。而剩余的或留剩的资本承担最大的风险。显然，作者这里涉及了三组利益主体：雇员、债权人和股东，前两者都是通过契约获取相对固定收益来保护自身利益，而只有股东承担留剩风险（residual risk）。为此，股东（即所有者）是唯一的留剩风险承担者和留剩权益（residual income）享有者，股东的利益直接受企业经营业绩的影响，股东是最关心企业经营业绩的。(2) 管理者及职员，企业管理者及职员的人力资本价值实现和薪水高低在很大程度上取决于企业的经营业绩。在“新经济”时期，企业无形资产价值攀升的现象充分说明了知识与智力资本已越来越成为企业价值增值的重要资源，管理者及职员与股东一样承担了与企业经营效益相关的风险。尤其是如果职员的劳动技能具有较强的专属性，他们通过投入时间、精力、资金而发展起来的人力资本价值就与企业命运紧密相连，当企业经营失败时，他们就可能面临价值降低甚至完全丧失的风险。因此，对于具有较大程度企业专属性的人力资本来说，企业的各项决策所带给职员的人力资本的风险和财务资本投资者所承担的风险是相同的。对这些人力资本价值的保护要求在企业的决策过程中应充分考虑职员利益。随着知识经济的发展、高新技术企业的崛起，越来越多的企业成为财务资本和知识与智力资本共有的企业。股权的分散和流动使股东承担剩余风险下降，资本市场的发达使股东们可以通过投资组合来分散风险，其关注企业经营效益的动力在减弱。(3) 债权人。债权人尽管通过契约明确了其自身权益，但如果企业破产、倒闭，债权人也会遭受损失。（4）政府。政府部门出于对企业上缴税金的关心，也需要对企业的经营业绩进行评价。

由此可见，经营环境的变化使越来越多的个人和群体的利益受企业经营业绩的影响，企业越来越演变为“社会的企业”。企业的发展与衰退不仅与出资人利益息息相关，而且直接影响到经营者、职员、债权人、所在社区及政府的利益，从而加深了相关利益人对企业经营业绩的关注。这就从客观上要求我们改变传统的单纯站在所有者立场上以经营者业绩为重点的评价行为，取而代之的是形成以企业相关利益人为主体的业绩评价行为。

为此，业绩评价的逻辑思路是：由于企业相关利益人都关心经营业绩问题，客观上要求企业对一定时期（如一年）的经营业绩做出评价；选择什么样的评价指标和评价方法主要决定于企业经营的特点，强调评价指标的规范化、通用性和可比性及评价结论的客观性；企业不仅要依据评价结论对经营管理者和职员实施奖励和惩罚措施，更重要的是要将评价活动融合到企业经营管理过程，促进企业经营管理水平和综合经济效益的提高，使企业不断保持竞争优势和旺盛的生命力。

我们认为，“单一主体观”不符合现代企业经营管理的要求，不利于对企业经营业绩做出客观评价，不利于调动各方面因素去关心和支持企业的成长和发展；“多元主体观”把业绩评价工作建立在相关利益人的充分关心上，有利于企业对经营业绩做出客观评价，形成具有可比性的评价结论；有利于企业了解自身的优势和弱势，把评价工作与经营管理活动有机地结合起来，提高企业的综合经营管理水平。需要指出的是，“多元主体观”并不是否定出资人在企业经营业绩评价中的作用，而是更有利于出资人实现利益最大化目标，充分调动各方面因素来关心企业的发展，把业绩评价工作与企业的经营管理活动有机结合起来，有利于企业长期竞争优势的形成，使企业保持长久、旺盛的生命力，从而实现出资人长期利益最大化的目标。

总之，企业经营业绩评价的主体应是对企业的经营业绩极为关注的相关利益人，包括出资者、经营者、职员、债权人和政府等。

| 第五章 |

企业经营业绩评价方法的比较研究

业绩评价方法是业绩评价体系的重要组成部分，直接决定着业绩评价结果的客观、公正性。如果说指标体系的合理设置是业绩评价结果客观、公正的前提条件，那么业绩评价方法的科学选择与运用，则是业绩评价结果客观、公正的必要保证。业绩评价方法大多涉及数理统计知识，要求研究评价者必须具备相关的知识基础，与此同时，在进行业绩评价时，还应区分不同目的的业绩评价的不同要求，并结合大量的企业管理等方面的知识，由此，使企业经营业绩评价方法的选择与运用成为业绩评价系统研究中的一个难点问题。目前，在理论与实务界，运用较多的方法主要有功效系数法、综合分析判断法、主成分分析评价法、层次分析评价法和比较分析评价法等。本章拟就上述几种主要业绩评价方法及其特点和适用范围进行比较研究，在此基础上提出正确选择和运用业绩评价方法的建议，在力求完善企业业绩评价体系理论与方法的同时为研究和运用者科学地选择业绩评价方法提供参考。

一、几种主要业绩评价方法简介

（一）主成分分析评价法

在进行业绩评价时，往往需要考虑多个指标，这样就产生了以下的问题：一方面人们为了避免遗漏相关信息应考虑尽可能多的指标；另一方面，随着考虑指标的增多加大了问题的复杂性，与此同时，由于各指标均是对同一事物的反映，不可避免地造成信息的大量重叠，这种信息的重叠有时甚至会掩盖事物的真正特征与内在规律。为此，人们就希望在业绩评价中涉及尽可能少的指标而得到尽可能多的信息，以便评价方法的科学和评价结果的客观、正确。进一步的分析可知，虽然业绩评价涉及众多的指标，但在这些指标中必然存在着起支配作用的共同指标，利用线性组合可以寻找到这些共同指标，从而达到在保留原始指标主要信息的前提下起到降维与简化的作用，使在研究复杂问题时更易抓住主要矛盾。主成分分析评价方法就是利用于研究如何通过原始指标的少数几个线性组合来解释原始指标所包含的绝大多数信息的一种多元统计方法。这一方法在业绩评价中的运用步骤如下：

第一，根据被评价企业类型特点等选定若干个评价指标，假设为 j 个（$j=1,2,3,\cdots$），其中，对逆向指标应进行必要的处理，如取该指标的倒数，以使 j 个指标具有可比性；

第二，收集 i 个样本（$i=1,2,3,\cdots$）进行必要的观察，从而形成矩阵 $Y=(Y_{ij})$（其中 Y_{ij}代表第 i 家企业第 j 项指标）；

第三，运用公式 $X_{ij}=\frac{(Y_{ij}-EY_j)}{\sqrt{DY_j}}$对指标 Y_{ij}进行标准化处理，使不同度量的指标转化为同度量的指标而具有可比性。其中 $EY_j=\frac{1}{n}\sum_{i=1}^{n}Y_{ij}$，$DY_j=\frac{1}{n-1}\sum_{i=1}^{n}(Y_{ij}-EY_j)^2$，$X_{ij}$为经过标准化处理后的指标值；

第四，计算相关系数矩阵 $R=(R_{ij})$；

第五，利用相关系数矩阵 R，求特征方程的值 λ_i 及相应的特征向量 B；

第六，根据特征向量 B 与标准化处理后的 X_j，计算主成分 F_j，$F_j=BX_j$；

第七，计算 j 个指标的贡献率和累计贡献率；

第八，选择主成分（重要指标）并构成综合业绩评价函数 $Z=H_1F_1+H_2F_2+\cdots+H_SF_S$，其中，$H_S$ 为贡献率，S 为构成主成分的指标个数（$S<j$），以达到降维的效果。如果取 $S=5$，累计贡献为 90%，则表明，前 5 个主成分包含 j 个指标 90% 的信息；如果取 $S=6$，累计贡献率为 94%，则表明，F_1、F_2、F_3、F_4、F_5、F_6包含原指标体系 94% 的信息。究竟取 S 为多少，即主成分由哪些指标构成，取决于评价者希望评价函数所包含的信息含量。

在运用过程中，主成分分析评价法常与因子分析法结合运用。因子分析法是主成分分析评价法的推广，它主要是通过一定的方法，从一系列因子中提取出公共的因子（综合指标），以便得出对某类事物的综合评价，并结合必要的因子旋转，使每一项公共因子所代表的意义更为明确。

（二）层次分析评价法（AHP）

层次分析法，是美国运筹学家 Thomas L. Saaty 在 20 世纪 70 年代初提出来的，用于解决复杂问题的排序和相对重要性权重的问题。这一思维方法是：把复杂问题分解为各个组成因素，将这些因素按支配关系分组形成有序的递阶层次结构，通过两两比较的方法确定层次中诸多因素的相对重要性，然后结合人的判断以决定诸因素相对重要性的总的顺序。这种权系数层次分析模型常被用于企业业绩评价。其主要内容是先运用九级分制对各个指标的重要性进行两两比较后予以赋值，从而得到逆称矩阵，通过计算逆称矩阵的权重向量，得到各个层面指标的权重；然后，计算各层面对第一层次指标的权重。根据指标实际值与平均值之差的标准化结果与权重的乘积得出具体指标的各项得分，并予加总形成企业综合业绩评价得分。这一业绩评价方法的运行步骤如下：

第一，通过调查分析、测试、选定若干层面（A,B,C…）及各层面的具体指标（$A_1,A_2,A_3\cdots$），（$B_1,B_2,B_3\cdots$），（$C_1,C_2,C_3\cdots$），……

第二，运用九级分制，通过 n 次调查（n = 1，2，3，…）分别就不同层面及各层面的具体指标的重要性进行两两比较后赋值：如果指标 A_i/A_j 结果为同等重要，则比较值为 1；略重要，则比较值为 3；重要，则比较值为 5；A_i 比 A_j 重要得多，比较值为 7；A_i 非常重要，A_j 根本不能与之相比，则比较值为 9。在相邻两整数之间则比较值分别为 2，4，6，8。n 次的调查结果，就 A_i/A_j 会产生 n 个比较值，这时应以 n 次比较值的几何平均数表示 A_i/A_j 的值，B_i/B_j，C_i/C_j……的比较值以此类推。

第三，若干层面及各层面的具体指标的 n 次两两比较所得出的几何平均值形成了逆称矩阵，通过计算该矩阵的权重向量，得出（A,B,C……），（$A_1,A_2,A_3\cdots$），（$B_1,B_2,B_3\cdots$），（$C_1,C_2,C_3\cdots$），……指标的权重。

第四，计算各层面具体指标对策一层（A,B,C……）指标的权重。

第五，对逆向指标进行必要的处理后，再进行标准化处理，把不同计量单位的指标值转化为无量纲数值。

第六，将标准化的结果分值化，即将各指标标准化的结果与权重的乘积即为该项指标的具体得分，最后将各个指标的具体得分加总，则可得到企业业绩评价的综合得分。

（三）功效系数评价法

功效系数评价法是指根据多目标规划原理，对结构复杂的经济系统采用分解和协调等方式，设立多个子目标，通过功效函数对其进行度量和评价，进而共同剖析评价总目标的一种多元统计分析方法。例如，我国四部委颁布的《国有资本金效绩评价规则》中的基本评价得分就是运用功效系数评价法的原理。

运用功效系数法进行的企业业绩评价，其运行步骤如下：

第一，根据调查、分析和测试，设定若干个子目标或层次以及各层次的具体目标。

第二，根据所设定的若干个子目标（即层面）的基本指标，计算其基础分和调整分，以得出基础（本）评价。其中，基础分为指标权数与本档标准系数的乘积；调整分为功效系数与上档基础分与本档基础分之差的乘积。

第三，根据基本指标的修正指标计算其修正后的得分，并预加总，得出综合评价得分。在这一修正过程中，需要依次分别确定各项修正指标的基本修正系数、各项修正指标的调整修正系数、各项修正指标的单项修正系数、综合修正系数，最后计算修正后的评价总得分。

（四）综合分析判断法

综合分析判断法属于定性评价方法，其主要是依据评价人员已有的知识、经验和分析判断能力，参照一定的标准，从不同侧面对评价对象进行质的分析，描绘出评价对象的总体特征。在我国的《国有资本金效绩评价规则》中对评议指标这部分运用的是综合分析判断法。这一方法的运用步骤如下：

第一，参加综合分析判断评价人员，根据参考标准，对每一定性评议指标打分；

第二，利用多项指标的权数与分数相乘，得出每一位参加综合分析判断评价人员对每一项指标的打分；

第三，将每一位参加打分者的评分进行加权平均，求得多个指标的最终分数。

（五）比较分析评价法

这一评价方法，主要是根据单位组织的目标任务，分解确定各项指标应达到的预算或计划要求，通过对指标实际值的观察，并与预算或计划要求进行比较，进而进行总体评价和提出改进建议的一种方法，这种方法常被运用于企业经营业绩的管理。

二、上述业绩评价方法的分析比较

不难看出，在上述几种常用的业绩评价方法中，有的是属于定量评价法，如主成分分析评价法、层次分析评价法、功效系数评价法等；有的则属于定性评价法，如综合分析判断法与比较分析评价方法等。

从定量评价方法来看，它们有如下的共同特点或要求：

第一，初始指标体系的设置应综合、全面。无论是主成分分析评价法，还是层次分析评价法和功效系数评价法，初始指标应囊括影响企业业绩的主要因素，否则，评价方法再科学，也无法得出客观、公正的结果。

第二，要求评价指标之间应相互独立，或关联度很小，以避免评价指标之间的相互重叠以及相互矛盾，否则易造成指标权重设置的重复和不合理，进而影响评价结果的公正性。为此，在初始指标选择时，应注意指标与指标之间的独立性。

第三，所有的评价指标必须是同方向的，也即性质是一致的。在业绩评价指标体系中，有正向指标，也有逆向指标和适度指标，这时必须将逆向指标和适度指标进行必要的处理，使评价体系中所有的指标具有同质性。

第四，所有的指标必须是同度量的。指标体系中，不同的指标具有不同的量纲，数量之间的差异会很大，这时就需要对指标进行标准化处理，使各种具有不同度量的指标转化为同度量指标，从而使各指标之间具有可比性。

应该说，上述要求是科学运用定量分析评价法的前提条件，离开这些前提条件，就不可能有客观、公正的评价结果。然而，它们又各有其特点与适用范围。正确地把握各种评价方法的特点与适用范围，是科学、合理运用业绩评价的关键。

主成分分析评价法的显著特点主要有：（1）本着选取尽可能少的指标包

含着尽可能多的评价信息的指导思想，根据指标的贡献率及累积贡献率，从一组关联度很小的指标体系中选取若干项独立的综合指标，从而达到对业绩的综合评价。评价指标体系一目了然，业绩评价重点突出。（2）由数据本身来确定指标的权重，因此能客观、公正地体现业绩评价的结果。然而，受该方法本身的限制，所选取的企业组织样本或数据的时期不同，最后得到的权重系数也不相同。因此，它解决不了不同企业组织单位或不同时期业绩评价结果的可比性。同时，运用该方法进行业绩评价时，毕竟遗漏了部分信息，如选取的主成分指标的累积贡献率为 90%，则遗失了 10% 的信息；若取累积贡献率为 87%，则遗失了 13% 的信息。这两种因素使评价结果的客观公正性受到了一定的影响。根据这一评价方法的特点，我们认为它更适用于以数据为主要依据的、以管理为主要目的的业绩评价，即为企业组织的管理者在各个经营时期抓住影响业绩的主要矛盾或因素，采取必要的措施，迅速提高业绩服务。

层次分析评价法的显著特点主要有：（1）它可以适应多目标规划原理的要求，运用九级分制和两两比较，通过计算逆称矩阵的权重向量，层层计算指标的权重，使业绩评价体系中指标权重的设置较为科学，影响业绩的因素能得到综合全面的反映。（2）各项指标的计算得分是综合了指标的权重、指标的实际数与平均值以及标准差的共同影响得出，评价的结果比较客观全面。（3）与适应多目标规划管理要求的其他业绩评价方法相比，其评价指标间的层层递进的逻辑关系尤为明显，有利于业绩影响因素的分析。然而，运用九级分制对指标进行的两两比较完全取决于被调查者的观念、经验和判断，由于考虑的因素多样化，决策者很难由九分制的比例标度来刻画各个因素的相对重要程度，尤其是当同一层次上的因素较多时，容易做出矛盾和混乱的判断；当层次过多时，也易造成计算上的烦琐。考虑到该方法的这些特点，我们认为在指标及其层次适中的条件下，该方法适用于企业业绩评价和管理。

功效系数评价法的重要特征主要有：（1）能很好地满足多目标规划的要求，将影响业绩的因素纳入评价指标体系中，并就选定的若干层面基本指标与修正指标，运用功效函数层层展开评价。（2）在指标体系权重的设置上，大多采用德尔菲法（即专家调查法），虽然主观成分的影响较大，但却略去了在权重计算确定上的烦琐。这一评价方法的缺陷或局限性主要体现在：一是计算评价步骤较为烦琐，计算内容较多，需要借助计算机才具有可操作性；二是指标体系之间的因果联系不紧密，缺乏必要的业绩驱动因素，评价者较难找出影响业绩的主要因素，通过业绩评价，只能了解业绩的变化或改变，却无法了解业绩改变的原因；三是指标体系较为庞大。这套评价方法显然不利于业绩形成过程的管理，而只能用于业绩的评价。

总之，主成分分析评价法是从一组关联度很小的指标体系中选择若干个综合指标（主成分）进行业绩的评价，指标体系简练，重点突出，在业绩的管理中发挥着重要的作用。层次分析评价法是根据一组关联度很小的指标体系展开层层递进的评价，层次分析评价法在指标权重的确定上较为科学合理，通过评价结果的分析，能较直观地发现影响业绩变动的主要因素，可同时适用于业绩的评价与管理。而功效系数法由于缺乏业绩的驱动因素，无法就业绩的影响因素直观地作出判断，它只适合于侧重多目标、多层次的综合业绩评价。

综合分析判断法，是一种定性评价方法，基于不同人员的综合分析判断，通过各项指标打分的加权平均，得出该项指标的得分，再结合权重计算单项指标的得分，最终得出总分，并进行评价。这实际上是一种定性评价的定量化，它可与上述的定量评价法结合使用。在实际运用过程中，定性指标为适应评价的需要，往往要进行定量化，如对客户满意度等一系列指标的评价需要运用这一方法。

比较分析评价法主要是通过将指标实际值与计划或预算值相比较，确定实际是否完成或未完成或超额完成的情况，并进行总体评价，在此基础上分析那些未完成计划或预算的指标项目应采取的相应措施。这种方法，与其说是业绩评价方法，不如说是业绩管理方法更适当，在实务操作过程中，这种比较分析评价法常被用于业绩形成过程的管理。

可见，同是定性评价方法，综合分析判断法，更适用于侧重业绩的评价；而比较分析评价法则更适合于侧重业绩的管理。

三、业绩评价方法的选择与运用

科学的业绩评价方法必须与合理的选择与运用相结合，方能达到客观公正地进行业绩评价的目的。在进行业绩评价方法选择时，应注意以下问题。

1. 应区分不同目的要求的业绩评价。

侧重于不同目的的业绩评价应采用不同的评价方法。总结业绩评价的理论与实践，就目的而言，业绩评价可区分为两种：一是侧重于业绩结果的评价，如以委托代理理论为主要理论依据的投资者、债权人等相关利益者对企业组织的业绩评价。这种评价注重的是结果，且这种结果常常与管理者的晋升、薪酬确定相联系，典型的事例就是我国的《国有资本金效绩评价规则》所实施的业绩评价。二是侧重于业绩形成过程的管理，如以管理理论为主要理论依据的企业管理者、职员等相关利益者对本企业组织的业绩评价。这种业绩评价重点是对业绩形成过程的管理，通过这种管理来确保经营目标的实现，典型的事例就是卡普兰的平衡计分卡。当然，两种目的业绩评价都兼有业绩评价及管理的作用，只是前者更侧重于业绩结果的评价，在管理上的作用体现为事后的反馈；而后者则侧重于业绩的管理，体现为事前、事中的预测及反馈。如果说前者体现的管理理念为结果理性，那么后者体现的就是程序理性。

2. 不同目的的业绩评价应选择与之相适应的评价方法。

以业绩结果评价为主要目的的，由于要与激励机制挂钩，因此，强调结果的可比性，应考虑选择采用那些指标体系相对较全面、综合、易于统一且相对比较稳定的评价方法。而以业绩管理为目的，应考虑采用那些指标体系设置较灵活的、可根据管理需要进行调整的、能突出影响业绩主要因素的、计算相对较简单的评价方法。结合前述不同业绩评价方法的特点与适用范围的分析，我们认为，主成分分析评价法、比较分析评价法适用于以业绩管理为主要目的评价。主成分分析评价法所涉及的指标较少，能凸显业绩形成中的主要问题，计算程序也较为简单，因此，可用于企业管理部门的季度、年中的业绩评价管理所需；而比较分析法所涉及的部门多，指标体系较全面，因此，可用于年终的或根据需要展开的综合业绩评价管理。功效系数法适用于侧重业绩结果的评价；而多层次分析评价法，由于其很好地兼顾了业绩结果的评价与业绩管理的要求，因此，是一种可以被综合运用的方法。综合分析判断法可与其他定量分析评价方法结合运用。

3. 应充分考虑成本—效益原则。

业绩评价的实质就是对企业的经营和经济效益的评价，这也必然要求业绩评价工作本身应讲求效益。有些评价方法固然可以全面、综合地体现业绩情况，提供业绩管理的综合信息，但如果费时、费力，且不被评价管理者所必需，则可考虑选用相对简单的评价方法。例如，对小型企业的业绩评价就没有必要选择那些计算评价程序复杂、指标体系庞大的评价方法，可考虑适当进行简化。

4. 应考虑评价方法的可行性。

这里的可行性主要是指技术力量的可行性。就以业绩管理为主要目的评价而言，企业要充分考虑单位内部是否具有相关知识的技术人员，是否可以熟练地运用这些方法并进行分析，或者是否存在这方面的咨询服务公司。

选择了科学的业绩评价方法后，在运用过程中还应特别关注以下几个问题。

第一，评价指标之间应具有独立性。正如前所述，指标之间的独立性是保证业绩评价结果客观正确的前提条件，这也是运用上述各种业绩评价方法的要求。因此，在初始的业绩评价指标体系的选取过程中，应使所选取的指标之间独立或关联度很小。我国的《国有资本金效绩评价规则》中所选用的 28 项指标之间的关联度较大，如总资产报酬率、资本周转率与销售利润率等指标，这必定会对评价结果的公正性产生不良的影响。

第二，应对所选取的指标作必要的处理。从性质上来看，指标可以分为正向指标、逆向指标和适度指标，在运用各种业绩评价方法前，必须对不同性质的指标进行处理，使之同质；同时，还应对指标进行无量纲化处理，使各种具有不同度量的指标转化为同度量指标。这也是正确运用各种业绩评价方法的必要保证。

第三，指标体系的层次不宜过多。过多的指标及层次往往使重点不突出，有时甚至掩盖了问题的实质，不利于管理。从另一个角度来看，不利于业绩评价方法的合理科学地运用，在一些定量评价方法中，过多的指标及指标层次易导致判断的矛盾和混乱，并且运用起来比较复杂，可操作性受到很大影响，进而影响到评价结果的正确性。

第四，评价方法的运用应与企业的规模与发展阶段相适应。不同规模的企业应有不同的评价体系要求，大规模企业对评价体系，尤其是指标体系要求比较综合；小企业可相对简单。处于不同发展阶段的企业，其目标不尽相同，评价的重点也不相同，为此，评价体系与评价重点应有所侧重，例如，处于发展期的企业，评价重点是市场占有份额；处于成熟期的企业，评价重点是投资回报与现金流入等。在评价方法运用中应同时考虑这些因素，从而使业绩的评价客观、公正、可比。

无论是在业绩评价方法的选择上还是在运用过程中，具有高素质的评价人员非常重要。由前面不难看出，无论是定量评价方法还是定性评价方法，都离不开评价人员的专业知识和经验判断，如定量评价方法中的初始评价指标体系的选择与确定、定性评价方法中的经验判断打分等。针对被评价对象的不同特点、要求，选择适宜的评价方法，也有赖于评价人员对各种业绩评价方法实质的把握和对被评价对象的深入了解。所有这些都对评价人员的知识背景、专业胜任能力等提出了较高的要求。此外，在评价方法的选择时不应单一的或片面地强调方法的科学性，这不仅仅是考虑到评价方法运用本身的成本—效益问题，还考虑到方法的可理解性、可接受性、可操作、分析性的需要。一味地追求完美的评价方法，可能会导致评价过程的复杂与烦琐，不易被理解和接受，从而影响评价结果和管理效果。

只有综合考虑上述有关问题，才能使业绩评价方法的选择和运用科学、合理，评价结果的客观、公正、业绩管理的高效。

| 第六章 |

企业经营业绩评价综述

经济价值的创造与分享是主流经济学研究的两大核心问题，也是企业发展面临的重要课题。而业绩评价，作为企业激励机制的基础，是解决这两大问题的关键因素和手段。同时，科学的业绩评价也有助于企业团队的高效发展和实现组织的基本设想。本章拟对企业经营业绩评价的主要理论与方法进行综述，并在此基础上对其发展趋势做出展望，为我国各类企业的经营业绩评价研究提供有益的参考和借鉴。

一、企业经营业绩评价的演进：从财务业绩评价到战略业绩评价的转变

（一）西方企业经营业绩评价的演进

在西方，真正意义上的企业业绩评价是在现代公司制度诞生以后，为了加强资本所有权控制和公司内部控制而产生的。

20 世纪初至 20 世纪 90 年代的财务业绩评价是基于“利润最大化”的财务目标而设计的，是与工业经济时代经济发展的特点相适应的。“会计利润”是工业化生产过程中，反映物资资本的投入、耗用和产出的主要指标和基础。进入 20 世纪 80 年代，短期利益至上的弊端日益显现，长期竞争优势的形成与保持成为企业关注的重点，企业经营业绩评价体系逐渐引入了诸如顾客满意度、市场占有率、产品生命周期等非财务指标，进而进入以财务指标为主、非财务指标为辅的企业业绩评价阶段。20 世纪 90 年代开始的战略经

营业绩评价是与“新经济”时期的经济发展要求相适应的。随着社会经济形态的演变和转化，该时期企业规模不断扩大，企业间的竞争不断加剧，企业可持续发展成为第一要务，形成与保持企业的核心竞争力成为可持续发展的关键，也因此成为企业的战略经营目标。而传统的以财务指标为基础的业绩评价由于具有短视性等缺陷已无法与企业的战略经营目标的管理相适应，建立多维的战略经营业绩评价体系成为必然。如卡普兰和诺顿的平衡计分卡、阿特金森的利益相关者的战略业绩评价以及尼利的绩效三棱镜在这一阶段先后产生。进入21世纪后，随着低碳、环保理念的引入，战略业绩评价体系的内容将得到不断丰富。

（二）我国企业经营业绩评价的发展

在我国，真正意义上的企业经营业绩评价是在20世纪80年代，随着市场经济发展模式的正式导入，为了加强对国有资本金的控制管理、提高资金的使用效率而产生的。20世纪80～90年代的价值量评价是与当时国家开始对企业实行放权让利的改革、以利润为中心的管理思想相适应的。如1982年国家六部委制定的“企业16项主要经济效益指标”，又如1988年财政部等四部委共同发布的包括销售利润率、资金利税率等在内的8项考核指标。20世纪90年代的以财务指标为主的评价是与当时的调整结构和增加效益的经济改革相适应的。在总结了放权让利和承包制的经验教训之后，90年代伊始，中央开始将经济工作的重点转移到调结构和增效益上。如1993年《企业财务通则》规定的8大财务状况评价指标，开始注重企业偿债能力、营运能力和盈利能力的评价，1995年财政部制定的《企业经济效益评价指标体系》，开始从企业投资者、债权人以及企业对社会贡献三个方面进行业绩的综合评价。随着经济的进一步发展，可持续发展成为企业的第一要务，从而形成了战略经营目标，1999年四部委联合颁布并实施的《国有资本金效绩评价规则》以及2006年国资委发布的《中央企业综合绩效评价实施细则》均是与企业可持续发展的管理要求相适应的。进入21世纪后，人们意识到，企业的可持续发展是建立在人与自然和谐生存和发展的基础之上的，从而形成了以循环经济发展原则“3R”为指导的企业战略经营业绩评价。企业战略经营业绩评价的内容不断丰富。

由上述中西方的企业经营业绩评价的发展历史可以总结出：业绩评价作

为实现企业管理及其经营目标而进行的价值判断，评价体系应适应企业的管理和经营目标的要求。企业的经营环境不同，经营目标和管理的要求也就不同，业绩评价体系也不尽相同。

二、企业经营业绩评价的理论：由简单、单一向丰富和多元发展

（一）企业经营业绩评价机理：评价体系建立的内在逻辑联系

所谓机理，是指事物变化的缘由和道理，即在一定环境下，为实现某一特定功能，一定系统结构中各要素的内在工作方式及诸要素相互联系、相互作用的运行规律。业绩评价的机理是企业经营业绩评价体系的内在逻辑联系。

中外企业经营业绩评价史充分说明，经营环境的变化是企业业绩评价体系发生变革的根本原因。克鲁帕认为，只有在环境的逼迫下，目标的实现才成为可能。由此可见，企业的经营目标只有适应环境的变化，符合环境的要求，才有实现的可能。也即，作为体现企业经营管理目标要求的业绩评价体系的设计和运用应随着企业组织环境的变化而调整创新，只有适应企业组织内外环境权变变量的业绩评价系统才是一个有效的评价体系。可见，企业经营业绩评价的机理是：经营环境的变化，导致企业经营目标的改变，从而导致企业经营管理理念和方法的变革，继而使企业经营业绩评价体系发生根本变化。

企业的经营环境包括经济、政治、法律、文化、技术等宏观环境以及影响企业履行其使命的诸如供应商、顾客、竞争对手等微观环境。宏观环境直接或以微观环境因素为媒介对企业的经营战略产生影响。

企业的经济环境经历了从资本主义新兴市场到资本自由竞争到寡占市场的变迁，企业所处的技术和社会环境也经历了从原来的静态、单一、简单和安全到动态、多样、困难、危险再到竞争、个性、变化和全球化的发展历程，人们发现企业不仅高度依赖其环境，也必须适应环境的变化。随着经济增长方式由粗放转向集约再到循环经济乃至“新常态”经济的发展，企业的经营目标由最初的企业利润最大化转变为股东价值最大化再到维持企业微观主体活力的核心竞争力为前提的企业长远价值最大化，从而

导致企业的经营管理理念包括价值观、利益观等发生改变；企业业绩评价体系也从最初传统的以财务指标为主的结果导向评价体系，逐渐向财务指标与反映企业积极性和创造性、激发市场活力、兼顾生态化和差异化创新、淘汰落后产能、培育新兴产业和新的经济增长点、促进供求均衡能力的非财务指标相结合的全方位的以过程管理导向为主的战略经营业绩评价体系转变。

（二）企业经营业绩评价主体：一元主体向多元主体的发展

企业经营业绩评价主体是指业绩评价信息的需求者。研究业绩评价，首先要明确评价的主体，不同类型的评价主体对评价信息的要求各不相同。企业经营业绩评价的主体经历了从一元主体到二元主体再到多元主体的演变过程。

1. 一元主体——出资者。

市场经济发展初期，企业的设立和经营相对简单。企业的设立主要依靠出资者投入资金，投资者是唯一的剩余风险的承担者和留存收益的所有者，投资者的利益直接受企业经营业绩的影响，因而出资者最关心企业的经营状况，构成了企业经营业绩评价的最初主体，即基本主体。

出资者对企业经营业绩评价目的是掌握和评价管理层受托责任的履行情况，为投资决策提供依据。机构投资者由于专业能力和其在资本市场上博弈的特殊性，构成了西方国家投资者的重要组成部分。对于我国而言，企业经营业绩评价主要在国有企业中展开，企业的投资者主要表现为政府或国资委等政府管理部门，投资主体带有较强的政治色彩，相应的信息需求也有别于西方市场经济体制下的自由企业主体。

2. 二元主体论——投资者和债权人。

随着经济的发展和竞争的加剧，企业的设立、经营和发展需要的资金越来越多。借贷资本开始大量涌入企业，成为企业经营的重要补充。尽管通过契约，债权人的权益得到了相对保障，但是企业一旦破产、倒闭，债权人也会因丧失利息和本金而遭受损失。出于其自身权益的关心，关注企业的经营业绩及其评价也是必然。因此，继出资者之后，债权人也加入了业绩评价的主体，与出资者共同构成评价主体。

与西方国家相类似，我国企业业绩评价二元主体中的债权人主体包括银行等金融机构、企业等非金融机构以及和拥有企业债权的供货商等其他经济组织及个体等。不过，我国国有企业的债权主要来自银行等金融机构，因而债权人的种类相对西方国家而言比较单一。

3. 多元主体论——利益相关者。

随着经济的发展、社会的进步，企业也变得越来越“社会化”，越来越多的个人和群体利益受到企业的经营行为及其经营业绩的影响，越来越多的利益群体关注着企业的经营业绩，业绩评价的主体也随之多元化，囊括了企业管理层、员工（特别是劳动专属性强或拥有公司股份的员工）、关联企业、政府及社会公众等，这些主体的利益与企业经营息息相关，称为利益相关者。

但从当前来看，由于我国实施业绩评价的企业主要为国有企业，因此政府及其主管部门、银行和机构投资者等成为企业业绩评价的主体。西方国家实施业绩评价的企业更为广泛，评价主体不仅包括政府、银行和机构投资者，还包括企业的经营者、非金融机构、供应商等债权人、中小股东、管理咨询公司和其他社会团体，评价主体更为多元。

（三）企业经营业绩评价的种类：结果导向的评价向过程导向和结果导向有机融合的评价发展

所谓结果导向评价是对业绩形成结果进行管理的评价，而过程导向的评价则是对业绩形成过程进行管理的评价。

资本主义经济发展初期，两权分离和信息不对称导致委托者不能实时获得评判代理人行为的信息和依据，一般等到代理人经营某一期间结束，委托人才能获得经营结果的信息，并根据结果定奖惩，即以结果论英雄。这种传统的业绩评价是一种结果导向的评价，强调的是结果的理性。随着经济的发展，变化着的经营环境要求企业的经营目标与管理理念也随之发生变革，以传统的结果导向的评价不能与企业正在进行的作业活动相联系，缺乏与企业战略经营目标的联系，不利于企业的可持续发展。这是因为在企业业绩评价中，单一的唯结果论的评价重心主要是企业的财务业绩，容易诱发短期行为和局部利益行为，且问题要等到结果发生以后才能发现，不能进行实时纠正，这时，损失已经产生，于事无补。可见，一味强调结果的理性，而不注重产生业绩的过程，最终可能导致结果的不理性。

良好的过程控制有利于形成预期的结果。在企业业绩评价中，如果没有高质量、高标准和有效的过程管理，就不可能有良好的业绩结果。为了更好地适应现代企业管理的要求，有效克服结果导向业绩评价的弊端，必须将业绩形成的过程纳入业绩评价之中，明确战略实现的因果关系，找出关键价值驱动因素，通过业绩评价指标体系，将企业的战略目标转化为明确的、可操作的目标，使企业的经营目标得以层层落实，为结果的实现提供保证，最终实现结果理性。因此，科学、合理的企业经营业绩评价体系应充分体现程序理性与结果理性有机结合的理念。

（四）企业经营业绩评价的理论依据：内容不断丰富

1. “最大、最小”法则：业绩评价的基本依据。

所谓“最大、最小”法则，是指市场经济中，人类的经济行为遵循着追求利益（效应）最大化和力求代价（成本）最小化的原则，这是一个经济问题的两个方面。用最小的成本获取最大的利益是“理性经济人”的基本行为取向，体现着业绩评价的精髓和宗旨。

企业从事生产经营的目的是获利，而只有当所得（收入）大于所费（成本），企业才有存在的价值，企业发展的基础才会牢固，业绩评价管理活动才有产生和存在的必要。因此，“最大、最小”法则是业绩评价应遵循的基本依据。

2. 委托代理理论：业绩评价的逻辑基础和动因。

委托代理关系产生的根源在于两权分离下，所有者和经营者目标的不一致性。委托代理理论的关键，就是研究委托人如何在利益冲突和信息不对称的环境下，设计最优激励和约束机制以激励代理人，从而保证代理人目标与委托人目标的一致性，实现双方利益的共赢。企业经营业绩评价是激励和约束机制的一项重要制度安排，因而委托代理理论是企业经营业绩评价的逻辑基础，也是企业业绩评价的动因。

3. 战略管理理论：企业战略经营业绩评价的直接理论依据。

战略管理是一个包括战略规划（或计划）和战略实施（包括评价和控制）的过程。战略管理理论是围绕着企业如何形成和保持其核心竞争力，实现长远利益最大化而形成的一系列管理理论，是对企业战略经营业绩进行评价的直接理论依据。

依据战略管理理论，为了谋求长远发展，企业应确定总体发展规划并制订战略实施方案。企业在制订竞争战略时须考虑战略目标的长期性、利益的全局性、因素的全面性，故业绩评价也应考虑战略对企业财务管理目标、企业边界、企业竞争策略选择的影响。

4. 权变理论：因地制宜建立业绩评价体系的依据。

权变理论认为，没有什么“最好的”、普遍适用的、一成不变的管理理论与方法。其中心思想是企业管理要依据企业所处的内外条件，随机应变，协调各系统和环境的一致性，做到因时制宜、因地制宜、因人制宜和因势制宜。权变理论强调环境对企业的影响，要求企业有效满足并适应内、外环境的变化，探求切合自身的方法。

将权变理论应用于业绩评价，要求具体问题具体分析，因为任何体系和方法都不可能包括现实中的所有变量。企业管理体系作为一个动态开放的系统，是不断与其内外部环境相互影响、相互作用的。企业应将权变计划作为业绩评价系统的重要组成部分，综合考虑社会变量、组织特性、环境因素以及用户特征等因素的影响并动态调整评价体系。

值得注意的是，权变理论提倡的“随机制宜”并不否认较为通用的业绩评价体系，因为同类企业具有许多共同特征，将通用的业绩评价体系运用于企业并进行环境权数的改变才是权变理论思想的体现。

以上是企业经营业绩评价与评价体系建立的主要理论依据，其他理论，如预算管理理论、循环经济理论及经济发展“新常态”理论等则应根据业绩评价的目标不同而不同。

三、企业经营业绩评价指标：由一维向多维发展

指标体系是业绩评价体系最为主要也是最为重要的组成要素，指标的选择是评价体系建立的第一也是重要环节，直接影响到评价的内容是否合理，进而影响评价结果的公正。

有效的评价指标应满足两个要求：一是符合评价主体的需要；二是符合企业经营目标管理的要求。只有这样，才能充分发挥业绩评价的导向性功能。企业业绩评价指标随经营环境及企业管理要求的变化，经历了一维向立体多维的发展历程。

（一）一维评价指标

所谓一维评价指标，是指选择单一指标，计算该指标的实际值，并与评价标准进行比较，从而对企业经营业绩做出评价。选择一维指标进行评价，其一，目标明确，导向性强；其二，一维指标是企业业绩的关键指标，符合业绩评价的重要性原则，能抓住关键问题，使评价结果一目了然。

一维评价指标主要有销售利润率、投资回报率（ROI）、资产回报率（ROA）和经济增加值（EVA）等。其关注的焦点从以销售利润为中心到以投资回报为中心进而转向以可持续的市场价值为中心。除此之外，净资产收益率（ROE）、剩余收益（RI）、净现值（NPV）、每股收益（EPS）、内部收益率（IRR）、市盈率（P/E Ratio）、托宾 Q 比率（Tobin Q）、股东总回报（TRS）、股东价值增值（SVA）、现金增加值（CVA）、投资现金流收益率（CFROI）、修正的经济增加值（REVA）、市场增加值（MVA）等也是企业选用的一维指标，这些一维指标主要以财务指标为主，是结果导向的评价指标。

一维评价指标虽然清晰明了，但是也有其局限性：单一的指标难以综合反映评价对象的主要业绩信息，这势必影响业绩评价的公正性和合理性。在现代企业经营活动中，影响企业业绩的关键因素复杂多样，业绩表现也趋于多元化，即使是综合性较强的一维指标也难以综合反映企业经营业绩的整体特征。特别是进入 20 世纪 80 年代之后，随着竞争加剧、技术创新的加快，企业很难再以原来的方式在有形资源上获取竞争优势，而诸如研发人员的创新能力、团队的协作能力、员工的素质和士气、产品和服务的质量等无形资源对企业长远发展和核心竞争力的形成作用凸显。通过创新能力、人力资源等方面的非财务业绩评价指标的引入使评价指标趋于多维，弥补了一维指标的不足。

（二）多维指标体系

所谓多维评价指标体系，是指多角度、全方位的筛选和设置评价指标。多维评价指标体系按指标因素之间是否存在因果链联系，可分为不具因果关系链的多维评价指标体系和具有因果关系链的多维评价指标体系。

1. 不具因果关系链的多维评价指标体系。

不具因果关系链的多维评价指标是指评价指标之间相互独立，没有因果逻辑联系，每一个评价指标都是企业经营业绩的某一方面的表现，分别从不同方面、不同角度衡量企业的经营业绩。

不具备因果关系的多维评价指标体系中，较为典型的有：(1) 沃尔评分法（Wall Method，WM），该体系中的七大指标，比较全面地评价了企业的财务状况；(2) 利润轮盘模式（Profit Wheel Model），该模式提出企业确定利润计划之前，必须分析利润、现金和净资产收益率三个轮盘，这三个轮盘像齿轮一样相互咬合，形成一个整体的闭合循环链，具有较强的操作性；(3) 关键绩效指标体系（KPI），该类体系能够找出公司组织运作的关键业务领域的关键业绩指标并逐层分解，促使全员朝着企业战略目标共同努力；(4) 我国 1999 年颁布并实施的《国有资本金效绩评价规则》，从基本指标、修正指标和评议指标三个层次设置了 32 个指标；(5) 动态多维业绩框架（Dynamic Multi - dimensional Performance Framework，DMPF），设置了 12 个适用大多数企业的通用基本指标并从技术、规模、生命周期等维度设置若干适用于特定企业的专门指标；(6) 战略计分卡（Strategic Scorecard），引入"企业治理 = 公司治理 + 经营治理"的理念，从战略定位、战略方案、战略执行和战略风险的角度考虑不同治理层在进行战略管理时的责任，并设置指标或问题。后述三种评价指标体系都是从不同层面、不同维度辨识出各种评价指标。

这类评价指标体系指标之间虽然不存在因果关系，但却能够综合反映企业经营的结果，因此一般用于结果导向的业绩评价。

2. 具有因果关系链的多维评价指标体系。

所谓具有因果关系链的业绩评价指标体系是指评价指标之间存在因果逻辑关系，一些指标是经营业绩的驱动因素，而另一些指标则是驱动导致的结果。例如，财务业绩指标一般为业绩驱动的结果，而客户的保持与拓展、企业生产流程和技术的改善等指标则是驱动财务业绩的因素。因果关系有助于了解业绩形成的关键驱动因素，能够对业绩形成过程进行管理。典型的具有因果关系链的多维评价指标体系主要有以下几种。

(1) 平衡计分卡（Balance Score Card，BSC），该体系引进了明确的因果关系链，将客户、内部生产经营过程及学习与增长作为驱动财务业绩的因素，层层递进，形成了一整套企业战略管理系统，强化了企业的战略行动力和管理能力。其中，财务业绩是驱动的果，客户是形成企业财务业绩的因，企业内部生产经营过程的改善又能够保持老客户吸引新客户，学习与增长能力的提高则是内部生产经营过程改善的主要原因。

（2）绩效三棱镜（Performance Prism，PP），该体系以利益相关者理论为中心，设计了一个“因果闭环”逻辑链，很好地解决了单向因果链不能反映“动态性复杂”的难题。

具备因果关系链的多维业绩评价指标体系强调业绩驱动因素的寻找，要求通过业绩形成过程的管理来实现预期的目标，因此适用于过程导向的业绩评价。

然而，这类指标体系受因果关系固有局限性的影响，不可避免地存在以下缺陷：第一，指标之间的因果联系需要大量数据支撑和证明，这是比较困难的，因而目前主要以主观判断为主；第二，因对果的作用很多情况下具有时滞性，很难在当期体现出来；第三，一般情况下，实践中很难分辨出该结果的产生是否由某个因素导致。

四、业绩评价的标准：多维性、动态性

业绩评价标准作为业绩评价体系的关键因素之一，是评价绩效好坏的参照物、标尺和基准。业绩评价标准有多维性、可控性、动态性及指导性而非强迫性的特征，业绩评价标准的不同必然会影响到评价结果的不同，所以必须谨慎科学选择评价标准。

（一）业绩评价标准的分类

国务院国有资产监督管理委员会于 2006 年 5 月 7 日开始实施《中央企业综合绩效评价管理暂行办法》，该文件明确指出企业综合绩效评价标准分类，如图 6－1 所示。

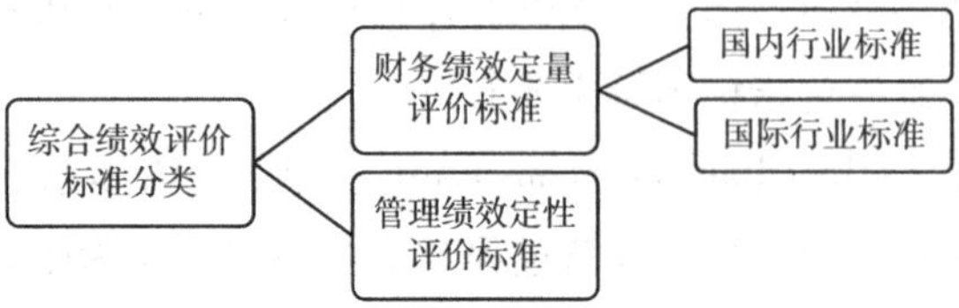

图 6－1　综合绩效评价标准分类

其中，国内行业标准根据国内企业年度财务和经营管理统计数据，运用数理统计方法，采用有序样本聚类法（因为采用聚类方法来确定标准值，可以提高评价的真实度，能更贴切准确描述企业绩效的真实情况）分年度、分行业、分规模统一测算并发布，如图 6－2 所示。国际行业标准根据居于行业国际领先地位的大型企业相关财务指标实际值，或者根据同类型企业组相关财务指标的先进值，在剔除会计核算差异后统一测算并发布。

2018年企业绩效评价标准值

国务院国资委财务监督与考核评价局制定

2017年、2018年共包括共包括10个大类、52个中类和110个小类。

行业一级	行业二级	行业三级	行业四级	行业五级	范围	项目	2017年 优秀(	2017年 良好	2017年 平均(	2017年 较低(	2017年 较差	2018年 优秀	2018年 良好	2018年 平均	2018年 较低(	2018年 较差
全国国有企业					全行业	一、盈利能力状况										
全国国有企业					全行业	净资产收益率（%）	10.2	7.7	4.7	0.2	-10.5	11.7	8.6	5.6	1.2	-9.7
全国国有企业					全行业	总资产报酬率（%）	7	5.1	3.2	-0.1	-7.1	7.2	5.3	3.4	0.1	-6.9
全国国有企业					全行业	销售（营业）利润率（%）	21.6	14.7	9.5	2.3	-5	17.4	10.3	5	-2.3	-9.5
全国国有企业					全行业	盈余现金保障倍数	10.6	4.9	0.7	-1.5	-4.3	11	5.3	1.1	-3	-3.9
全国国有企业					全行业	成本费用利润率（%）	11.3	8	4.5	0.9	-5.4	12.1	8.8	5.3	1.8	-4.5
全国国有企业					全行业	资本收益率（%）	11.2	8	5.2	0.5	-6.8	12.1	8.9	6.2	1.5	-5.9
全国国有企业					全行业	二、资产质量状况										
全国国有企业					全行业	总资产周转率（次）	1.5	0.9	0.4	0.2	0.1	1.6	1	0.5	0.3	0.2
全国国有企业					全行业	应收账款周转率（次）	20.4	11	6.5	2.2	0.1	21.5	12.1	7.6	3.3	1.2
全国国有企业					全行业	不良资产比率（%）	0.2	0.8	2.5	5.4	13	0.2	0.8	2.5	5.4	13
全国国有企业					全行业	流动资产周转率（次）	2.3	1.2	0.8	0.4	0.1	2.6	1.5	1.1	0.7	0.3
全国国有企业					全行业	资产现金回收率（%）	20.1	8.4	2.3	-4.1	-10.5	21.1	9.4	3.3	-0.7	-9.5
全国国有企业					全行业	三、债务风险状况										
全国国有企业					全行业	资产负债率（%）	50	55	65	75	90	49.5	54.5	64.5	74.5	89.5
全国国有企业					全行业	已获利息倍数	5	3.6	2.3	0	-2.6	5.3	3.9	2.6	0.3	-2.3
全国国有企业					全行业	速动比率（%）	134.9	98.2	75	57.6	36.7	134.9	98.2	75	57.6	36.7
全国国有企业					全行业	现金流动负债比率（%）	22.2	15.4	5.9	-7.8	-14.4	24.4	17.6	8.1	-5.6	-12.2
全国国有企业					全行业	带息负债比率（%）	23.4	34.9	50	69.3	82.3	21.6	33.1	48.2	67.5	80.5
全国国有企业					全行业	或有负债比率（%）	0.2	1.5	4.8	11.4	17.6	0.2	1.5	4.8	11.4	17.6
全国国有企业					全行业	四、经营增长状况										
全国国有企业					全行业	销售（营业）增长率（%）	16.4	9.4	4.3	-8.9	-20.8	25.1	18.2	13	-0.2	-12.1
全国国有企业					全行业	资本保值增值率（%）	110.3	105.8	103	99.3	88	111.6	107.1	104.3	100.6	90.5
全国国有企业					全行业	销售（营业）利润增长率（	15.3	8.4	3.2	-10.2	-19.4	23.5	16.5	11.4	-2.1	-11.2
全国国有企业					全行业	总资产增长率（%）	13.6	10	4.7	-9	-17.5	16.8	13.3	8	-5.7	-14.2
全国国有企业					全行业	技术投入比率（%）	3.5	2.5	2	1.7	0.7	3.5	2.5	2	1.7	0.7
全国国有企业					全行业	五、补充资料										
全国国有企业					全行业	存货周转率（次）	16.6	10.1	3.4	1.7	0.1	17.7	11.2	4.5	2.2	0.9
全国国有企业					全行业	两金占流动资产比重（%）	18.1	33.3	46.6	57.4	67.5	14.8	30	43.3	54.1	64.2
全国国有企业					全行业	成本费用占主营业务收入	87.9	91.9	95.8	98.4	101.3	87.5	91.5	95.4	98	100.9
全国国有企业					全行业	经济增加值率（%）	8.6	3.9	0.2	-4.1	-10.1	8.8	4.1	0.4	-3.9	-9.9
全国国有企业					全行业	EBITDA率（%）	23.7	13.3	6	-0.8	-3.8	24.3	13.9	6.7	-0.2	-3.2
全国国有企业					全行业	资本积累率（%）	31.2	16.7	7.4	-5.5	-16.6	33.2	18.6	9.2	-3.8	-14.8
全国国有企业					大型企业	一、盈利能力状况										
全国国有企业					大型企业	净资产收益率（%）	12.3	9.7	6.4	1.1	-6	14.5	11	6.7	1.4	-5.8
全国国有企业					大型企业	总资产报酬率（%）	8.1	6.6	3.7	-0.4	-5.5	8.5	7.1	4.1	0.1	-5
全国国有企业					大型企业	销售（营业）利润率（%）	25.8	20.1	13.1	7.4	0	18.2	12.4	5.3	-0.5	-8.1
全国国有企业					大型企业	盈余现金保障倍数	11.4	5.9	1.4	-0.2	-3.4	11.7	6.2	1.7	1.6	-3.1
全国国有企业					大型企业	成本费用利润率（%）	12.8	9.8	6.3	2.2	-3.6	13.6	10.6	7.2	3	-2.8

2018年企业绩效评价标准值 ／ 企业绩效评价行业基本分类与代码对照表 ／ 中小企业划型标准

图 6－2　2018 企业绩效评价标准值

从图 6－2 中我们可以看出财务绩效定量评价标准按不同行业、不同规模及指标类别，分为优秀值、良好值、平均值、较低值及较差值五个档次。

而管理绩效定性评价标准是根据评价内容，遵循国家法律法规，结合企业经营管理的实际水平和出资人监管要求，统一制定和发布，按照隶属度赋值法划分为优、良、中、低、差五个档次。管理绩效定性评价标准不进行行业划分，仅提供给评议专家参考，是一种参考标准。

在大量学者的研究中，更倾向于按照不同的评价目的和经营者的影响程度大小将定量指标评价标准划分为内部标准和外部标准。而内部标准可划分为历史标准和预算标准，外部标准可划分为同业标准、标杆标准和以行业主管部门和政府颁布数据为标准，如图 6－3 所示。

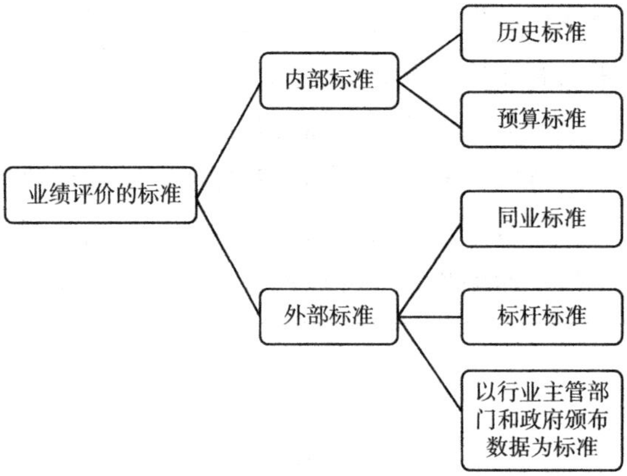

图 6-3　业绩评价标准的分类

1. 内部标准。

内部标准是指内部确定的标准，能被经营者当期或者以前年度行为直接影响的标准。

（1）历史标准。

历史标准是指以企业过去业绩的历史数据作为标准，即以上年实际、历史同期实际和历史最好水平业绩来进行比较。采用历史标准需要注意的事项是剔除不合理因素，如通货膨胀、核算方法等的变化。采用历史标准的优点是：①具有可靠性。反映的是企业曾经已经达到水平，并且数据容易取得。②成本低。企业用已有的数据参考，不需要耗费大量的人力物力。其缺点是：①不符合权变观念。企业经营环境、社会制度和市场经济在不断变化，而此时评价标准也应该与这些变化相适应，不应该只以过去的数据为标准。②容易出现“棘轮效应”。打击经营管理者的积极性，不能起到良好的激励作用。

（2）预算标准。

预算标准是指企业预期确定好的目标、预算、计划。预算标准的优点是：①便于发现企业工作的不足。当企业的实际工作业绩未达到预期，便于究其根源。②符合权变观念。预算标准的制定过程是结合历史标准和行业标准以及战略规划和组织背景的变化来制定的，充分考虑了权变思想。其缺点是：①主观性太强。为了实现预期目标，管理者和执行者往往会操纵标准的制定，并且预测的标准往往难以做到最恰当。②“棘轮效应”。预算标准是结合历史数据来制定的，故会继承“棘轮效应”。③不适用于难以量化的指标。

2. 外部标准。

外部标准是指外部确定的标准，几乎不受经营者行为的影响。

（1）同业标准。

同业标准是指行业中相同或者相似企业的业绩标准，一般是指与同行业平均水平和同行业先进水平（国内行业先进水平和国际行业先进水平）比较。其优点是：①竞争动力。与同行业业绩标准来比较，易于激发企业前进的动力。②去除噪音，强化激励效果。在相同行业或者相似行业中，企业经营业绩受三个因素影响，即经营者行为、企业内部环境和诸如市场需求与技术进步。故采用同业标准可以剔除行业的系统风险和共同风险。其缺点是：①优秀的竞争对手并不是所有方面都做得完美，并且如何判断其满足作为自己竞争对手的条件及获取大量企业的资料也是一个难题。②不同的企业所处地域、经营方式和理财方法都存在差异，需要从这些方面对企业有一个深入的了解，才能选取作为标准的竞争对手，这样需要耗费较多的人力物力。

（2）标杆标准。

标杆标准是最初由美国施乐公司采用的，是指以业内外最优企业的最佳实践为基准，通过对比自身和最优企业的管理模式、经营方式和产品的生产过程等，总结出标杆企业的成功的因素，来分析自身存在的差异以及导致差异的原因。其优点是：①具备先进性和可实现性。标杆标准是将企业发展的目标和方向基于外部现实基础上，故能克服历史标准的滞后性，它能将外部环境的变化充分融入企业的业绩评价中。标杆标准是以最优企业的最优实践为标准，故是可实现的而不是遥不可及的。②注重长期战略发展。先进企业之所以能够在众多企业中脱颖而出，一是具备最佳实践，二是具备科学的战略评价系统。这种战略评价系统可以激励员工（内部顾客）为外部顾客创造更多的价值，可以及时发现自身的内外顾客满意度与先进企业之间的差距。③完善激励制度。标杆标准是有效激励机制的重要组成，它可以突破同行业界限，将财务指标和非财务指标统一起来，也将股东和管理者的利益统一起来。其缺点是：①过分注重业绩数字，忽略业绩动因。标杆标准使企业集中于可量化的业绩数字，没有过多的关注企业文化、顾客关系等业绩动因。②当评价标准与奖惩制度结合起来，会受到评价对象的抵触，这样评价对象会采取措施操纵数据、从而影响标杆标准的有效性。③易忽视创新精神。标杆标准是以业内外优秀企业的最佳实践为基准，企业往往因追求在短时间内以最快的速度创造价值，会忽略创新而一味模仿先进企业，这就失去了企业未来利益的源泉。

（3）以行业主管部门和政府颁布数据为标准。

这类标准是指行业主管部门和政府根据本行业的特点和具体情况，制定出能反映本行业平均业绩水平的标准。

通过对内部标准和外部标准的分析可知：（1）内部标准制定成本低，但容易产生“棘轮效应”，打击经营者的积极性，企业在运用内部标准时要保证企业不同阶层之间和同阶层内部有公正的信息流，否则会产生误导性的信息。（2）外部标准成本大，受经营者影响小，相对内部标准更能公正地反映经营者的努力程度，去除噪音；但也容易脱离企业的实际情况。

同时，业绩评价标准选择受成本效益、信息含量和标准制定过程中经营者的影响。历史标准易于获取，故成本最低。预算标准、同业标准和标杆标准等资料获取存在难度，或者成本较高，所以应该衡量成本与效益。选用的标准信息含量越大，越能很好的反应经营者的业绩，这样会使评价结果较客观。内部标准可能受到经营者的操纵，而外部标准就相对客观些。国外学者墨菲曾调查过177所公司得出：11%家公司以外部标准为主，12%家公司为内外部标准相结合，剩下的77%家公司使用内部标准。从这我们可以得出绝大数企业使用的是内部标准，在前面的总结中我们了解到内外部标准各有优势，所以要想更加合理的评价企业业绩，应该多被鼓励企业将内外部标准相结合，取长补短，这样，有利于企业的长期发展。

（二）业绩评价标准选择的矛盾

1. 会计基础与市场基础。

会计基础和市场基础分别是从会计利润和股价这两个角度来评价业绩。支持会计基础的学者认为，现实生活中由于受到国家政策、潜在投资性者的偏好、政治环境等的外在因素影响，使从股价角度评价业绩包含很多噪音，股价并不能真实的反应企业的内在价值，故不可取。相反，从会计基础角度评价业绩则可以减少噪音。而支持市场基础的学者认为，股价虽然不可控因素很多，但是会计利润也非常容易被经营者出于某种目的控制着，报表容易被经营者利用各种手段粉饰。

2. 财务基础与非财务基础。

财务基础与非财务基础分别是定量与不可定量分析。财务基础的定量评价往往不能准确地反映公司业绩，从时间和空间的角度来看，具体的数据可能不具备可比性。并且财务基础注重短期目标，忽视长期发展态势，但是其具有易于操作的优势。非财务基础的定性评价，可操作性弱，有很大的随意性，企业最终目标还是实现最大的利润，这样偏重非财务基础会导致业绩评价出现偏差。所以应该将财务基础与非财务基础相结合，这样可使业绩评价更加全面。

3. 绝对基础与相对基础。

绝对基础是指以业绩水平的实际值为基准来判断，而相对基础是以其他参考基准来判断。业绩水平的实际值一般以本期水平和历史水平为基准，相对基础一般包括预算标准、同业标准、标杆标准和行业主管部门和政府颁布数据为标准。历史水平为基准不能有效排除系统风险和共同风险，这时候相对基础发挥了恰当作用，例如，行业标准就能有效排除系统风险和共同风险，不过前提是处于行业的平均水平。

4. 集体基础与个人基础。

支持个人基础的学者认为，以每个单独个体的真实业绩进行奖惩，权责分明，可以起到很好的激励作用；若以集体基础作为基础，不能明确各个高层经理带来的边际贡献，易出现"搭便车"的偷懒行为。支持集体基础的学者认为，个人基础虽然奖惩分明，但是真正将个人业绩从集体业绩中剥离出来有很大困难，而且成本效益不允许，更可能会打击团体士气。以集体基础为业绩评价基准，充分体现出团队力量。在选择业绩评价标准时，需要将集体基础与个人基础相结合。

五、企业经营业绩评价方法：由定量评价发展为定量评价与定性分析相结合的综合运用

业绩评价体系建立中的另一重要问题是指标信息的获取，即业绩评价方法的选用。评价方法决定着业绩评价结果的合理与公正，业绩评价的方法可以划分为定量评价和定性分析两类。

（一）定量评价方法

定量评价是对社会现象的数量特征、数量关系与数量变化的分析。研究中一般使用数学模块对事物可量化的数据进行分析。业绩评价的定量评价方法主要包括功效系数法、主成分分析法、因子分析法、层次分析法、模糊分析法、数据包络分析法（Data Envelopment Analysis，DEA）等。

1. 功效系数法。

功效系数法是一种使用功效函数对评价总目标进行分析的多元统计方法，我国1999年的《国有资本金效绩评价规则》中对定量指标的基本评价得分的计算采用的就是该方法。功效系数法在权重设置上大多采用德尔菲法。这种评价方法由于权重的设置容易受到主观因素的影响，指标体系之间的因果联系不紧密，而且指标体系较为庞大，不利于业绩形成过程的管理，因而一般用于结果导向的业绩评价。

2. 因子分析法和主成分分析法。

因子分析法和主成分分析法两种方法比较类似，都是运用降维的思路来提取指标，但还是有较大区别的。从本质上看，主成分分析不是一种模型分析而是属于数据变换，而因子分析是用较少的因子表示原来的变量，找到具有本质意义的少量因子来归纳原来变量的特征，属于模型分析。但是这两种方法均要求样本单位数大于指标个数，主要是用于财务指标的综合指标提取，不适用于非财务指标的提取，也不适用于定性指标的考量。同时，主成分分析无法进行不同行业和不同发展时期企业的财务业绩的比较。这两种方法在确定指标权重时，均依照数据本身的属性和结果来设定，而不是人为确定，属于信息量权数，评价结果比较客观，适用于以数据为主要依据、过程管理为主要目的的业绩评价。

3. 层次分析法和模糊分析法。

社会科学领域问题研究的复杂性在于，存在大量难以完全定量分析的问题。而层次分析法和模糊分析法最大的特点是：将人的主观判断用数量形式表达和处理，扩展了传统的最优化技术只用于定量问题的分析。层次分析法可以适应多目标规划原理要求，使评价体系权重设置较为科学，指标间的层层递进的逻辑关系也非常明显，但是它对指标项的数量有一定要求：指标项过少，某些重要因素难以体现，可能导致片面的评估结果；指标项过多，可能会有重复的情况，影响评估结果的准确。模糊分析法的评价结果是一个矢量，包含的信息比较丰富，能对模糊性的信息作出比较科学、贴近实际的量化评价，但指数权重矢量的确定主观性强，确定不当可能会出现超模糊现象，甚至造成评价失败。此外，层次分析和模糊评价均需要专家的支持，评价过程中的随机性和评价专家主观上的不确定性是以上两种方法共同面临的问题，它们适用于以业绩形成过程管理为主的业绩评价。

4. 数据包络分析法。

数据包络分析法（DEA）是建立在考核单位以尽可能小的投入获得最大产出这一理念上的。DEA 计算的效率指标表示的是每一个决策单元产出指标加权之和除以其投入指标加权之和的商数。如果某一决策单元的效率指标 > 1，则表示该决策单元的投入产出是有效的，即达到了投入产出的帕累托最优（Pareto Optimality）。企业业绩评价方法使用 DEA 方法进行评价的最突出的优点是：指标体系在选取和确定后，无须任何权重假设，由决策单元的实际数据求得的最优权重，避免了人为因素所导致的结果不准确，具有很强的客观性。但 DEA 的决策单元的效率为相对效率，因为其效率未必来自其数据本质的效率，效率容易受到极值的影响。同时，使用 DEA 评价方法只能评价决策单元某项投入相对于产出是有效还是无效，而不能获得每个决策单元的有效程度，因而，运用这一方法对业绩形成过程的管理具有一定的局限性。

总体而言，定量评价方法中，功效系数法和数据包络分析法适用于结果导向的业绩评价；因子分析法和主成分分析法、层次分析法和模糊分析法均适用于过程导向业绩评价。同时，前者常用于以数据为主要依据的评价而后者常用于存在大量难以完全定量分析问题的评价。

定量评价方法相对客观、简洁、准确和科学，但需要具备夯实的数学基础和较为丰富的数据，尤其是有些变量难以量化，而常常需要主观判断，因而可能影响量化结果的准确性。

（二）定性分析方法

所谓定性分析法就是对研究对象进行“质”方面的分析。定性分析主要解决的是“是不是”“有没有”“有多少”的问题，它的存在主要是由于有些状况无法直接定量测定所造成的。综合分析法判断和比较分析法是定性分析的两种主要方法。

1. 综合分析判断法。

综合分析判断法，又称专家打分法，主要由评价专家依据其自身的学识背景和经验能力，主观分析确定出评价对象的总体特征。在进行专家判分时，可以采用事件访谈、专家小组、问卷调查、全方位评价、使用专家系统数据库和观察等形式和方法进行。该方法通过加权平均各项指标的专家打分，再结合权重计算总分进行评价。这实际上是一种定性评价的定量化。因此，为适应评价的需要，定性指标可以进行量化表现，如对客户满意度等类似指标的处理。

2. 比较分析评价法。

比较分析评价法主要是通过将指标的实际值与计划或预算值相比较，来分析偏差，并实时提出相应措施，以实现预期目标，从而达到对业绩管理。在实务操作过程中，这种方法常被用于业绩形成过程的管理。

可见，同是定性评价方法，综合分析判断法更适用于结果导向的业绩评价；而比较分析评价法则更适合于过程导向的业绩评价。

定性分析方法一方面可以尽可能全面地考虑影响业绩的各种因素，避免计量模型中变量选择和数据导入的偏差，使评价结果更接近事实；另一方面又受评价专家的主观意志和价值趋向的影响，评价结果难以做到完全、客观、公正。不同的评价方法特点各异，优势互补。从评价方法原理和适用情形看，现阶段，企业业绩评价的方法向着定量评价和定性分析有机结合的趋势发展。事实上，定性分析需要借助数学工具，而定量分析则须建立在定性预测的基础上。因此，在企业业绩评价工作中，必须将定量评价和定性分析结合起来，并根据企业的经营特征、发展阶段和管理需求选择适当的评价方法。

六、企业经营业绩评价的未来：多方位的纵深发展

在当今创新、协调、绿色、开放、共享的发展主题下，追求创新，重视知识成为企业发展的首要动力；供给侧结构性改革的大调整使企业更注重高质量的有效供给和全要素生产率的提高；循环经济、绿色经济、生态经济和

低碳经济使企业更关注社会责任和其他利益相关者；世界经济一体化和全球化使企业面临全球范围的竞争者和顾客；互联网络的引入使商业的国界正逐渐消亡。这些经营环境的改变将促使企业战略目标定位的改变和调整，管理的理念与方法的变革，企业业绩评价及评价体系也将随之改变，并呈现出以下的发展态势。

（一）评价种类与内容更加多维化

企业业绩评价种类正逐渐呈现深层次、多维度的发展趋势。2016 年 1 月 9 日，国资委发布《关于认真做好 2016 年中央企业负责人经营业绩考核工作的通知》，要求中央企业积极推进分类考核，合理设置差异化的考核指标，兼顾经济效益与社会效益，同时准确把握业绩考核的主攻方向，促进企业提质增效升级。2016 年 8 月 24 日，国资委和财政部联合发布了《关于完善中央企业功能分类考核的实施方案》，指明了主业处于充分竞争、主业关系国家命脉这两种商业类央企和公益类央企的业绩考核方向，此外还提出要建立特殊事项管理清单制度，为确定考核指标提供参考依据。黄群慧认为，对于同时涵盖市场化业务和政策性业务的国有企业，国企分类治理以及其带动的差异化业绩考核可以解决“营利性企业使命”与“公共性政策使命”之间的冲突。尤其在混合所有制改革的背景下，企业业绩评价体系应当融入体现混合所有制经济效率的测度指标，在考核财务效益和管理效益的基础上，产权效益和社会效益也应当有所体现。

企业的生产经营除依赖其直接经济资源和人力资源的配置外，还要依赖社会资源、生态资源的最优配置，因此，企业的评价内容更为多维化。在关注财务指标的同时，更应关注创新业绩、绿色绩效等的评价。例如，随着循环经济发展模式的导入和战略性新兴产业的发展，以生态化创新为前提，以重大技术创新与突破能力为内核的竞争优势和核心竞争力的形成与保持成为企业可持续发展的关键因素，企业经营业绩评价的内容应扩展到生态化创新和技术突破能力的培养与保持上，充分体现资源利用率、治理效率和成长潜力。

在经济发展进入“新常态”阶段，我国经济的发展方式从前一阶段高速增长、要素和投资驱动的增长方式过渡到中高速增长，经济结构不断优化升级和创新驱动的经济发展模式，供给侧结构性改革的力度不断加大，企业的委托代理关系发生了一定的变化，不仅包括企业所有者与经营者之间的委托代理关系，还包括政府及社会公众与企业管理者之间有关经济结构优化和生态环境平衡的委托代理关系。这时，委托者不仅要考核代理人的战略经营业绩，更要将经济可持续发展的支撑因素——提质增效，过剩产能化解能力和绿色低碳循环发展因素纳入考核的范围。

（二）业绩评价中应树立矛盾哲学理念

企业业绩评价是一个充满矛盾的综合体系。其一，业绩评价体系中充斥着主观和客观的矛盾；其二，业绩评价指标中，存在着会计基础与市场基础、财务指标与非财务指标、短期与长期的矛盾。

这些问题的解决，有待引入哲学中矛盾的理念。首先，矛盾双方能够相互依存，双方相互渗透和包容，并存在相互转化的趋势。运用到业绩评价上就是主观评价与客观评价、会计基础和市场基础、财务基础和非财务基础相结合，共同作为业绩评价衡量的内容。其次，矛盾双方的斗争性决定了其中必有一方处于主导支配地位，起主导作用，是矛盾的主要方面。业绩评价要抓住矛盾的主要方面，评价主体可以通过业绩评价的重点，调整评价中主观与客观、会计基础和市场基础、财务指标和非财务指标，长短期指标的比重，并考虑周期的长度，尽量做到相对科学的评价。

（三）构建和实施动态以及虚拟环境下企业的业绩评价体系

当前，虚拟运营商、战略联盟和协同、电子商务的出现和发展，使企业可持续发展的内外部环境逐渐趋于动态或是虚拟化，导致企业边界日益模糊。它们时而膨胀、时而收缩，根据需要可以将成千上万个个体通过互联网连接起来一起工作，共同完成商业活动，待业务完成后立即解散。

虚拟化的环境要求企业构建和实施组织间的业绩评价，评价企业对外合作的绩效和企业边界的合理性，将生命周期理论、利益相关者理论和企业文化、国家的外部环境等因素纳入评价体系并根据企业的不同发展阶段和利益相关者的需求变化，对业绩评价指标进行实时调整和反馈。例如，企业可以根据其战略联盟的不同组织形式和松散程度，确定其间的关系绩效，并根据企业联盟中不同企业的性质进行调整。当企业处于本国组织联盟时，企业应考虑国内组织联盟中不同类型企业的特点以及我国特有的乡土文化对业绩评价的影响；当企业处于跨国经营的组织战略联盟时，应考虑不同国家的宏观环境、政治经济制度以及民族价值观等因素，不断调整关键业绩驱动因素。随着经营环境的改变，某些关键的驱动因素甚至可能会变成非关键驱动因素。

（四）评价指标的选择考虑经营者的权利边界，采用相对业绩评价

企业经营业绩评价的目的是反映企业经营者的努力程度及其经营效果，保证评价的公正性和激励效果。但经营者的主观努力是和经营者权利边界相联系的。所谓权利边界，即是经营者可控与不可控因素的界限。经营者只可能在其可控因素范围内（即职权范围内）发挥主观努力，对其权利边界之外的因素不会实施也不能实施努力。因而，选择与经营者权利边界相吻合的评价指标才能客观反映经营者的主观努力程度，否则评价将有失公平性，挫伤经营者积极性。因此，业绩评价的指标设计应使控制权和责任承担相匹配，尽可能考虑经营者的职权范围。对经营者合理、公正的业绩评价才能够保证报酬激励契约的实施效果。

在运用经营者权利边界因素选择评价指标时，评价主体应考虑不同评价指标要求的权利边界不同。例如，考核的经营者拥有日常经营活动的决策权，能决定收入、支出以及资本筹资的方式及额度等，评价指标应采用会计利润类指标；如果经营者具备能影响实际的现金流入流出的决策权利，评价指标应考虑现金流量指标；如果经营者能决定企业的战略投资方向，拥有充分经营、投融资决策权，影响企业未来收益、风险，评价指标则可以考虑采用市场价值指标。

以 EVA 指标为例，从评价指标与权利边界角度来看，EVA 反映的指标比较综合，更适于高层决策者的评价。对于基层管理人员而言，由于很多决策可能超出其决策范围，属于不可控因素，因而，比 EVA 评价权利范围更小、更为具体的收入、支出、现金流量，甚至客户满意度、劳动生产率等指标更适合他们。此外，EVA 指标也不适用于多部门协作并分享资源的企业，因为共同资源的分享产生的内部转移价格和成本分配，将会使 EVA 的计量和评价产生困难。

此外，主观努力程度是一个相对概念，经营者是否努力以及努力程度的大小，取决于他们的权利边界以及其他经营者的努力。对于同行业的经营

者，他们通常面临相同的经济与行业环境，在评价中引入同行，作为竞争标杆，进行“相对业绩”的评价，可以剔除一些不可控因素的影响，过滤评价指标中的噪音，降低其评价误差，从而使基于其上的报酬激励或约束更有效。

我国企业的业绩评价方法也在不断适应当前的经济趋势与时代要求。罗虎提出了坚持和发展中国特色现代国有企业业绩评价制度，从客户、业务、创新、社会、员工和财务六个角度出发，建立系统和综合评价的“全面企业业绩评价体系”。一般来说，客户方面的测评指标主要包括：（1）市场份额；（2）老客户留住率；（3）新客户获得率；（4）直接客户或基础客户比例；（5）客户满意度；（6）客户利润率等。业务方面的测评指标主要包括：（1）主要产业、业务收入和利润占比；（2）核心产品、服务、项目收入和利润占比；（3）关键技术、管理人员和管理能力等。企业创新方面的测评指标可以包括：（1）科技投入比率；（2）研发人员的比例和水平；（3）新产品或新服务收入比例；（4）经营模式或商业模式创新状况等。国有企业承担的社会责任主要包括环境和社会两个方面，可以用以下指标来评价：（1）循环经济或绿色经济发展（节能减排、安全环保指标等）；（2）社会贡献（上交税赋和利润等）。企业员工方面的测评指标可以包括：（1）员工生产率；（2）员工参与率；（3）员工流失率；（4）员工满意度等。企业财务业绩方面的测评指标可以包括：（1）净利润；（2）经济增加值；（3）市场增加值；（4）净资产收益率；（5）资产周转率；（6）资产负债率；（7）资本保值增值率等。在国资委和财政部联合发布《关于完善中央企业功能分类考核的实施方案》后，如何有效推进“分类治理”“分类考核”是决定国企改革成败的关键。从分类考核的要求出发，不同类型的企业应设置不同的年度经营业绩考核指标。主业处于充分竞争行业和领域的商业类国有企业考核重点是经营业绩指标、国有资产保值增值和市场竞争力，具体的考核指标包括：（1）经济增加值（EVA）；（2）资本保值增值率及盈利性；（3）营运效率和成长性等。主业处于关系命脉的重要行业、承担重大专项任务的商业类国有企业考核重点在于服务国家战略、保障国家安全和国民经济运行、发展前瞻性战略性产业以及完成特殊任务，具体的考核指标包括：（1）经济增加值（EVA）；（2）重大专项任务进度；（3）资本保值增值率及盈利性；（4）营运效率和成长性等。公益类国有企业的考核重点是成本控制、产品质量、服务水平、运营效率、保障能力和引入社会评价，具体的考核指标包括：（1）资本保值增值率；（2）成本费用率；（3）营运效率；（4）服务质量评价；（5）环保；（6）社会责任等。从生态文明的角度出发，任书娟提出了三重底线理论的业绩评价方法，从经济、社会、环境协同的角度出发，对企业综合绩效进行评价，评价企业发展的经济效益，并有效引导企业承担相应地社会和环境责任，从而实现对企业的全面评价。对于企业来说，经济方面的衡量标准包括两个方面：一是可以量化的数据，如财务指标等；二是不可以量化的数据，如客户满意度等。经济绩效的考虑应该集中在可量化数据指标和非数据指标的结合上。企业承担的社会责任可分为：一是对员工的责任，主要承担员工的薪酬待遇福利等，保障员工的正常权利；二是对政府的责任；三是对消费者的责任，为顾客提供合格的产品；四是对商业伙伴的责任，主要诚信经营，公平竞争，抵制商业贿赂等；五是对社会公众的责任，按照社会公德的相关要求，开展相应的慈善公益事业。良好的生态环境是企业可持续发展的关键，在企业绩效评估中，生态环境应被视为重要的影响因素。因此，企业承担的环境责任主要指标包括资源利用效率、节约能源情况、环境污染等。

我国目前已迈入加快构建以国内大循环为主体、国内国际双循环相互促进的新发展格局阶段。新的发展阶段与理念也指导着我国企业业绩评价体系不断进步，不断改良。具体地，可以从以下方向进行调整：一是优化调整财务绩效定量指标与管理绩效定性指标权重，适当增加管理绩效定性指标权重占比；二是从彼此独立的定量与定性评价转向从定性评价中挖掘关键性指标，进行纵横向定量比较，更加关注可持续发展能力；三是在技术创新与提供高质量产品和服务供给上集聚优势力量，力争实现更有质量创新和更高价值突破。基于这些方向，企业业绩评价可以从制度安排、组织体系、价值导向三个方面进行优化。制度方面：（1）在考核评价中将文件中的新思想、新要求动态地纳入企业业绩评价工作的全过程；（2）完善监督，在国家及地方层面对企业经营管理和业绩评价形成咨询与监督机制，加强立法调研与座谈；（3）加强制度层面的引导，建立健全知识产权保护制度，倒逼深层次市场化改革。组织体系方面：（1）在财务方面，一是确定全面、系统、科学的财务指标；二是明确指标的不确定性，制定指标时要充分估计其中潜在的风险问题，考虑政策的时间滞后性。（2）在客户关系方面，可以引入绩效棱柱法的利益相关者思想，选拔并培训高质量的员工，从供应链角度改善与不同利益主体的关系，树立保护环境、积极承担社会责任的企业形象。(3) 在内部流程方面，应通过考核和测评相应指标来寻求企业绩效的提升，建立内部绩效考核委员会。(4) 在学习和成长方面，加强企业培训投入，将人力资本收益率或人力资本投资报酬率作为评价指标，提升企业在新发展格局下的持续竞争能力。价值导向方面：(1) 树立以科技创新为导向的价值理念，企业应更加关注自主创新，以多层次、更高效的资本投入，使企业的自主创新能力得到有效提升，从而充分发挥知识产权保护的社会作用，让产业链、供应链更加稳定安全；(2) 树立以社会责任为导向的企业价值观念，将社会责任承担融入企业文化之中，注重内部利益相关者的实际需求，完善高管人才社会责任的培养机制，对外构建良好的政企关系并主动开展慈善捐赠；(3) 树立以绿色发展为导向的价值理念，增强碳信息披露的质量，将对环境负责的理念融入业绩评价体系。

(五) 科学技术进步引发的业绩评价方法改良

随着经济全球化和大数据、智能化、移动互联网、云计算等信息技术的发展，传统的业务与财务相分离的财务管理模式已远远无法满足企业管理的需要。在数字经济时代，财务管理部门不仅要对企业的财务状况和经营业绩进行计量和反映，更需要深入业务前端和业务发展的全过程，将财务管理的思想和要求嵌入业务流程，对业务实施有效管控，即实现业财融合。此时传统的业绩评价已经不再适用于企业，财务与业务系统的一体化是企业业绩评价的大势所趋。业财融合下 FSSC（财务共享中心）的业绩评价是企业运营管理中至关重要的一环。集团通过对各分部及分布业务进行细分，依托大数据信息系统，将财务数据和业务数据一同传输到财务共享中心，共享中心再对数据信息进行统一的财务数据管理和业务数据分析，并将业务数据处理成所需的财务数据，再通过信息汇总给企业财务总监等高级管理人员，有助于财务总监等高级管理人员根据企业现存数据信息进行未来战略布局、成本管控、风险管理和业绩评价。陈翼采用平衡计分卡法构建财务共享服务中心业绩评价体系，并结合专家赋分法和层次分析法确定业绩评价指标权重，进而建立了符合数字经济时代的财务共享服务中心业绩评价体系。该体系从以下四个维度评价 FSSC 综合绩效：(1) 财务维度：在降低成本的基础上，考虑和关注大数据中心价值创造的特征，故在选取该维度指标时，既要考虑用利润率等财务指标来衡量绩效，同时又要兼顾成本预算的绩效考核。因此，考核指标重点关注成本和盈利两个角度，包括成本费用率、人力成本节约率、利润率。（2）内部流程维度：内部流程的指标体系应体现财务共享服务中心的营运及管理能力，它包括业务处理时效、业务处理质量、业务完成率、流程标准化率4个指标。（3）客户维度：财务共享服务中心以对外提供服务为主，兼顾对内财务服务，客户对象由单一内部客户变为内外客户并存，故本维度指标选取时充分考虑外部客户的需求，选取了服务满意度、个性化服务、客户投诉数量和服务水平协议达成度等指标。（4）学习与发展维度：充分考虑员工成长和职业发展通道，包括职业发展通道、培训费投入和职员流失率3个指标。通过指标在业绩评价体系中的权重可知，服务满意度、业务处理质量、服务水平协议达成度、人力成本节约率、业务处理时效和个性化服务六个指标是业绩评价指标体系中的核心指标。由于每一个公司的FSSC仍然存在差异性，这些指标体系无法做到面面俱到，在一部分公司的实际应用中可能存在不足，但该指标体系及研究思路对于各公司构建FSSC业绩评价体系的借鉴意义却是十分显著的。

第二部分

企业经营业绩评价指标体系研究

| 第七章 |

战略平衡计分卡——衡量企业战略经营业绩的新指标体系

随着企业竞争的加剧，企业能否在竞争中立于不败之地，已不再完全取决于内部的生产能力和管理水平，而主要取决于企业战略性竞争优势的取得。这里的战略性竞争优势是指企业在同行业中所具有的长期的、稳定的、综合的竞争实力，关键是形成其特有的核心竞争力，包括通过技术创新所形成的技术优势、通过产品创新所形成的产品优势、通过制度创新所形成的组织和人才优势等。战略性竞争优势必定在战略经营业绩上体现出来。因此，如何建立科学、系统、全面地衡量企业战略经营业绩的指标体系，直接关系到对企业战略经营业绩和竞争优势的正确评价。目前，以美国为代表的西方国家所提出的战略平衡计分卡（Balanced Scorecard）就是适应现代经营管理要求的综合评价企业战略经营业绩的重要指标体系。

一、战略平衡计分卡的产生

战略平衡计分卡是在 1990 年诺顿研究所的课题研究成果基础上，由美国著名管理会计学家罗伯特·S. 卡普兰（Robert S. Kaplan）和美国现任复兴方案公司总裁戴维·P. 诺顿（David P. Norton）提出的用于企业战略经营业绩衡量与评价的指标体系。简单地说，战略平衡计分卡是一整套用于衡量评价与企业战略经营成功相关的要素的财务与非财务指标体系。其包括财务业绩指标、客户方面业绩指标、内部经营过程业绩指标和学习与增长业绩指标四个方面。这一指标体系不仅有利于正确评价企业经营业绩和竞争实力，还直接表明企业的奋斗目标和宗旨，有利于企业全体职员对其战略计划、目标的理解，有利于管理者决策的正确制定以及战略性竞争优势的形成。

历史地看，对企业经营业绩的考核均采用财务指标体系。的确，从19世纪的中叶至20世纪的下半叶，财务指标，诸如投资回报、资产收益率、资产负债率、流动比率、速动比率、存货周转率、每股盈余等，在衡量企业的经营业绩方面和为管理者提供决策所需信息方面曾发挥过重要的作用。这是因为在工业时代，企业和公司在经营上的成功主要依赖于规模经营所带来的利润。在当时的经营环境条件下，产品的市场需求相对于供应而言要大得多，可供消费者选择的产品品种较少，市场是以卖方市场为主；对企业而言，要提高利润水平，实现财务目标，通过加强内部管理、提高生产效率、多出合格产品就可以达到。因此，企业的生存和发展以及它的竞争优势的形成取决于企业内部的生产效率和管理水平，即企业的内部管理水平越高、经营规模越大、生产效率越高，生产出的产品或劳务就越多、实现的利润也就越多。这种经营业绩的评价及决策属内向型，无须过多地考虑外在因素。这时，财务指标体系能够较综合、全面、系统地反映企业的经营业绩和竞争状况，符合管理者决策和管理的要求。然而，这一财务指标体系所体现的是企业短期财务目标的实现，管理者着眼的是企业内部管理水平和生产率的提高。

自20世纪80年代后，以计算机技术为代表的高科技的迅猛发展，人类社会已进入了信息时代，企业的经营环境发生了巨大的变化：第一，一些基本产品的需求市场已基本达到饱和，可供消费者选择的产品品种日益增多，消费者对产品的质量要求不断提高，市场已由卖方转向买方。第二，随着科技的日新月异，产品更新换代的时间不断缩短，企业要生存、求发展，必须具备较强的产品创新能力，应善于预测未来客户的需求，并设计和推出全新的产品和服务满足客户的需要。第三，随着信息渠道的增多，获取信息的及时性和准确性不断提高，企业可根据市场的要求及其战略目标作出迅速调整。这种经营环境所导致的结果就是竞争在全球范围内的加剧。在这样的状况下，工业时代竞争中的许多基本概念已不再适用，企业的生存、发展和财务目标的实现，不能再单靠提高企业内部的管理水平和生产效率来达到，而应转向企业战略性竞争优势的形成。在21世纪的信息时代，企业经营的成功、财务目标的实现最终取决于战略性竞争优势的取得。竞争优势的形成要求企业的经营决策应具有战略眼光，在决策时不仅要考虑如何改善内部管理、提高生产效率，更要考虑外在的因素，如企业产品的市场份额、竞争对手的财务状况、客户对企业产品和服务的要求、企业的创新能力和纠错能力、职员对其工作的满意程度等。第四，竞争优势的取得不是一朝一夕之功，需要通过较长时间的努力奋斗；竞争优势的保持也应有一个长期的观念。因此，企业必须有长远的规划，这种规划是基于企业对形势的正确估计以及在此基础上形成的科学战略目标。这就要求企业的管理和经营业绩的评价应从内向型转向外向型，决策及目标的确定从短期型转向长期型。

显然，单一的财务指标体系已不能满足企业对战略经营业绩评价的要求，不能有效地为管理、决策和战略目标的实现、竞争优势的形成提供服务，同时，这种财务指标体系必将导致企业的短期行为，影响企业对新产品的开发研究、人力资源的开发利用、信息技术的开发利用以及客户和市场的开发研究等。因此，建立一整套新的、科学的企业战略经营业绩衡量指标体系势在必行。战略平衡计分卡就是在这样一种形势下应运而生的。1990 年，美国诺顿研究所主持的，由美国石水公司、FMC 等公司参与的课题研究成果，美国哈佛大学的卡普兰教授和复兴方案公司总裁诺顿于 1992 年、1993 年和 1996 年分别发表了《平衡计分卡：提高效绩的衡量方法》《平衡计分卡的应用》《平衡计分卡用于战略管理系统》三篇论文之后，又出版了《平衡计分卡：一种革命性的评估和管理系统》和《平衡计分卡——战略目标的转换》等专著，使战略平衡计分卡的理论与方法得以系统化。这一指标体系将财务与非财务指标有机地结合起来，综合、全面、系统地考评企业的经营业绩，克服了单一财务指标体系的不足，有利于战略性竞争优势的正确评价和管理者的正确决策，体现了企业的战略目标。

二、战略平衡计分卡指标体系

根据卡普兰和诺顿的研究，战略平衡计分卡指标体系主要由四个方面组成。

（一）财务业绩指标

一般财务业绩指标主要包括：（1）收入增长指标；（2）成本降低或生

产率提高指标；（3）资产利用或投资战略指标。具体指标可根据公司的具体要求设置，一般有经济增值、净资产收益率、资产负债率、投资报酬率、销售利润率、销售增长率、应收账款周转率、存货周转率、成本降低率、营业净利额和现金流量净额等。

收入增长指标应根据企业不同发展时期的不同要求而异：增长期是企业生命周期的最初阶段，处于发展阶段，企业在提供产品和劳务获取收入方面存有巨大的潜力有待挖掘，投资规模大。这一阶段的总财务目标应是目标市场收入的增长率和销售增长率的不断提高，以及客户和销售区域的不断扩大。保持期是企业生命周期中的成长期，企业需要对有发展前途的投资项目进行投资和再投资，以求较高的投资回报。这一阶段，企业的主要目标是保持已有市场份额并力争逐年有所增长，其财务目标是投资回报和经济增值的最大化。收获期是企业的成熟期，这一阶段是企业在前两个时期所作投资取得回报的阶段，主要的目标是最大限度地回收现金，总的财务目标是折旧前经营现金流量的最大化和营运资本需求的减少。

成本的降低是通过降低直接和间接的产品和劳务成本来达到的；生产率的提高是通过与其他经营企业分享共需资源来实现的。

提高资产利用率是指通过减少营运资本的运用生产出相同数量的产品和劳务，或者是通过提高资产运用率而不是增加营运资本来完成新增产品的生产。

（二）客户方面业绩指标

用于衡量客户方面业绩的指标主要有以下几种。

（1）市场份额；（2）客户保持率；（3）客户取得率；（4）客户满意程度；（5）客户盈利率。市场份额用于衡量在给定的市场中（既可以是客户的数量，也可以是销售的数量）企业销售产品的比例；客户保持率是指企业继续保持与老客户交易关系的比例（既可以是绝对数，也可以是相对数）；客户的取得率指标用于计量企业吸引或取得新客户的数量或比例（既可以是绝对数，也可以是相对数）；客户满意程度指标是通过一定的方法（如函询、会见等方法）对客户的满意程度作出估计；客户盈利率是指企业为客户提供产品或劳务后所取得的净利润水平。对于有盈利的客户，企业应争取和保持。

（三）内部经营过程业绩指标

内部经营过程业绩指标最能说明战略平衡计分卡与财务业绩衡量方法之间的区别。财务业绩衡量方法强调的是对已有的责任中心和部门的控制与改进，然而，单纯对财务业绩的控制和改进很难使企业在市场中成为最具竞争力的公司，要使企业取得和保持竞争优势，就必须创新，讲求质量，缩短产品的生产周期，提高生产率，降低成本。而战略平衡计分卡把对企业内部经营过程的考核指标定位在创新、经营和售后服务上，这正好体现了这种要求。通常创新指标与企业研究开发费用的衡量有关；经营业绩衡量指标主要用于衡量企业的经营过程，这一过程从接受客户的订单开始到将完工产品运送到客户手中；售后服务主要与产品质量的保证、维修服务以及对次品和退货的处理，包括服务的时间、质量、成本等有关。

具体指标一般有产品制造周期、产品质量等级、产品设计水平、工艺改造能力、新产品开发能力、生产能力利用率、机器完好率、设备利用率、安全生产率、产品退货率、产品保修的期限和产品维修的天数等。

（四）学习与增长业绩指标

战略平衡计分卡所强调的投资重点是未来的投资项目，如新产品和新设备的研究和开发，而不是传统的投资领域。这就要求企业的管理人员和职员应不断地进行新技术、新知识的培训学习，以适应时代发展需要；建立有效的信息系统以便及时获取信息；建立良好的激励机制，以激发全体员工的积极性。该指标体系一般包括三个主要方面：（1）职员能力；（2）信息系统能力；（3）激励、权力和协作。其具体指标有职员满意程度、职员保持率、职员工作效率、职员知识水平、职员的培训次数、管理水平、研究开发费增长率、信息系统更新程度等。职员能力方面指标主要包括职员满意程度、职员保持率和职员的工作效率。信息系统能力是指企业及时取得有关客户、内部经营过程以及他们决策的财务结果方面的信息能力，这主要通过企业当前可取得的信息与期望所需要的信息之比等指标进行衡量。激励和权力指标主要用来反映职员工作的积极性激发方面的情况，可以用每个职员所提建议的数量等指标来衡量。

战略平衡计分卡的四部分内容之间以及内部各指标之间均存在着一定

的联系。

首先，在四个指标体系中，以财务指标体系为根本，其他三方面的指标体系最终为财务指标服务。只有企业内部经营过程不断得到改善，创新能力不断提高，全体管理人员和职员的素质与服务质量不断提高，才能使客户的满意程度不断提高，从而增加企业在市场竞争中的实力，扩大市场份额，实现财务目标，最终使股东满意。

其次，各个衡量指标必定与平衡计分卡的某一方面存在着因果联系。这是因为企业的战略所体现的是一系列因果关系，作为企业战略业绩评价指标体系的平衡计分卡也应体现这种因果关系。例如，所用资本回报应是构成财务业绩考评指标体系的指标；又如，销售量的扩大，是客户的高度忠诚所致，因此客户的高度忠诚（客户保持率）就构成了战略平衡计分卡中衡量客户的重要指标。

另外，战略平衡计分卡包括的四个方面的指标并不是固定不变的，企业可根据自身的情况进行适当的增减，它既可以是两个方面、三个方面的内容，也可以是五个方面的内容。

三、战略平衡计分卡的作用

第一，战略平衡计分卡是衡量企业战略业绩的综合指标体系。如前所述，建立科学合理的战略业绩衡量指标体系至关重要，它直接关系到企业经营业绩的正确评价和管理者决策的科学合理性。财务业绩指标体系只能用于衡量企业的短期财务业绩和管理水平，显示的是企业过去的业绩状况，而不是从全方位和战略的角度对企业的业绩进行综合衡量和考核。管理者根据财务指标体系提供的信息所做出的决策主要是短期的和内向型的，它强调的是企业内部管理的改善和生产效率的提高，这单一的财务业绩衡量指标体系往往会掩盖企业在经营过程中存在的重要问题，不利于管理者及时发现和纠正问题。例如，根据财务业绩衡量指标的要求，企业越能充分利用已有设备生产出越多的产品就越好。因为在这种情况下，单位产品所分摊的固定成本减少了，产品的生产成本也就降低了，然而，它却可能掩盖着由于生产出的产品不适销对路而造成大量的库存积压，从而大大地提高了产品的储存费用。此外，还可能导致企业短期行为的产生，不利于企业的发展和战略目标的实现。近年来，美国采用经济增值（EVA）指标来衡量企业所创造的利润（经济增值是企业的净经营利润抵减了资本成本后的余额），只有这种意义上的利润，才会带来企业价值的增值和股东财富的增加。但它终属财务业绩衡量指标，它所反映的是企业的财务业绩而不是战略业绩。而战略平衡计分卡指标体系则将财务指标与非财务指标有机地结合起来，从财务方面、客户方面、内部经营方面以及职员方面，较综合全面地对企业的战略业绩进行衡量和考核：通过财务业绩指标，能对企业的财务经营业绩进行全面的评价和考核，并为财务决策提供相关信息；通过客户方面业绩指标，可以对企业的客户满意程度等方面进行评价和考核；通过内部经营过程业绩指标，可以对企业的创新能力、产品和服务质量、生产效率和管理水平作出衡量和评价；通过职员方面业绩指标（或称学习与增长指标），可以对职员的工作能力以及他们对企业的满意程度作出评价。此外，通过战略平衡计分卡报告，能使管理者及时正确地了解、掌握企业经营成功的关键因素和失败的原因，而不致因使用单一的财务业绩衡量指标体系而掩盖了经营中存在的重要问题。

第二，战略平衡计分卡是企业战略目标的具体行动转换。这种转换就是把战略目标和计划分解为具体的、可执行的目标以便实施。企业的战略目标和任务是非常笼统和概括的，如“要成为本行业最成功的经营者”“成为已有市场最具竞争力的企业”等，诸如此类的战略目标和口号不进行一定的转换是无法实施的。

企业必须把目标和口号转换为阶段性的、具体的、可操作的，并为大多数人所理解的目标，才能有效地实施。作为战略业绩衡量指标的战略平衡计分卡具有将战略目标转化为阶段性的、具体的、可操作的目标的作用：通过财务业绩指标使管理者和执行者明确企业所要达到的具体财务目标；通过客户方面业绩指标，使执行者懂得保护原有客户和吸引新客户的重要性；通过企业内部经营过程业绩指标，使管理者明白如何通过开发新产品、提高服务质量来满足客户对产品和服务质量的要求，从而达到保持原有客户、争取新客户，进而扩大企业的市场份额、实现企业的财务目标；通过职员学习与增长业绩指标，使企业和公司的管理者、职员明白，只有不断学习新知识、新技能，才能不断提高自身的素质，以适应不断变化的经营环境，提高自身工作的胜任能力，使客户满意、股东满意，最终实现企业的战略目标。

第三，战略平衡计分卡还是企业的管理制度。我们知道，战略平衡计分卡具有将企业的战略目标转化成阶段性的、具体的、可执行的目标的作用，也即它是企业战略目标的具体化。企业的具体执行人员必须懂得他们的决策和行动的财务结果；高级管理人员必须清楚达到长期战略目标的关键因素。战略平衡计分卡的运用要求企业不同层次的管理者和执行人员对自己的任务应非常明确，从这一意义上来说，战略平衡计分卡是一种自上而下的企业战略目标任务的分解与管理过程，这一过程始终将企业的战略目标作为其中心。之所以称之为“平衡计分卡”，是因为这种积分卡代表着外部股东满意程度和客户满意程度之间的平衡；内部的经营过程、激励机制、职员知识的学习和产品销售收入增长之间的平衡；过去的经营结果考核与将来业绩衡量之间的平衡。这种从上而下对战略目标的分解及平衡就是一种企业管理制度。

总之，战略平衡计分卡的作用在于：衡量、转换和管理。

| 第八章 |

平衡计分卡（BSC）与《国有资本金效绩评价规则》的比较分析

由于企业业绩评价具有导向性的功能，即所谓“评价什么，得到什么”而备受理论与实务工作者的关注，尤其是在20世纪90年代，由美国哈佛大学著名管理会计学家罗伯特·S. 卡普兰教授和美国复兴方案公司戴维·P. 诺顿总裁提出的以战略管理为导向的业绩评价体系——平衡计分卡（BSC），更是把业绩评价这一问题的研究推向了高潮。随着他们的研究成果被译为多国文字后，平衡计分卡成为世界性的热门话题。我国也掀起了评介、运用平衡计分卡的热潮，许多学者在平衡计分卡运用于企业的业绩评价和管理，以及政府事业、行政部门的绩效评价上作了积极的探索。然而，科学、有效地运用平衡计分卡，有赖于对平衡计分卡精神实质的深刻理解。本章拟通过平衡计分卡与《国有资本金效绩评价规则》的比较分析来把握平衡计分卡的本质，并在此基础上进一步论述平衡计分卡运用中应注意的一些问题。

一、平衡计分卡与《国有资本金效绩评价规则》

平衡计分卡是一整套用于评价和管理企业战略经营业绩的评价体系和管理方法。该套评价体系从因果链角度分析影响企业战略经营业绩的主要方面，包括财务（Financial）、客户（Customer）、内部经营过程（Internal Business Processes）和学习与增长（Learning and Growth），通过财务指标与非财务指标、定量指标与定性指标的有机结合，充分考虑了企业内部和外部影响因素、长期利益与短期利益的平衡，形成了对企业战略经营业绩进行综合评价和管理的评价体系。卡普兰和诺顿的最大贡献在于将平衡计分卡这一业绩评价体系运用于企业的战略业绩形成过程的管理。《国有资本金效绩评价规则》是1999年6月由我国财政部、国家经贸委、人事部、国家计委联合颁布的主要用于国有企业经营效绩评价的评价体系。该套评价体系从财务效益、资产营运、偿债能力和发展能力四个方面，通过财务指标与非财务指标、定量指标与定性指标的结合，并运用功效系数法，对国有企业的经营业绩进行综合评价，以考核经营者的受托责任履行情况，并拟就评价结果与薪酬和晋升挂钩。该套评价体系经2002年修订后，指标由原来的32项变为24项。修订后的《国有资本金效绩评价规则》一方面拓展了其运用领域，由国有企业推广至一般的企业；另一方面使指标体系在简化的基础上更为科学、合理。

二、比价分析

从两套评价体系产生的背景来看，平衡计分卡与我国的《国有资本金效绩评价规则》（以下简称《规则》）都是在传统的业绩评价指标体系不能满足知识经济即将到来条件下企业业绩的评价与管理需求而于20世纪90年代产生的，具有相同的背景。从指标体系来看，两者都实现了财务指标与非财务指标、定量指标与定性指标的结合，从影响企业业绩的主要方面形成若干个层面（均为四个层面）展开评价，因此，业绩的评价具有综合性的特点。但是，两种业绩评价却存在着本质上的差别，主要体现在以下几个方面。

1. 两者的指导思想不同。从《规则》来看，其指导思想是力求对企业经营业绩评价的公平、公正，注重的是评价结果。根据评价的结果将企业划分为不同的等级，以考核经营者的受托责任履行情况，再行奖惩。而平衡计分卡，其指导思想是为企业战略管理服务，通过将企业口号式的不具可操作性的战略目标，运用一定的方法实现指标体系的转换，即实现战略目标的战术转换，对企业业绩形成过程进行管理，达到实现企业战略目标的目的。可见，它注重的是业绩形成过程的管理。正如前所述，卡普兰和诺顿的平衡计分卡的最大贡献就在于其实现了方法论的创新：将业绩评价运用于企业的战略业绩形成过程的管理。也正因为如此，平衡计分卡与其说是企业经营业绩评价体系，不如说是企业业绩管理方法。

2. 评价体系设计的理论依据不同。《规则》设计的理论依据主要是委托代理理论。在委托代理条件下，委托者对于受托者的财产经营状况必然是关心的，他们需要定期了解受托责任的履行情况，并使受托者的努力方向与委托者的一致，这时就需要有一种科学的制度安排，来有效地激励与约束经营者，从而达到委托者的目标要求。而业绩评价则是一项有效的制度安排，通过业绩的评价，并根据评价结果进行的奖惩，达到激励与约束经营者。可见，《规则》主要目的在于业绩的考核，并将考核结果与企业经营者的薪酬、晋升挂钩。而平衡计分卡设计的主要理论依据则是企业战略管理等相关理论，是根据企业战略目标和管理需要设计的企业战略经营业绩评价体系。通过因地制宜地评价体系的设计与管理，以达到提升企业核心竞争力、保持竞争优势、实现战略经营目标。

3. 评价主体不同。从前面不难看出，《规则》的评价主体一般为所有者（股东）、债权人、政府等其他利益相关者；业绩的评价带有强制的性质。而平衡计分卡的业绩评价主体则主要是企业自身，包括董事会、总经理、职员等。由于这种业绩评价与企业管理紧密相关，因而带有企业自发自愿的性质。

4. 评价体系的灵活性不同。《规则》是政府颁布的具有统一要求的带有强制性的评价体系，无论是评价层面、具体的指标、评价的标准和方法都具有相对的固定性，在一定时期内不能改变，以便业绩评价结果的可比、奖惩的公正。而平衡计分卡是一种企业业绩的管理方法，它是根据企业具体需要设置若干层面（可以是三个、四个，甚至五个层面）和不同的指标，可运用不同的评价方法。没有一个普遍适用的统一、固定的平衡计分卡评价体系，各企业都必须因地制宜。

5. 管理作用不同。《规则》实施的是一种定期的事后评价，对管理的作用在于其结果的反馈价值，即根据业绩评价的结果，总结企业管理成功的经验，分析产生差距的原因，为企业今后加强管理、提高业绩提供参考。而平衡计分卡是一种视企业管理要求展开的定期或不定期的业绩管理活动。平衡计分卡首先是根据企业的愿景（Vision）或战略目标，运用一定的方法将其转换为评价指标体系，这一评价指标体系还应根据企业的组织管理结构进行层层分解，由总公司或企业集团的平衡计分卡、子公司或分公司的平衡计分卡、部门和职员个人的平衡计分卡组成。这样，企业的战略目标通过指标体系的层层分解，落实到了各个分公司、子公司、部门和个人，使每个部门和每个人都非常清楚自己的任务及在企业整个战略目标实现中的作用。通过对过程的管理，达到实现战略奋斗目标。与《规则》相比，平衡计分卡对管理的作用主要体现为过程的管理。

总之，两种企业业绩评价体系体现着两种不同的管理理念：一种是程序理性（Procedual Rationality）；另一种是结果理性（Rationality of Outcome）。《规则》体现的业绩评价理念是以“结果论英雄”的结果理性，体现的管理理念是“亡羊补牢，未为晚矣”。但毕竟羊已亡，损失已发生，为什么不乘羊未亡时加固牢，使羊不亡呢？而平衡计分卡体现的管理理念是乘羊未亡时加固牢，使羊不亡的过程理性。我们知道，结果理性的实现，一般以程序理性为前提条件，没有程序的理性，不可能产生结果的理性；然而，在现实生活中，某些事项的程序理性很难寻找或判断，人们无法用程序理性对该事项进行合理、公正的判断，在这种情形下，才会以结果理性来判断。因此，只有在程序理性无法实施，或是由于环境的变化，导致遵守原有的程序理性不一定产生结果理性的条件下，需要运用结果理性进行判断。而以战略目标管理导向的平衡计分卡业绩评价体系，完全可以通过科学有效的手段对业绩的形成过程进行管理来实现对战略目标的管理，为此，应遵循程序理性。前述也可概括为如表 8 - 1 所示。

表 8 - 1　　平衡计分卡与国有资本金效绩评价规则异同比较

项目 / 比较	平衡计分卡	国有资本金效绩评价规则
指标体系	财务与非财务指标的结合；定量与定性指标的结合	相同
产业的背景	传统的业绩评价指标体系不能满足需要	相同
指导思想	为企业战略管理与经营服务	力求对企业经营业绩的公平、公正评价
评价体系设计的主要理论依据	企业战略管理理论	委托代理理论
评价的主体	主要为董事会、总经理、职员等	一般为投资者（股东）、债权人、政府等
评价体系的灵活性	比较灵活，可根据企业管理需要设置	具有统一性和相对固定性
管理作用	着重于业绩形成过程的管理，以确保目标的实现。遵循的是程序理性	着重于事后的评价，其管理的作用主要体现于反馈的价值。遵循的是结果理性

三、平衡计分卡的运用条件

掌握平衡计分卡的实质及与《规则》的区别是为了更好地运用平衡计分卡。在运用平衡计分卡时，要特别注意其适用的范围和运用的前提条件。

第一，应有明确的战略目标。正如前所述，平衡计分卡的精髓在于将业绩评价用于战略目标的管理，运用一定的方法将企业的战略目标转换为指标体系，通过对业绩形成过程的必要管理，确保企业战略目标的实现。为此，将平衡计分卡运用于任何的组织或企业，该组织或企业必须有明确的战略目标。

第二，应有明确的财务或预算目标。平衡计分卡并不是对传统财务业绩评价体系的否定，而是扬弃，在平衡计分卡的四个层面的指标体系中，以财务层面业绩为落脚点，其他三个层面的业绩是为财务层面服务的，具体而言，其他层面是用于进一步分析财务层面业绩的形式原因。财务层面的业绩往往占有较大的权重，一般在60%左右。由此可见，财务指标在平衡计分卡中居核心地位，起着举足轻重的作用。由此，平衡计分卡一般多运用于营利或实行预算管理的组织单位。

第三，应具有较高素质的管理人员及职员。企业的管理人员和职员是实施平衡计分卡的具体操作人员，他们必须具备运用平衡计分卡的知识背景，包括对平衡计分卡原理的理解与把握，以及与运用相关的其他方面的理论知识和实践经验。与此同时，还必须在思想上高度重视，并予积极配合。只有这样，才能为平衡计分卡的有效运用提供广阔的空间和人力方面的保证。

第四，科学、合理的组织结构。这里的科学、合理的组织结构，是指组织单位内有一整套有效的内部控制与管理机制。平衡计分卡的运用过程，其实就是企业战略目标的分解与整合过程，在这一过程中，需要单位内不同层次的部门和人员沟通、配合，只有具有科学、合理的组织结构，才能达到单位内部上、下、左、右之间的有效沟通和整合，使平衡计分卡得以有效实施，与此同时，这也是遵从业绩评价与管理的程序理性，从而达到结果理性的重要保证。

| 第九章 |

企业战略经营业绩评价指标体系建立应考虑的因素

指标体系的设置是业绩评价的关键，它直接关系到企业战略经营业绩的正确评价。要设计一个适应企业战略经营管理要求的，能科学、客观、综合反映企业战略经营业绩的评价指标体系，首先有必要对影响企业经营业绩评价指标体系的主要因素进行分析，包括成本、收益、目标、评价主体、竞争态势、经营链等。这些因素及其变化直接决定着评价指标的选定及其变化。

一、成本

广义的成本是企业生产经营活动的全部耗费。企业经营业绩评价理论最本源性的元素是所得与所费，“所费”的反映是否准确、客观、全面直接决定着业绩评价的质量。众所周知，企业的成本随着生产经营活动不断向广度和深度拓展而日趋复杂化，对成本的计量由简到繁，日趋科学化与精确化，从简单成本到复杂成本、直接成本到间接成本、主要成本到完全成本、单个成本到标准成本、绝对成本到相对成本等的变化，为成本业绩评价工作科学化奠定了坚实的基础。影响成本变动的因素随着经营环境的变化越来越复杂，构建新的业绩评价指标体系首先要考虑成本因素的变动。“新经济”时期，企业战略经营业绩评价中的成本内容发生了变化，成本的范围得到了拓展，这时的成本不仅指资本保值增值条件下的成本概念，还包括为赢得客户、取得良好的客户层面业绩所花费的全部支出，以及为取得良好的技术创新层面业绩、业务流程层面业绩和职员层面业绩的全部支出。

二、收益

关于收益，人们通常从两个层面去理解：一是总收入，即企业经营活动的全部所得；二是净收入，即总收入扣除成本后的所得。在总收入不变的前提下，影响收益变动的因素就是成本因素，关注成本的变动就是关注收益变动。但在现实经济生活中，总收入不变只是一种理论假设，任何企业的收入总是不断变动的，关注影响总收入变动的因素是提高企业经营业绩的客观要求。我们知道，企业收入的增减变化受到许多因素的影响，尤其是在经济全球化、产品知识化、竞争白炽化的现代经营环境下，决定企业收入增减变化的因素非常复杂。任何企业要在现代经营环境下实现收入增长目标，必须做到以下几点：（1）提高技术能力和创新能力，关注核心竞争力的形成和保持；（2）提高企业及产品信誉和扩大市场占有率，关注客户对企业的评价；（3）提高职员的知识和技术水平，关注职员的学习与成长；（4）改善内部经营管理，关注业务流程的科学化，等等。总之，要实现收益的增长，除了重视成本因素外，要特别重视技术创新因素、客户因素、职员因素和业务流程因素等。构建新的业绩评价指标体系也必须充分考虑上述因素的影响。

三、目标

评价是一种有目的的活动，这一活动的灵魂是评价的目标，它统摄着整个评价过程。企业为什么开展评价活动？这是实施评价活动首先要明确的。也就是说，明确评价目标是开展评价工作的前提。对企业经营业绩的评价不是为评价而评价，而是为了达到一定的目标，评价的目标是整个系统运行的指南和目的，是企业为之奋斗的方向，是企业生产目的的具体化，企业的一切活动都要围绕着企业的目标来进行。经营业绩的评价是属于企业的经营管理活动，业绩评价的目标应服从于企业的经营管理目标，企业在不同的发展时期和所处的经营环境的不同，其经营管理目标就不同，业绩评价的目标也就不同。

企业经营目标的基本取向是实现收益最大化，随着市场形势和外部环境的变化，企业的经营目标先后经历了（产量最大化、销量最大化）利润最大化、股东权益最大化等阶段。随着“新经济”时期的来临，企业进入战略经营时期，这一时期的经营目标为企业价值最大化，这一概念包括股东权益最大化和其他相关者利益，如经营者利益、职工利益、政府利益等最大化，以及企业长期利益最大化。为了充分体现企业这一战略经营目标，在指标体系的设置上应全面考虑各有关因素，客观、公正地评价企业的战略经营业绩，为企业的战略管理提供服务。

四、评价主体

评价主体决定着企业经营业绩评价的目的、评价的内容和评价的方法，对评价指标体系的设计产生最深刻的影响。在传统的业主制企业里，企业体现为业主的企业，业主的意志直接决定着企业业绩评价的内容和方法，评价指标由业主决定；在所有权与经营权相分离的传统公司制企业里，企业体现为出资人的企业，根据古典的资本雇佣劳动的理论，资本家投资购买设备、雇佣工人，资本的投入是实现价值增值的关键因素，企业经营业绩的好坏，直接关系到投入资本的增值及其增值程度，资本家最关心企业的经营业绩；与此同时，出资人是企业剩余风险的承担者，对企业具有控制权和剩余收益权，出资人的意志对企业经营业绩的评价具有决定性影响，因此，出资人成为传统公司制企业中业绩评价的主体。

在“新经济”时期，经营环境的变化使越来越多的个人和群体的利益受企业经营业绩的影响，企业的兴衰不仅与出资人利益息息相关，而且直接影响到经营者、职员、债权人、政府等的利益：首先，企业管理者及职员的人力资本价值实现和薪水高低在很大程度上取决于企业的经营业绩。在“新经济”时期，企业无形资产价值攀升的现象充分说明了知识与智力资本已越来越成为企业价值增值的重要资源，管理者及职员与股东一样承担了与企业经营效益相关的风险。尤其是如果职员的劳动技能具有较强的专属性，他们通过投入时间、精力、资金而发展起来的人力资本价值就与企业命运紧密相连，当企业经营失败时，他们就可能面临价值降低甚至完全丧失的风险。因此，对于具有较大程度企业专属性的人力资本来说，企业的各项决策所带给职员的人力资本的风险和财务资本投资者所承担的风险是相同的。对这些人力资本价值的保护要求在企业的决策过程中应充分考虑职员利益。其次，债权人尽管通过契约明确了其自身权益，但如果企业破产、倒闭、债权人也会遭受损失。第三，政府部门出于对企业上缴税金的关心，也需要对企业的经营业绩进行评价。因此，所有这些相关者与出资者一起构成了企业业绩评价的主体。

五、竞争态势

传统的竞争是以价格为中心的竞争，企业的竞争优势主要体现为成本优势，企业只有具备成本优势并辅之以必要的售后服务就能够在竞争中不断发展壮大。现代竞争是综合能力的竞争，企业的竞争优势不单纯体现为成本优势，而主要体现为技术优势、创新优势和人才优势。其竞争态势体现为：(1) 从单产品竞争向全方位竞争转变，企业的经营范围在迅速拓宽，多角化经营趋势日益明显；(2) 从价格竞争转向综合能力竞争，企业越来越注重其适应市场能力水平的提高，越来越注重其创新能力的提高；(3) 从区域竞争转向全球竞争，企业越来越注重其全球市场适应能力和全球利润最大化目标的实现，区域利润最大化让利于全球利润最大化；(4) 从产品竞争转向科技和人才实力的竞争，抢占科技制高点和争夺人才成为竞争的焦点；从短期竞争转向长期竞争，把长期发展能力和核心竞争力的形成视为企业战略目标。这种变化的竞争态势客观上要求企业在开展业绩评价工作时，要把科技能力、人才实力、核心竞争力等因素纳入其评价指标体系。

六、经营链

经营链强调的是企业业务流程的相互关联性。随着企业规模的扩张、经营范围的拓展、竞争的全球化，内部各因素和环节的联系日益复杂化，企业必须树立“经营链”的思想，企业经营的每个因素和环节发生问题都将对企业业绩产生深刻影响。为此，要实现企业战略目标，必须保持企业“经营链”的关联性和有效性。企业经营业绩评价必须是系统、全面的，必须将事后评价转化为事前管理和事中控制，亦即把业绩评价工作融入企业战略经营管理的全过程。否则，“经营链”就有可能遭到破坏，企业战略目标将无法实现。

总之，综合考虑成本、收益、目标、评价主体、竞争态势和经营链等因素对企业经营业绩评价的影响，是构建新时期企业战略经营业绩评价指标体系的客观要求。

| 第十章 |

“新经济”时期企业经营业绩评价指标体系框架的建立

根据前述企业业绩评价体系建立的机理论述，本章在分析新时期经济发展的特征及企业战略经营目标转变的基础上，提出业绩评价指标体系的设置原则，继而探讨“新经济”时期企业经营业绩评价指标体系框架的设立。

一、“新经济”时期经济发展的特征及企业经营目标的转变

“新经济”概念最初是20世纪90年代在美国经济的三条重要曲线（经济增长率波动曲线、菲利普斯曲线和道·琼斯指数曲线）所涉及的四大重要经济变量（经济增长率、失业率、通货膨胀率和股价指数）发生了新变化的大背景下提出来的，其含义主要是侧重在经济层面上。这一特指90年代美国经济持续增长的新概念，后来被扩展用于世界新技术革命引起的经济增长方式、经济结构以及经济运行规则等的变化。基于信息技术革命对经济的影响，“新经济”也称为“信息经济”“数字经济”“网络经济”。此外，也有人将“新经济”称为“知识经济”，意思是说知识在经济发展中的作用越来越大。目前，在经济理论界，“新经济”尚未形成一个学术界普遍认可的、具有严格定义的理论概念，然而“新经济”所带来的经济发展特点却是有目共睹的。“新经济”的主要特征可概括为：创新更快、竞争全球化和经济可持续发展。“新经济”时期是一个创新的“蜂聚”时期，一大批新兴的高科技中小企业应运而生并迅速崛起，新技术带来的产品创新以前所未有的速度迅速拓展。企业集团及跨国公司的发展，使竞争在全球范围内加剧，这种加

剧体现在企业间的竞争、人才的竞争和国际市场的竞争空前加剧上。新经济促进了经济周期的微波化，这是因为信息技术革命促进了供求的良性互动，缩短了供求之间的距离，推动了产业结构的优化和升级，特别是促进了现代第三产业的发展，增强了经济结构本身的稳定性，从而带来了经济的可持续增长。应该说新经济的核心是创新。这里创新主要包括制度创新、组织管理创新、技术创新以及人力资源的培养和培训。从现实来看，当前国际范围内的竞争主要是经济竞争，经济竞争的核心是技术竞争和人才竞争。在国际资本相对过剩、人才流动频繁的条件下，在市场容量、资源、环境的约束更为强烈的今天，一个国家的形象、一个企业在竞争中的地位和优势，主要取决于其技术创新及转化为生产力的速度、范围和效益。发达国家已由原来以争夺原材料资源为重点转移到技术的开发和人才的争夺上。由此可见，创新已成为一个国家、一个企业获得竞争优势的第一位因素，也是主要的推动力。美国之所以能保持较长时期的经济稳定增长、通货膨胀持续下降、失业率下降，主要应归功于其知识与技术的创新。

伴随创新而来的“新经济”时代，使企业面临的外部经营环境发生着巨大变化：不断的技术创新，使产品的生命周期不断地缩短；在买方市场条件下，消费者对产品的质量要求不断提高，对各种产品的性能和喜好也在不断改变，这就要求企业应善于预测未来客户的需要，设计并推出全新的产品和服务满足客户的需求。此外，随着计算机网络的发展，企业获取信息的及时性和准确性不断提高，企业可根据市场的要求及时作出各方面的调整。在这种情况下，工业时代的许多基本概念已不再适用，企业不能再单靠提高内部管理水平和生产效率来实现短期目标利润的最大化，而应转向战略性竞争力或核心竞争优势的形成与保持上，实现长期目标利润最大化，否则，企业就无法生存和发展。由此可见，企业已进入战略经营时期。经营目标的实现主要不是取决于资本实力的大小或市场占有率的高低，而是取决于核心竞争优势的形成和保持。根据新经济时期经济发展的特点，具有不断创新力的企业比其他企业更具有竞争优势，更易形成自己的战略优势或核心竞争力。从占领市场的优势地位来看，创新可使企业在市场竞争中获得优势地位，可以使企业更迅速开拓新的市场领域。从企业的长期发展来看，不断创新有利于企业的长远发展，提高自身的竞争能力，减少企业未来的不确定性。此外，创新还可使企业的资源配置更趋合理，产生更好的整体效益，降低企业受威胁的程度，使企业在优势的基础上谋求更大发展，从而进入良性循环。

综上所述，“新经济”时期竞争优势的形成和保持是企业实现其战略经营目标的关键，而创新则是企业战略性竞争优势或核心竞争力形成和保持的带有决定性意义的内核。在这种状况下，企业经营业绩的评价应定位在对企业战略性竞争优势或核心竞争力的形成与保持上，以创新为内核、以财务业绩为落脚点拓展为全方位的企业经营业绩评价指标体系。

二、“新经济”时期企业战略经营业绩评价指标体系设置的基本原则与要求

企业经营业绩评价指标体系是为企业评价经营业绩提供依据的，它随企业经营环境的变化和管理要求的改变而发生变化。根据“新经济”时期企业所面临的经营环境和战略经营目标，企业的战略经营业绩评价指标体系的设置应符合以下几项基本原则。

第一，相关性原则。这里的相关性指的是与企业的战略经营管理目标及创新能力的评价和所得与所费的评价相关。首先，业绩评价指标体系的设置应考虑有助于评价企业核心竞争优势的形成过程和保持状况，通过指标体系应能预示出企业的发展趋势；其次，指标体系应能综合体现企业的创新能力，企业战略经营业绩的评价指标体系应充分体现组织制度创新、技术创新和人才培养等方面的内容；最后，业绩的评价其实质就是所得与所费及其比的评价，为此，所有指标项目的调整应与之相关。此外，相关性还指：一个有效的业绩评价系统的设计，必须反映公司独特的特征，这也是权变管理理论的要求。业绩评价系统的重要目的不仅在于评价企业的战略经营业绩，更重要的在于战略管理，不同行业、不同性质、不同类型处于不同发展阶段的企业，其经营特点不同，战略目标也不尽相同，为此，业绩评价指标体系的设置应有较强的针对性，应适应不同企业的环境要求和经营特性。

第二，全面性原则。企业战略性经营业绩评价指标体系应能全面、系统并相互联系地评价企业的经营业绩。一方面，业绩评价指标体系的设置应考虑到影响企业战略目标或竞争优势形成的各个主要方面，便于从各个不同的主要侧面对企业的战略经营业绩作出全面评价；另一方面，还应考虑指标项目之间的系统性和相互联系性，从而使指标体系能对企业的经营业绩作出综

合的评价。

第三，重要性原则。这里的重要性原则有两层含义：其一，指全面性与重要性相结合原则。我们强调企业财务业绩评价指标体系的全面性，因为它有助于从影响财务业绩的各个方面综合评价企业的财务业绩。然而，过于全面的指标体系会使企业的员工对企业的财务目标认识模糊不清。因此，指标体系的设立应选择那些能反映企业财务业绩的重要方面组成，而不是所有方面，否则，不利于围绕核心问题展开。其二，指成本—效益原则，有些评价指标项目固然很有用，但如果为获取该项指标数据所花费的成本大于其所能带来的收益，一般应采取放弃该项指标转而用其他成本较低的替代指标项目；但若该项指标很重要，即它在指标体系中是不可或缺的，则仍应进行该项指标的收集评价工作。

第四，可控制性原则。所设置的评价指标体系的项目均应为企业所能控制的因素，而不受其他企业的影响，否则，对受其他企业的影响因素应予以剔除。

企业业绩评价体系的设置要求主要有以下几种。

第一，可操作性。可操作性应是设置业绩评价指标体系必须考虑的一项重要因素，离开了可操作性，再科学、合理、系统、全面的业绩评价指标体系也是枉然。这里的可操作性是指指标项目的易懂性和指标项目有关数据收集的可行性。

第二，可理解性。指标体系的设置应可理解，使作业人员容易理解，以利于操作。指标体系只有当它是可以理解的，能被执行者恰当的解释才是有用的，难以理解的指标体系会导致错误的评价结论。确保指标体系及项目清晰是设计有效评价体系的一个重要原则。

第三，适应性。不同性质、不同类型、处于不同发展阶段的企业，其经营特点与财务目标的要求不尽相同，财务业绩的评价侧重点也就应不同，因此，业绩评价指标体系的设置应因地制宜。

第四，可接受性。一个良好的业绩评价体系，只有去使用它时才会有作用。如果一个评价系统不能为使用者所接受，那么他们会无视它的存在，或是不甚情愿地遵守它。这样，执行就会大打折扣，评价的结论很可能不正确、不客观。因此，科学的财务业绩评价指标体系必须建立在一般“理性人”可接受的基础上。

第五，预测性。对企业战略经营业绩的评价要求指标的设置应具有预测性，即应有反映企业发展趋势的指标，或称提前指标，通过这些指标可以评价企业的发展趋势。

第六，相对稳定性。指标体系的设置还应考虑具有相对的稳定性。业绩评价指标体系是在充分考虑了“新经济”时期条件下，影响企业战略经营核心竞争优势形成的主要因素后形成，因此，在相当一段时期内应具有相对的稳定性。这种稳定性有利于业绩评价指标体系的完善和发展。当然，评价指标体系的相对稳定性是指评价指标体系的基本指标项目内容的稳定性，不包括各企业根据自己行业和经营特点就指标体系的具体内容进行取舍和增减的做法。

三、“新经济”时期企业战略经营业绩评价指标体系的框架设置

根据前述“新经济”时期经济发展特征、企业战略经营目标及业绩评价指标体系设置原则的阐述，我们把反映“新经济”时期企业战略经营业绩评价指标体系框架概括为五个方面，即财务业绩评价指标、技术创新业绩评价指标、客户业绩评价指标、内部经营业绩评价指标和职员（雇员）业绩评价指标。具体地说，财务业绩评价指标应包括：第一层次的净资产收益率、总资产费用收益率、净利润现金比率、知识资本贡献率、知识资本贡献增长率、商誉资产率、资本积累率和利润增长率；第二层次的净利润率、成本费用利润率、总资产周转率、资产负债率、现金比率和已获利息保障倍数、资本保值增值率、三年资本平均增长率和三年利润平均增长率。其中，总资本费用收益率 =（利润 + 利息）/（所有者权益 + 负债 + 利息），是企业当期的所得与全部垫支及费用之比，反映企业的总盈利能力；净利润现金比率 = 经营活动现金净流量/净利润，反映企业所获得利润的质量情况；知识资本贡献率 = 知识资本的贡献/知识资本，是企业知识资本的所得与所费之比，反映知识资本的贡献能力；知识资本贡献价值 = 知识资本贡献率（R）× 企业会计账面总资产（Z）；知识资本贡献率（R）= 税息前利润（EBIT）/企业会计账面总资产（Z）- 行业（平均）资产利润率（RO）；知识资本贡献增长率（G）=（本期知识资本贡献价值/上期知识资本贡献价值）- 1；商誉资产率 = 商誉/总资产，反映由商誉带来的企业资产增值能力，商誉价值可分别

自创和购买按规定的方法进行测算。

技术创新业绩评价指标主要有研究开发费用率、新产品研究开发费用率、新产品贡献率、研究开发费用增长率、技术性产品成本降低率、工艺改造能力。其中，研究开发费用率 = 企业研究开发费用/企业销售总额，反映企业在新产品开发上所投入的费用情况；新产品研究开发费用率 = 已获成功的新产品开发费/企业总的研究开发费用，反映企业所投入的研究开发费用的使用效率；新产品贡献率 = 新产品的贡献/全部产品的贡献，反映新产品的创利能力；技术性产品成本降低率 = 依靠技术革新降低的产品成本/降低的成本，反映技术革新在降低成本中的作用；研究开发费用增长率 =（本期研究开发费用/上期研究开发费用）-1。

客户业绩评价指标主要有市场占有率、客户满意度、客户保持率、客户获得率、从客户处所获得的利润率。其中，市场占有率为各主要产品的综合市场占有率；客户满意度是根据价值范围内的具体业绩标准，如从产品交货时间、产品质量和售后服务等方面予以评价；客户的保持率（保留率）=（企业当期客户或业务量 - 企业当期所增客户或业务量）/企业上期客户或业务量，反映企业保留或维持同原有客户关系的比例；客户获得率 = 当期新增客户或业务量/上期客户或业务量，反映企业吸引或赢得新客户或业务的比例；从客户处所获得的利润率，是企业在扣除为保持某一客户所需的独特开支外，该客户可为企业带来的净利润率。

内部经营业绩评价指标主要有生产能力利用率、机器完好率、设备利用率、安全生产率、产品退货率、产品返修率、产品维修期限、成本降低率等。

职员业绩评价指标主要有员工满意度、员工流动率、员工保持率、员工知识水平、员工培训次数、管理水平、技术开发人员的比重、信息系统的效果（共享性、自动化程度）、经营者素质等。其中，技术开发人员的比重 = 企业技术开发人员数/全体员工数；信息系统的效果是指信息系统的建立和完善对企业管理水平的提高、企业内部信息交流和组织协调发挥的效果；经营者素质是从企业的知识结构、领导协调能力、创新意识和个人品德四个方面进行评价。

之所以将企业战略经营业绩评价指标体系分为五个方面，其理由如下。

首先，企业经营业绩评价制度本身就是一种管理制度，企业战略经营业绩评价指标体系是对传统的财务业绩评价指标体系的发展和创新，从传统的财务业绩评价指标体系发展为“新经济”时期的战略经营业绩评价指标体系本身就是一种制度和企业管理的创新。因此，可以说制度和管理的创新已寓于该指标体系之中。技术的创新是整个创新意识的关键所在，是形成企业独一无二的、可持续发展的核心竞争优势的关键因素。人力资源是创新的主体、源泉，有关人力资源的培训、更新应在业绩评价指标体系中体现出来。显而易见，技术创新业绩指标与反映人力资源状况的职员业绩指标应纳入评价指标体系中。

其次，“顾客就是上帝！”这是商家历来奉行的服务宗旨。企业所有的业绩必须通过客户方能实现，尤其是在买方市场条件下，如果没有客户对企业所提供产品和服务的青睐，企业就无法实现其产品的价值，无法获取利润，无法实现其财务目标，最终无法生存。企业的技术创新及产品创新的价值只有通过客户方可实现，否则创新就失去了意义；同时企业的财务业绩也要通过客户的购买才能实现。保持原有客户并争取新客户是企业战略计划中的一项重要内容。客户的多寡代表着企业在同行业中所处的竞争地位，象征着企业的核心竞争优势，从这种意义上来说，保持一定规模的客户并不断争取新客户，是企业持续不断发展、实现战略经营目标必不可少的前提条件。因此，客户方面业绩应成为业绩评价指标体系的一个重要方面。

再次，企业的产品创新价值需要通过内部生产经营过程创造才能形成，这种创造的价值能否被客户认同并得以实现依赖于整个生产经营过程中的管理水平、生产效率、加工工艺、设备的现代化程度和信息系统的能力。因为，所有这些决定着产品的生产周期、成本及产品的质量是否符合客户对产品及服务不断变化的要求。此外，企业提高其生产经营管理水平的一个重要方面就是售后服务，售后服务是企业生产过程在销售领域的延伸（这里的售后服务的内容已发生了变化。最早的售后服务是就售出产品出现的质量问题提供跟踪维修更换服务，使售出后的产品一旦出现了质量问题能及时得到解决。如今的顾客已越来越不满足于此种售后服务，他们又提出了新的需要，即在产品即将出现故障但还没发生时，企业就应上门排除故障，为用户提供更多的方便。这就要求企业在产品中应设置一种跟踪器，在产品即将发生故障时，向企业发出警报，企业售后服务人员就可在产品尚未发生故障时，上门排除，以达到方便用户的目的）。售后服务的价值已普遍得到了消费者的认同，成为产品的一个重要附加值，也是企业争取客户的一项重要策略。我国海尔集团之所以在空调经营中取得成功，很重要的一个原因就是率先提供优质的售后服务而备受消费者青睐，从而取得了辉煌的经营业绩。因此，包括生产加工过程和售后服务在内的内部经营过程业绩评价指标应是构成企业战略经营业绩评价指标体系的一项重要内容。

最后，无论是为形成和保持核心竞争优势的创新，还是争取客户和提高内部生产经营水平，最终都要落脚到企业财务目标上来，即实现利润最大化，这是企业经营业绩评价的宗旨。尽管传统的财务业绩评价指标体系在目前来看已不适应“新经济”形势下企业战略经营业绩评价的要求，如它重短期业绩评价、轻长期业绩评价，重过去财务成果、轻未来价值创造，重有形资产业绩、轻无形资产价值，重财务指标体系、轻非财务指标体系，重结果、轻过程，重局部业绩、轻整体效益等，都不利于企业长期的核心竞争优势的形成和保持。然而这并不等于说要取消财务业绩评价指标，而是说，一方面财务业绩评价指标体系本身有待完善；另一方面不能把财务业绩评价指标体系作为唯一的企业业绩评价指标体系，应该附之以其他影响企业战略经营业绩方面的指标项目，从而达到对企业战略经营业绩的全面综合评价。

总之，财务业绩指标、技术创新业绩指标、客户方面业绩指标、内部经营过程业绩指标、职员业绩指标分别从影响企业战略经营成功的五个方面对企业经营业绩进行评价。五大指标相辅相成，系统、全面、综合地反映企业的经营业绩和核心竞争优势。所有企业的经营宗旨是最大限度地获取利润，使财富最大化，以保障股东的利益，使股东满意，因此，财务业绩是第一位的，评价的最终目标是财务目标，这一财务目标应是短期与长期的结合，短期财务目标为长期财务目标服务，其他方面的业绩评价指标为财务业绩评价指标体系服务并落脚在财务业绩评价指标体系上。而要实现企业的财务目标就必须使客户满意，客户对企业生产的产品和所提供的服务是否满意直接关系到企业所创造的价值是否被认同，所费成本是否得以补偿，利润是否能最大限度地获取；要使股东和客户满意，企业就必须适应“新经济”条件下经济发展的特点，不断进行技术创新，根据市场需要，推陈出新，而这一切都需要具有高技术和知识的人来完成，人是一切创新活动的主体，所有的技术创新需要借助于生产经营过程生产出可使消费者认同的物品。

| 第十一章 |

新时期企业财务业绩评价指标体系的改进与拓展

财务业绩评价指标是企业经营业绩评价的基本指标，财务业绩评价指标设计的是否科学、合理，直接决定着企业经营业绩的正确评价。随着“新经济”时代的到来，传统财务业绩评价指标体系存在的局限性或缺陷已日益明显，并严重地影响了企业经营业绩的正确评价和企业战略目标的顺利实现。应该说，卡普兰的平衡计分卡和我国的国有资本金效绩评价指标体系对完善企业经营业绩评价指标体系做出了重要贡献，但它们均未将财务业绩评价指标体系本身的改进与完善作为一项重要的研究内容。为此有必要在分析传统财务业绩评价指标体系的局限性及评析平衡计分卡与《国有资本金效绩评价规则》的基础上，就如何改进与完善财务业绩评价指标，建立科学、合理的财务业绩评价指标体系作一探讨。

一、传统财务业绩评价指标体系的缺陷

传统财务业绩评价指标体系主要是由对企业的经营成果及财务状况进行评价的一系列盈利能力指标、偿债能力指标和营运能力指标构成。

盈利能力是指企业赚取收益的能力，也称企业资金的增值能力，主要由经营利润、投资报酬率、销售利润率、每股盈余等一系列指标组成。

偿债能力是企业偿还到期债务的能力。为了满足企业不断变化的资金需求，以及实现股东利益最大化，企业融资结构中一般都有一定比例的负债融资。评价企业短期偿债能力的指标有：流动比率、速动比率、现金比率；评

价企业长期偿债能力的指标有：资产负债率、净资产负债率（产权比率）、权益乘数、已获利息倍数等。

营运能力是指企业充分运用资源创造财富的能力。评价企业营运能力的财务指标主要有：资产周转率（次数）、流动资产周转率（次数）、应收帐款周转率（次数）、存货周转率（次数）。通过对上述常用的三类财务指标项目的仔细分析不难看出：反映企业营运状况的财务指标可分解为反映企业盈利能力的评价指标和反映企业偿债能力的评价指标。我们知道，资产收益率 = 销售利润率 × 资产周转率，也即加速资产周转是提高资产收益率的一条重要途径，从这种意义上说，资产周转率应属评价企业盈利能力的财务指标。从应收帐款周转率、存货周转率和流动资产周转率的指标来看：周转速度越快，应收帐款、存货和流动资产的流动性就越强，变现能力也就越强，企业的偿债能力也越强，故应将这三项指标列为评价企业偿债能力的指标。因此，传统的财务业绩评价指标主要由盈利能力评价指标和偿债能力评价指标构成。

以上这一财务业绩评价指标体系本身存有以下几方面的缺陷或局限性：

（一）用于评价企业偿债能力的指标不宜作为财务业绩评价指标

我们始终应该明确一点：业绩评价的实质是对所得与所费进行比较，所得越大，所费越少，则企业经营业绩越好，反之，则企业经营业绩越差。偿债能力属反映企业财务状况的指标，与企业经营业绩评价没有直接的联系，也就是说，偿债能力良好，如资产负债率或流动比率适宜，说明企业的变现能力强，而不能直接说明企业的经营业绩良好。但通过偿债能力指标，可以从某一方面说明企业为什么会有既定的财务业绩，如负债比率适宜，是企业善于运用财务杠杆的作用，取得较好的净资产收益率这一良好财务业绩的重要原因。因此，它应属企业财务分析指标，是对企业的财务业绩作出的分析与说明。传统财务指标体系中的这种缺陷，是由于我们将财务业绩评价指标体系和财务分析体系混为一谈所致。

（二）未考虑资本成本的因素，从而导致经营利润的计算不正确

这一问题主要是由于会计意义上的价值增值与经济修正值（REVA）意义上的企业价值增值存在着差异造成的。经济修正值意义上的企业价值增值

（利润）是指企业通过生产经营活动所创造出的高于以期初资本市场价值计算的资本成本的价值，而不仅仅是扣除了相关的成本费用后的净经营收益，只有这种性质的利润才能使企业的价值得以真正的增值，为投资者创造利润。例如，在以期初资本市场价值计算的资本成本为10%的情况下，只有当企业创造出的净经营收入高于10%，才有真正的利润可言，否则，企业就发生了亏损。

从反映投资回报和每股盈余的指标来看，在计算ROA、ROE、ROI和EPS时所用的净收益（Net Income）均未考虑资本成本的因素。因此，就会产生有些企业从财务报表和一些评价指标上看似乎是盈利，但如果将资本成本因素考虑进去，这些貌似盈利的企业就发生了实质性的亏损，这是因为他们并未创造出高于资本成本的价值增值所致。

（三）成本计算方法上存在的缺陷使得成本的确定不准确

合理地选择成本计算方法至关重要，它直接影响到产品成本的正确计算、产品的合理定价和利润的实现。根据传统的管理会计观念，企业的间接费用（Indirect cost or overhead）在一定生产量范围内是固定不变的，这部分费用是按机器工作小时或人工工时的一定比率平均分摊到产品成本中去，这样，生产的产品越多，每产品所分摊的间接费用部分就越少，单位产品成本就越低，生产效率就越高，企业的创利能力也就越强。这种费用分配方法在当时的情况下应该是合理的，这是因为：①在当时的情况下，与变动费用（成本）或直接成本相比较，间接费用相对较少，在费用中所占比重很小，因此这种分配方法不会对成本确定的正确性产生很大的影响。②产品的品种比较单一，消费者基本上没有什么选择余地，正如亨利·福特（Henry Ford）在消费者选择政策中所说的“他们可以选择任何颜色的汽车，只要是黑颜色的。”在这样的情形下，就间接费用采取均衡负担，即平均分配是合理、正确的。③公司所面对的是一个发展着的繁荣市场，他们通过规模经营效应取得了极好的资本回报。他们认为没有必要分别产品品种按其设计生产、定价等计算和确定产品成本，并且，这样做的成本费用会很高，因此对间接费用的处理采取比较简单的方法，例如，将当期发生的期间费用全部作为当期成本费用，或者对一些长期投资也采用一些主观随意性较强的方法进行分摊。

然而，时至今日，情况则完全改变了：首先，产品的品种日益增多，消费者的选择余地越来越大，产品的成本结构发生了很大的变化，不同种类不同生产量的产品对间接费用的耗费是不一样的，某种产品生产得越多，所需化费的间接费用也就越多，在这种情况下，如仍采用平均分摊的方法，显然不合理，也会影响成本计算的正确性和产品的合理定价。其次，随着高科技的迅猛发展，间接费用越来越大，与变动费用相比，在产品中所占的比重越来越大，间接费用的科学、合理分配对产品成本计算的正确性影响极大。第三，随着“新经济”时代的来临，企业之间的竞争非常激烈，稍有不慎，就可能面临破产的局面，而成本历来是企业经营成功的重要法宝之一，并且，随着计算机技术的发展和各项科技的发展，取得有关信息并对之进行加工的成本大大地降低，这为间接费用的科学计算与分配创造了有利的条件。第四，在传统的规模经营观念下，企业一般采取通过增加产品的生产量达到降低成本的目的，但是在买方市场的条件下，生产出来的产品可能会由于不适销对路或过量生产而导致冷背产品的积压和储存费用的大量增加，造成极大的浪费。

（四）对现金流量指标的关注不够

传统财务业绩评价指标关注的焦点在资产负债表、损益表的有关项目中，对现金流量表中的有关现金流量指标，如净现金流量、经营活动净现金流量等指标却关注甚少。

我们知道，现金流动的信息更能体现财务报告的目标，因为与特定企业关系最直接的财务信息的可能使用者，一般地说，关心的是企业创造有利的现金流动能力。投资人、债权人、雇员、顾客和经理们，对企业创造有利的现金流动能力具有共同的利益。资产负债表反映的是企业特定时点上的财务状况，因此它在提供流动性信息方面是不完整的；损益表提供的是在权责发生制条件下企业所实现的当期收益，在提供流动性信息方面也是缺乏的；而现金流量表反映的是特定报告期内企业的现金流量，然而它在提供预测未来现金流量方面的信息是不充分的，因为导致未来现金流量变化的一些交易和事项乃是现在或当期发生的而可能在未来时期产生新的现金流量尚未得到反映，因此，财务业绩的评价应是现金流量表、损益表与资产负债表有关指标项目的联合和综合。

（五）缺乏知识与智力资本方面的评价指标

缺乏知识与智力资本方面的业绩评价指标不能不说是财务业绩评价指标体系的一大缺陷。我们知道：农业经济是以自然资源为基础的经济，工业经济是以资本为基础的经济，“新经济”是以知识和智力资源为基础的经济。在信息时代，知识和智力在企业的竞争优势和核心竞争力的形成与保持中，在企业经营目标的实现上发挥着日益重要的作用。微软公司的有形资产与公司的市场价值之间的巨大差额，不能不说是知识与智力资本发挥的作用所至，其它如 NEC 等高科技产业，其公司的股价均高于传统的产业都说明了这一点。因此，财务业绩评价指标体系缺乏对知识与智力资本业绩的评价指标，则是不健全的业绩评价指标体系。

此外，传统财务业绩评价指标体系还存在着重短期业绩评价、轻长期业绩评价，重过去财务成本、轻未来价值创造，重局部业绩、轻整体效益等方面的问题。

二、平衡计分卡与《国有资本金效绩评价规则》财务指标的评析

针对上述传统财务业绩评价指标体系的不足或缺陷，国内外有关专家均在积极地探索改进与完善之道，最具代表性的还是卡普兰的平衡计分卡和我国的国有资本金绩效评价指标体系。

平衡计分卡是由美国著名管理会计学家罗伯特·卡普兰（R. S. Kaplan）教授和现任美国复兴方案公司总裁诺顿（D. P. Norton）于 20 世纪 90 年代初提出的用于企业战略经营业绩评价和企业战略目标转换服务的全方位业绩评价指标体系。指标体系主要包括：财务层面、客户层面、内部经营层面和学习与增长层面（或称职员层面）。

应该说卡普兰和诺顿的最大贡献在于他们实现了方法论上的创新，从影响企业战略经营业绩的主要方面着手建立了企业战略经营业绩评价指标体系，实现了财务指标与非财务指标、定量评价与定性评价的结合，建立了指标体系四个层面的因果链联系，运用平衡计分卡实现了战略目标的战术转换。整个平衡计分卡构建的重点是在非财务指标评价体系的构建上，其目的

在于克服财务指标评价的短期行为和不全面性等的缺陷。

从财务层面的业绩评价指标体系来看，其权重占60%，一般包括净资产收益率、资产负债率、投资报酬率、销售利润率、应收账款周转率、存货周转率、成本降低率、营业净利额、现金流量净额等指标。与此同时，卡普兰还提出，对企业财务业绩的评价还应根据其不同发展阶段的特征，关注某些财务指标的评价。例如，在产品介绍期和成长期，应对销售收入增长率等评价指标予以关注；当产品处于成熟期，应对营业净利额、投资报酬率、经济增值等评价指标给予必要的关注；在产品的收获期则应对单位成本、现金净流入与返本期间等评价指标给予关注。

卡普兰的划分不同发展期的特点关注相应财务评价指标的方法值得我们借鉴。产品处于不同发展阶段，其财务目标不尽相同，如果不加以区分，则易导致决策失误。例如，在产品的成长期或开发期不可能有很好投资回报，如果仅以投资回报作为业绩评价的指标而不关注与该阶段相应的财务评价指标，则显然会得出业绩不佳的结果，从而导致企业放弃那些有发展前途的产品的开发与生产。因此，我国在设计财务业绩评价指标体系时也应充分考虑这一因素。

在财务指标体系的拓展与完善方面，卡普兰并未有太多的实质性突破，其所沿用的主要还是传统的财务业绩评价指标，未能很好地体现财务业务评价的实质，即所得与所耗的比较，如资产负债率、销售利润率、应收账款周转率、存货周转率、成本降低率等指标的设置，不是非常合理。正如前所述，资产负债率、应收账款周转率和存货周转率是属于偿债能力的评价指标，一般用于财务状况的分析，但却不能有效地反映企业财务业绩。销售利润率与成本降低率只能间接地体现所得与所耗及其比的关系，不如成本费用利润率这一指标更能直接体现企业的经营获利能力，因此，销售利润率与成本降低率可作为财务业绩评价指标体系的辅助评价指标，而不宜作为主要的或基本的评价指标。

另外，在卡普兰的平衡计分卡的财务业绩评价指标体系中并未考虑设置知识与智力资本方面的评价指标。

我国在1999年6月1日由四部委联合颁布了《国有资本金效绩评价规则》，这一规则主要是从财务效益状况、资产运营状况、偿债能力状况和发展能力状况四个方面，通过基本指标、修正指标和评议指标，运用统一的评价标准值作为评价的基础，采取了多层次指标体系层层递进的评价方法，对国有企业的经营业绩进行全面的评价，建立了较完整的指标体系，以综合评价代替了单一评价。这是我国首次由政府权威部门颁发的既包括财务指标和定量指标，又涉及非财务指标和定性指标的一整套较为科学、完整的企业经营效绩评价指标体系，对于克服传统财务业绩评价的短期行为，正确评价企业经营效绩具有重要的作用。

该《国有资本金效绩评价规则》的财务业绩评价指标体系（其权重占80%）存在的一个较突出的问题就是指标之间缺乏应有的独立性。从业绩的评价方法来看，所采用的功效系数法、综合评价法实质上是一种加权的加法合成，运用这种方法时，它要求各个评价指标之间应是相互独立的，然而，从评价体系中所应用的财务指标来看，相关性较强（这里的相关性是指标之间的相乘或涵盖关系），缺乏指标间应有的独立。从国有资本金绩效评价的财务指标体系的设置来看，其实质就是运用了杜邦的财务指标分析体系。从图 11－1 与图 11－2 分别列示的杜邦财务指标分析体系和我国国有资本金效绩评价指标体系分析图中充分说明了这一点。应该说，财务业绩评价指标体系与财务指标分析体系并非完全等同的概念，两者之间既有联系，又有区别：一部分财务业绩评价指标来源于财务分析指标，但用于评价企业经营业绩的指标必须保持指标之间的独立；而财务分析指标则是为财务评价结果作原因分析时服务的，分析企业为什么有这样的财务成果、原因是什么。由此可见，财务业绩评价指标体系主要功能是评价企业的经营业绩，而财务分析指标主要是分析取得财务业绩的原因。

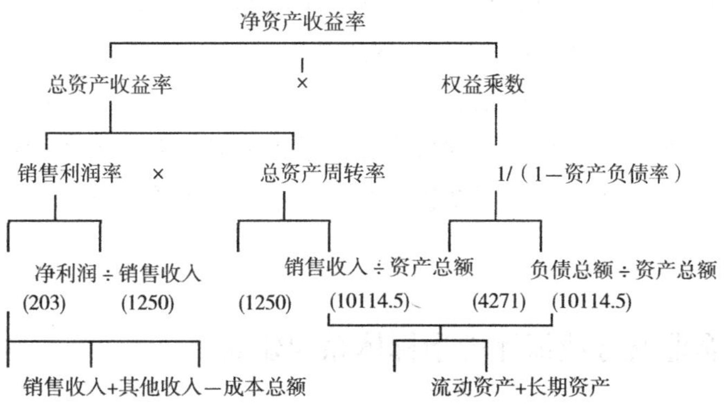

图 11－1　杜邦财务分析指标体系

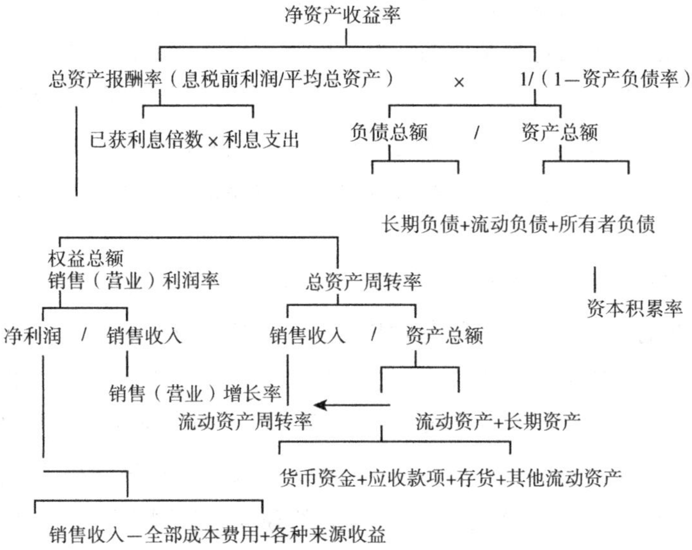

图 11－2　国有资本金效绩评价指标体系

例如，根据杜邦财务指标分析体系，总资产报酬率 = 销售利润率 × 总资产周转率。这一指标分析体系说明，企业要提高总资产报酬率水平，可有两条途径，或者是通过提高销售利润率水平，或者通过加速资金周转。由此，我们必须明确两点：第一，销售利润率与总资产周转率是处于同一层次的两个指标；第二，不能认为通过提高销售利润率水平的途径要优于提高资金周转率水平的途径。但是，在国有资金效绩评价指标体系中，将总资产报酬率与总资产周转率放在同一个层次上，而将销售利润率放在另一个层次上，并且，从给定的权数上来看，总资产周转率的权重为 9，销售利润率的权重为第二层次上的 14。这显然欠科学、不合理。

此外，根据实际部门的信息反馈，认为该指标体系过于详细，计算程序较复杂，不易掌握和操作。该评价指标体系也未对原有的财务业绩评价指标体系进行改进与拓展，如未对知识与智力资本设立评价指标、对 REVA 指标和现金净流量指标也未予列示等。

三、企业财务业绩评价指标体系的建立

根据以上的分析及建立财务业绩评价指标体系的原则，笔者认为企业财

务业绩评价指标体系应分三个层次设置，指标体系应包括企业知识与智力资产盈利能力、筹资盈利能力、投资盈利能力、经营获利能力以及业绩发展趋势方面的评价指标。各项指标所涉及的收益指标应充分考虑资本成本因素，即采用 REVA 指标，在成本费用指标的确定上应采用作业成本法。

（一）基本评价指标

基本评价指标是指工商类竞争企业普遍适用的重要评价指标，主要包括对知识与智力资产盈利能力进行评价的知识与智力资产收益率指标，对筹资获利能力进行评价的净资产收益率调整和负债收益率指标，对投资获利能力进行评价的投资报酬率指标和对经营获利能力进行评价的成本费用利润率指标。

1. 知识与智力资产收益率。

知识与智力资产收益率反映了企业对知识与智力资产的投资与所得之间关系。这里的知识与智力资产包括所有的，除“土地使用权”以外的无形资产，其计算公式如下：

$$\text{知识与智力资产收益率}=\frac{\text{知识与智力资产的贡献价值}}{\text{知识与智力资产}}\times 100\% \qquad (11-1)$$

无论是什么类型的知识与智力资产，其所产生的贡献最终均会在企业的利润上体现出来，因此，公式中的知识与智力资产的贡献价值可按如下方式计算确定：

$$\begin{matrix}\text{知识与智力资产}\\\text{的贡献价值}\end{matrix}=\begin{matrix}\text{知识与智力资产}\\\text{贡献率(R)}\end{matrix}\times\begin{matrix}\text{企业会计账面}\\\text{总资产(Z)}\end{matrix} \qquad (11-2)$$

$$\begin{matrix}\text{知识与智力资}\\\text{产贡献率(R)}\end{matrix}=\begin{matrix}\text{企业税息前 REVA/企}\\\text{业会计账面总资产(Z)}\end{matrix}-\begin{matrix}\text{行业(平均)资产利润率或是评价}\\\text{标准中的标准资产利润率(OR)}\end{matrix} \qquad (11-3)$$

其中，REVA 为经济修正值，将在第二层次的辅助评价指标的论述中说明。

公式中的知识与智力资产主要是指劳动者的知识与智力，因此，这部分资产是企业为取得知识与智力资产的价值、开发知识与智力资产的支出、离职成本等，具体地说包括以下这些项目：

· 招聘费用；

· 工资、薪金、佣金；

· 法律规定的福利;

· 奖金、奖励工资;

· 加薪的机会;

· 职业发展机会和专业培训;

· 调离等。

知识与智力资产收益率是评价企业在知识与智力投资方面最具综合性的获利能力评价指标，反映知识与智力资产对企业的贡献规模。通过该指标的综合分析比较，可以反映不同行业知识与智力资产收益率的差别，以及同行业中企业对知识与智力资产的运用、挖掘程度。一般来说，这一指标比率越高，说明企业对知识与智力资产利用得越好，为此，为企业带来的效益也就越高。

2. 净资产收益率调整。

筹资盈利能力是指企业从股东处筹集的资金（股东的投资）和从贷款者处筹集的资金（借款）的盈利能力。由于从股东处集得的资金在企业中表现为所有者权益，从贷款者处筹得的借款表现为债权人权益，在会计上称为负债，因此，我们可分别采用净资产收益率调整（以示与净资产收益率的区别）和负债收益率两个指标分别对企业筹资盈利能力进行评价。

净资产收益率也称权益收益率或股东权益（所有者权益）收益率。它体现的是投资者投入企业的资本获取净收益的能力，突出反映了投资与报酬的关系，是评价企业资本经营收益的核心指标。按照现有的计算方法，净资产收益率指标的计算公式为：

$$\text{净资产收益率} = \frac{\text{净利润}}{\text{平均净资产}} \times 100\% \qquad (11-4)$$

然而这一净资产收益率指标说明的是股东投资与报酬之间的关系，并不说明股东投资本身所创造的利润。也即公式中的净利润不是净资产创造的，而是包括知识与智力资产和负债在内的全部资产共同创造的。因此，这一公式不是真正严格意义上的股东投资的所得与所费之比，正确的计算公式应为：

$$\begin{aligned}\text{净资产收益率调整} &= \frac{\text{REVA} + \text{借款利息} - \text{知识与智力资产的贡献价值}}{\text{平均总资产}} \times \frac{\text{平均净资产}}{\text{平均总资产}} \\ &= \text{总资产报酬率调整} \times \text{净资产的权重} \qquad (11-5)\end{aligned}$$

为了使式（11－5）中所得与所费具有可比性，首先，应将企业经济修正值（REVA）中相当于知识与智力资产创造的利润予以扣除，因为分母中的总资产不包括知识与智力资产，列示在报表项目中的总资产仅包括所有者权益和负债。其次，这一计算公式中的“平均净资产”项目应为期初所有者权益与期末利润分配前所有者权益合计的算术平均数，即：

$$平均净资产=\frac{期初所有者权益余额+期末利润分配前所有者权益余额}{2} \tag{11-6}$$

为什么要取利润分配前所有者权益呢？这是因为期末所有者权益余额中包含对本期利润的分配，这样就会产生两种现象：一种现象是有些作为净资产参与经营的，却由于利润分配而被转走，不参与“净资产平均余额”的计算（如果宣布发放现金股利，一部分数额便从“留存收益”转至“应付股利”）；另一种现象是有些不作为净资产参与经营的，如对本期利润提取的盈余公积和未分配利润等，则参与“净资产平均余额”的计算，显然，这两种现象均会影响净资产收益率计算的正确性，为了消除前述的这种影响，应对净资产平均余额的计算作调整。

净资产收益率调整是评价企业权益资本盈利能力的最具综合性和代表性的指标。该指标通用性强，适应范围广，不受行业限制。一般地说，企业净资产收益率调整越高，企业的权益资本盈利的能力越强，对企业的投资者和债权人的保障程度越高，并且，通过该指标的综合分析对比，可以反映出企业在同行业中所处的地位，以及与同类企业的差异水平，在财务业绩评价时，该指标具有重要作用。

3. 负债收益率。

负债收益率是指企业通过贷款取得的这部分资金的盈利能力，反映的是企业借款所得与所耗的关系。这一指标也从一定的侧面反映企业利用财务杠杆的情况，其计算公式如下：

$$\begin{aligned}负债收益率&=\frac{REVA+借款利息-知识与智力资产的贡献价值}{平均总资产}\times\frac{负债}{平均总资产}\\&=\frac{REVA+借款利息-知识与智力资产的贡献价值}{总资产}\times 负债的权重\\&=总资产报酬率调整\times 负债权重\end{aligned} \tag{11-7}$$

总资产报酬率是评价企业全部资产（权益资本与负债资本）获利能力的

指标，这一指标乘以负债在总资产中的比重，则转换成负债的获利能力指标。无论是股东投入的资本或是从贷款者借入的资本，在相同条件下，其资本创利能力相同，也即不存在股东投资的创利水平高，贷款的创利水平低，因此，可以采用比重法将总资产收益率调整转换成负债收益率。负债收益率与利息率的差值越大，说明企业财务杠杆运用得越好，为企业创造了更多的价值增值。当然，也不宜过度，否则，企业的风险会很大。

4. 投资报酬率。

投资报酬率是企业一定时期的投资利润总额与获取该投资利润相关的投资额的比率，该指标用于评价企业投资获利能力的评价，其计算公式为：

$$投资报酬率=\frac{投资利润}{投资额}\times100\% \qquad (11-8)$$

5. 成本费用利润率。

成本费用利润率是企业一定时期的利润总额与企业成本费用总额的比率。它表明企业每单位成本与费用耗费所能带来多少利润总额，表示企业为取得利润而付出的代价。其计算公式为：

$$成本费用利润率=\frac{利润总额}{成本费用总额}\times100\% \qquad (11-9)$$

（二）辅助评价指标

辅助评价指标是对第一层次的基本评价指标的补充，主要包括三个方面的内容：其一，对第一层次的评价指标作辅助评价；其二，表示企业财务发展动态的评价指标；其三，不同性质、不同类型企业的辅助评价指标。其中，对第一层次的指标作辅助评价的指标有：销售利润率、经济修正值（Refined Economic Value Added，REVA）、现金流量净额等。表示企业财务发展动态的评价指标主要包括三年知识与智力资产收益平均增长率、三年成本费用平均降低率、三年利润平均增长率等。不同类型、不同性质企业的评价指标主要内容有：如果被评价的企业是属于独资或国有控股的，则应增加资本保值增值率等指标；如果是上市公司则应增加每股盈余等指标。以下将予以具体说明。

1. 销售利润率。

销售利润率是指企业一定时期销售利润同销售收入净额的比率。它表明企业每单位销售收入所带来的销售利润，反映了企业销售获利能力，其计算公式为：

$$销售利润率 = \frac{销售利润}{销售收入净额} \times 100\% \tag{11-10}$$

2. REVA 指标。

REVA 是由 Jeffcey 等于 1997 年提出了以资产市场价值为基础的企业经营业绩评价指标。其基本理论是：公司用于创造利润的资本价值总额既不是公司资产的账面价值，也不是公司资产的经济价值，而是其市场价值。因为，在任何一个会计年度的开始，投资者作为一个整体都可将公司按照当时的市场价值出售，然后将获得的收入投资到与原来公司风险水平相同的资产上，从而得到相当于公司加权平均资本成本（WACC）的回报。如果投资者没有将其拥有的资产变现，这些投资者就放弃了获得其投资的加权资本成本的机会。因此，在任何一个给定的时期内，如果一个公司真正为其投资者创造了利润，则该公司期末利润必须超过以期初资本市场价值计算的资本成本，而不是仅仅超过的公司期初资产的经济价值为基础计算的资本成本。因为投资者投资到该公司的资本的实际价值（可变现价值）是当时的市场价值，而不是经济价值。其计算公式为：

$$REVAt = NOPATt - KW \times (MVt - 1) \tag{11-11}$$

其中，NOPATt 为 t 期末公司调整后的营业净利润；MVt－1 为（t－1）期末公司资产的市场总价值。

3. 净现金流量指标。

我们知道，现金流量表是将按权责发生原则编制的利润表转换成收付实现制条件下的现金流入流出量表，其最主要的功能之一就是说明企业当期获得利润的质量状况。投资者及相关人士非常关心企业获得现金的能力，因此，在对企业财务业绩进行评价时，应有反映净现金流量的指标。

4. 三年知识与智力资产收益平均增长率。

$$\begin{matrix}三年知识与智力资\\产收益平均增长率\end{matrix} = \left(\sqrt[3]{\frac{本年知识与智力资产收益增长率}{三年前知识与智力资产收益增长率}} - 1\right) \times 100\% \tag{11-12}$$

当 $G > 0$ 时，说明企业知识与智力资产收益率比前期有所增长，G 的值越大，表明企业的知识与智力优势呈显著的上升态势；当 $G = 0$ 时，说明企业在知识与智力资产上没有什么优势；当 $G < 0$ 时，意味着企业的知识与智

力收益率呈下降趋势，说明存在着某些薄弱环节，企业需要对知识与智力资产方面引起足够的重视。

5. 成本费用降低率

$$成本费用降低率=\frac{本期成本费用总额-上期成本费用总额}{上期成本费用总额}\times 100\% \tag{11-13}$$

这里的成本费用总额是指企业销售成本、销售费用、管理费用和财务费用之和。成本费用降低率是从企业成本费用降低幅度方面评价企业成本费用降低的能力，表明企业在成本费用降低方面，尤其是通过技改使成本费用降低的潜力。该指标值说明企业在挖掘降低成本潜力方面的能力，也在一定程度上说明企业的技改能力。成本费用降低率也可取三年的平均水平。

6. 销售利润增长率。

$$销售利润增长率=\frac{本期销售利润-上期销售利润}{上期销售总额}\times 100\% \tag{11-14}$$

销售利润增长率是评价企业主营业务盈利能力发展情况的指标，体现了企业主营业务利润对总利润贡献的发展趋势以及对全部利润收益的影响程度。没有足够多的销售利润率就无法形成企业最终的经营成果。该指标连续几期的不断提高，说明企业主营业务市场竞争力强，发展潜力大，获利水平高。

销售利润增长率也可取三年的平均水平。

7. 资本保值增值率。

资本保值增长率是指企业年末所有者权益扣除客观增减因素后同年初所有者权益的比率。资本保值增值表示企业当年资本在企业自身努力下的实际增减变动情况。其计算公式为：

$$资本保值增值率=\frac{扣除客观因素增减后年末所有者权益}{年初所有者权益}\times 100\% \tag{11-15}$$

该指标主要用于国有企业财务业绩的评价。

8. 每股收益（EPS）。

每股收益是指每一股份的净利润，反映股份公司普通股票一般的报酬额。每股收益主要用于上市公司财务业绩的评价，也是投资者广泛使用的重要指标。每股收益是影响股票市场的重要业绩指标。其计算公式，按中国证监会的规定如下：

$$每股收益 = \frac{净利润}{年度末普通股股份总数} \tag{11-16}$$

加权平均每股收益 = 当期净利润/[期末普通股股份总数/(1 + 配股比例或增发新股的比例) + 期末普通股股份总数/(1 + 配股比例或增发新股比例) × 配股比例或增发新股比例 × 自缴款结束日下一月份至期末的月份数/12]　　(11-17)

辅助评价指标应根据各企业的具体情况进行取舍，以配合基本评价指标对企业的财务业绩作出公正的评价，一般而言，(1) 至 (6) 指标为必要辅助评价指标，(7) 为国有企业特有的评价指标，(8) 为上市公司持有的评价指标。

(三) 附注说明

主要是针对第一、第二层次有关指标的选择及评价作必要的说明。其内容包括对所评价企业的性质、规模、类型的说明；对企业所处发展阶段的说明以及一些附注的评价指标。

就企业所处发展阶段的说明，主要是基于不同的发展阶段，其财务目标的要求不尽相同的考虑。根据企业发展的生命周期：第一阶段为增长期，处于发展阶段，企业在提供产品和劳务方面存有巨大的潜力有待挖掘，投资规模大，这一阶段的财务目标是目标市场收入的增长率和销售增长率的不断提高，业绩的评价应关注销售增长率和目标市场、区域和客户的市场份额。第二阶段为保持期，也是企业生命周期的成长期，这一阶段，企业的财务目标是投资回报和经济修正值的最大化，业绩评价指标应关注营业净利润、经济修正值（REVA）和投资报酬率、成本降低率等。第三阶段为收获期，也是企业生命周期的成熟期，这一阶段是企业在前两个时期所作投资取得回报的阶段，其主要财务目标是最大限度地回收现金，并使折旧前经营现金流动最大化和营运资本需求的减少，应予关注的财务指标是现金净流入、返本期限等。

附注评价指标包括资产负债率、流动比率、速动比率、资金周转率、资产积累率、总资产增长率、长期资产适合率等，以及不同发展阶段分别应予关注的财务业绩评价指标。

企业财务业绩评价指标体系如表 11 -1 所示。

表 11 -1　　企业财务业绩评价指标体系

基本评价指标	知识与智力资产收益率 净资产收益率调整 负债收益率 投资报酬率 成本费用利润率
辅助评价指标	销售利润率 REVA 净现金流量 三年知识与智力资产平均增长率 三年成本费用平均降低率 销售利润增长率 （资本保值增值率） （每股收益）
附注	企业的规模、类型、性质 企业所处的发展阶段（相关财务指标） 资产负债率（流动比率） 资产周转率 总资产增长率 资本积累率等

总之，企业财务业绩评价指标体系应以第一层次的主要评价指标、第二层次的辅助评价指标和第三层次的附注说明构成，其中，以第一层次和第二层次的评价指标为主体，可考虑采用功效系数法。第一层次的权重大些，第二层次的权重相对小些，第三层次不参与计分评价，仅作为第一、第二层次评价的参考。究竟第一、第二层次的权重为多少，各指标的权重又为多少，有待于实证分析，不属本书的研究范围。

| 第十二章 |

企业战略经营业绩评价的核心财务指标

业绩评价对企业的经营管理和企业战略经营目标的实现起着重要的作用，目前，国内外已有许多学者就企业经营业绩评价有关问题展开了深入的研究，并提出了大量的具有重要理论价值和实践意义的学术观点；本人也对这一问题，尤其是企业战略经营业绩评价指标体系、新时期企业财务业绩评价指标体系等相关问题展开了探索。企业战略经营业绩的评价往往需要运用大量的非财务指标和定性分析指标，然而，所有这些非财务指标的评价和定性分析最终都必须落脚在财务指标评价体系上。为使财务指标体系能很好地反映企业战略经营业绩，有必要对反映企业战略经营业绩的核心财务指标进行研究，以便企业战略经营业绩的合理评价、战略经营目标的顺利实现。

一、战略经营管理与战略经营业绩

“战略”（strategy）一词，源于希腊语“stratgos”或演变出的“stragia”。前者意为“将军”，后者意为“战役”“谋略”，均指指挥军队的艺术和科学。一般而言，战略是指对于任何一个组织的具有全局性或决定性的谋划。把战略一词与企业经营相联系，形成企业经营战略这一概念，则产生于20世纪50~60年代的西方国家。把战略与企业经营活动结合起来的代表人物是美国管理学者安德鲁斯（K. Andrews）、钱德勒（A. P. Chandler）和安索夫（H. I. Ansoff）等。安索夫认为，战略包括四个要素，即产品与市场范围、增长向量（发展方向）、竞争优势、协同作用（整体效应）。迈克尔·波特提出，战略是公司为之奋斗的一些终点（目标）与公司为达到它们而寻求的途径（政策）的结合物。威尔逊（Wilson）认为，战略是指为确保持续不断的竞争优势（competitive advantage）而采取的一系列行动。

而战略管理是一个包括战略规划（或计划）和战略实施（包括评价和控制）的过程。战略规划是企业的长期发展方向，是为实现企业的战略目标而进行的规划；战略实施则是为企业战略目标服务的阶段性战术目标的执行，是企业战略目标或长期奋斗目标的阶段性实现。为了谋求企业长远的发展，应在对企业内部条件和外部环境进行详细分析的基础上，确定企业的总体发展规划。与此同时，企业还应针对当前的形势，制订适应外部条件变化的战略实施方案。具体地说，企业必须正确地认识和分析相应的经营环境，把握经营方向和长期的发展趋势，并与短期的形势波动情况区别开来。为此，企业一方面需要按照既定的长期发展方向，明确经营目标和经营方式，增强市场应变能力；另一方面需要采取灵活的策略，适应短期条件的变化，解决当前或局部出现的问题，即实现长期与短期的结合、战略与战术的结合。

企业战略经营管理是为企业战略经营目标的实现服务的，战略经营管理的特点不仅受到企业经营环境的影响，更重要的是它还受到战略经营目标的制约，这三者之间的关系可用图 12－1 表示。

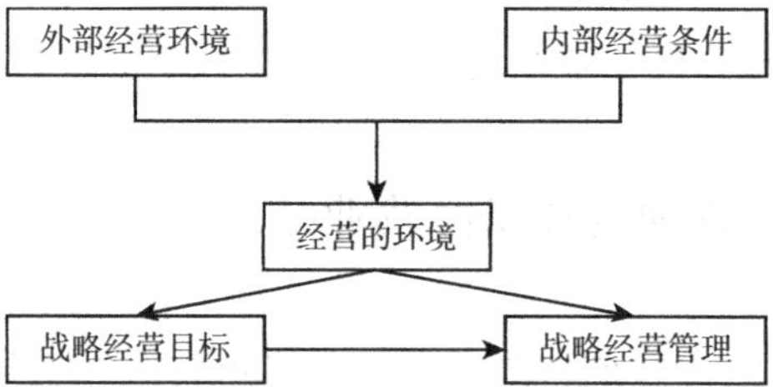

图 12－1　经营环境、目标与管理

企业的经营目标就是根据经营思想、经营范围和经营方针而规定的在一定期限内应当取得的预期成果。毋庸置疑，企业经营目标的实质就是获取尽可能大的效益。在不同的经济发展时期，由于受当时环境因素的影响，企业经营目标的具体要求不尽相同：在工业经济的产量最大化生产时代和销量最大化时代，企业的经营效益依靠规模经济带来，企业通过不断扩大生产，提高内部管理水平和生产效率，降低成本并采用适当的促销手段来实现尽可能高的利润。尽管在20世纪30~50年代，企业之间的竞争趋于更加剧烈，为了应付环境变化带来的挑战和求得自身的发展，企业也采取了推断式的管理，如目标管理、预算管理和长远计划等，然而，那时的长远计划和目标管理是建立在未来一定比过去好的历史推断基础上，也就是说，企业的管理主要着眼于当期或短期目标利润的实现上，也即企业的短期经营目标的实现上。

人类社会发展到信息时代或"新经济"（new economy）时代，以计算机技术为代表的高科技迅猛发展，企业的经营环境发生了巨大的变化。产品的市场需求已基本饱和，消费者对产品的质量和高档次消费品的需求在不断提高；产品更新换代的时间不断缩短，企业要生存和发展，必须具备较强的产品创新能力，善于预测客户未来的需求，并设计和推出全新的产品和服务，以满足客户的需要。随着信息渠道的增多，获取信息的及时性和准确性不断提高，企业根据市场的要求及时作出反映的速度也在不断加快，加上世界经济一体化和跨国公司的大量涌现，导致竞争在全球范围内的加剧。在这样的状况下，工业时代的许多基本概念已逐渐变得过时，企业短期经营状况好，并不等于长期经营效益就好，也即企业经营目标的确定不能建立在未来比现在和过去好的假设基础上，只重视当期目标的实现。有些企业当期的经营状况从财务数据上看非常好，但到下一期或后几期则直线下降，有些竟然出现亏损而陷入财务困境。由此可见，在经营目标上企业应由传统的工业经济时代的追求短期利益最大化转向追求长期利益最大化。只有这样，企业才能积极地适应环境的变化，保持和增强其获利能力，从而达到谋求自身发展的目的。追求长期利益最大化就是企业的战略经营目标。对企业经营业绩的评价应侧重于其是否实现了长期利益最大化，即企业战略经营业绩的评价。

二、企业核心竞争力（core competence）与创新

企业战略经营目标的实现、良好的战略经营业绩的取得，关键在于形成和保持企业的核心竞争力或核心能力。

核心竞争力是指企业或组织所具有的，其竞争对手很难模仿或超越的、企业持续不断的竞争优势。它包括研究和开发能力，不断创新的能力，将技术和发明成果转化为产品或现实生产力的能力，组织协调各生产要素、进行

有效生产的能力以及企业应变能力。

美国学者哈梅尔（G. Hamel）和普拉哈拉德（G. K. Prahalad）认为企业的核心竞争力必须通过以下三项检验（three tests）。

（1）核心竞争力应提供企业进入广泛市场领域的潜力（potential access to a wide variety of market），企业可以通过对核心竞争力的扩展而创造出丰富多彩的产品，以达到迅速占领市场的目的；

（2）核心竞争力必须能使企业创造并通过为有识别能力的客户提供终极产品来达到实现价值的目的（a significant contribution to the perceived customer tenets of the end product）；

（3）核心竞争力应是竞争对手很难模仿、企业所独具的能力。如果不是独具的，也必须是比任何竞争对手胜出一筹的能力。

战略经营成功的标志就是战略经营目标的实现，在目前这样一种竞争白炽化的市场氛围中，要实现企业的战略经营目标，就必须具备能使企业始终保持竞争优势的能力，只有这样，企业才能求得生存并谋求发展，而不至于在剧烈的竞争中败下阵来。这种能力必须借助于企业的核心竞争力的形成和保持，只有保持核心竞争力才能创造持续的、动态的竞争优势。由此可见，形成并保持核心竞争力是企业战略经营成功的重要法宝。然而，某一核心竞争力并非一成不变，这或者是因为顾客需求发生了变化，或者因为竞争对手在此项能力上发挥出更好的能力等，今天的某种能力是企业的核心竞争力，明天可能就不再是，这种变化，随着“新经济”条件下的各项高科技的飞速发展在不断地加速。具有不断创新能力的企业比其他企业更具有竞争优势，更易形成和保持自己的核心竞争力。

企业的创新与竞争优势之间是相互促进的关系：没有竞争优势形成与保持的愿望，就没有创新的动力；没有创新也就没有竞争优势的形成。正如著名经济学家罗伯特·艾略所言：技术是企业参与全球竞争的一个强有力的武器。从占领市场的优势地位来看，创新可使企业在市场竞争中获得优势地位，可以使企业更迅速开拓新的市场领域，如提供了一种新产品可以抢先占领市场；或者由于改进了生产工艺使产品成本下降，使企业获得了价格上的优势，从而不断扩大企业的市场占有份额。从企业的长期发展来看，不断创新有利于企业的长期发展，提高自身的竞争能力，减少企业未来的不确定性。此外，创新还可使企业的资源配置更趋合理，产生更好的整体效益，降低企业受威胁的程度，使企业在优势的基础上谋求更大发展，从而进入良性循环。

企业的竞争优势主要来自其核心竞争力的形成与保持，企业的核心竞争力主要是以知识为基础的技能能力——即企业获取和利用新技术进行创新的能力。美国之所以能保持较长时间的经济持续增长，通货膨胀率持续下跌和失业率下降，就是与知识和技术的作用密切相关。支持美国经济不断增长的是一批新兴的高科技企业，如 1996 年美国新增产值的 2/3 由微软公司创造。此外，NEC 公司也是一个非常典型的技术“暴发户”，早在 20 世纪 80 年代初，公司的规模很小，销售额仅为 28 亿美元，其强项在计算机行业，到了 1998 年，情况发生了很大的变化，NEC 公司成长为半导体工业的世界领袖，年销售额达到 218. 9 亿美元。NEC 公司依靠在通讯、半导体、大型计算机上的优势，成为年收入排名世界前 5 的公司。NEC 公司之所以能够获得如此辉煌的业绩，是因为它们注重技术创新能力以及技术创新转化为核心竞争能力的培养。国内许多在 80 年代至 90 年代初各方面成绩斐然的大企业和大公司，时至今日，已成为明日黄花，许多公司和企业遇到了销售困难，有些已陷入财务困境，有些已败下阵来。究其原因，主要是不注重创新能力的培养，尤其是一些国有大型企业，技术创新速度以及向生产力的转换速度太慢，员工的素质偏低，这些都是导致企业经营失败的主要原因。

由此可见，在“新经济”条件下，企业战略经营的成功取决于核心竞争力的形成与保持，而核心竞争力的形成与保持关键在于持续不断的创新。因此，企业战略经营业绩评价的核心应是企业创新能力和核心竞争力。

三、反映企业战略经营业绩的核心财务指标

任何企业的经营业绩，最终会落脚在财务业绩上，即表现在财务业绩上，卡普兰的战略平衡计分卡也是如此，以非财务指标，如客户层面的指标、内部生产经营过程层面指标和学习与增长层面指标衡量的经营业绩，最终必然体现在财务层面指标上。但是，究竟哪些财务指标可以综合体现或反映企业的核心竞争力和创新能力呢？通过上述核心竞争力的论述，我们知道，企业核心竞争力具有价值性、异质性、不能仿造性和难以替代性四个特征，由于这四个特征难以直接予以数量化，因此，直接从这四个方面对企业

核心竞争力进行评价，显然不可行。然而，通过上述分析可以知道，企业的核心竞争力必然表现为企业的可持续发展能力，创新是企业核心竞争力保持的关键，而企业的持续的盈利能力决定着持续的创新能力，其中，企业可持续发展能力是指企业财务活动能力，包括企业筹资能力、投资能力、资金运用能力和分配能力等；企业可持续创新能力是指企业财务管理能力，包括财务决策能力、控制能力、协调能力、组织能力等；企业可持续盈利能力是指企业的经营能力，包括盈利能力和成长能力等。企业可持续创新能力推动企业可持续发展能力，可持续发展能力推动可持续盈利能力，可持续盈利能力又进一步支持企业创新能力，这三种财务能力相互结合、相互促进，其中，可持续盈利能力突出了以盈利为基础、以成长为目的、以可持续性为关键，集中体现了企业的核心竞争力。此外，国内外有关学者，包括詹姆斯·C. 范霞恩和罗伯特·C. 希金斯等，对可持续销售增长模型进行了大量的研究，该项研究表明，企业盈利成长能力主要受企业筹资能力、企业营运能力、企业偿债能力、企业内部控制水平、企业分配政策、企业资本结构等的影响。可见，企业的各种财务能力和核心竞争力在可持续盈利能力上得到了较好的体现，因此，企业可持续盈利能力反映了企业核心竞争力，构成了企业战略经营业绩评价的核心财务指标之一。

综上所述，创新是企业核心竞争力得以保持的源泉，创新是21世纪经济发展的一个重要特征，离开持续不断的创新，就不可能有核心竞争力的保持，更不可能有可持续的发展，任何企业都将被激烈的竞争所淘汰。持续的创新能力，一方面，取决于企业的盈利能力，企业的盈利为创新提供了财务资本保证；另一方面，来自人力资本和财务资本的精诚合作。财务资本本质上属于一种消极资本，如果没有人力资本的参与，它不可能产生持续的创新能力和财务资本的快速增值；相反，甚至会导致财务资本的贬值。而人力资本则是一种积极的资本，如能积极地参与到财务资本营运中，并实现良好的合作，则会产生持续不断的创新能力，从而使财务资本迅速成倍增长，实现企业战略经营目标。目前，许多经济发展现象都已证明了这一点：由于人力资本与财务资本的精诚合作所产生的“合力”，才有了以创新为特征的“新经济”现象和硅谷的奇迹；同时，也正是由于人力资本和财务资本的貌合神离，导致了一系列财务资本巨大损失和企业衰败等恶性事件。可见，人力资本在创新，乃至企业核心竞争力的保持和财务资本的快速增值上，起着至关重要的作用，任何企业都必须从本质上解决财务资本和人力资本的关系问题。我们知道，农业经济是以自然资源为基础的经济，工业经济是以实物资源为基础的经济，“新经济”是以知识与智力资源为基础的经济。因此，对人力资本能力进行评价的财务指标（包括知识与智力资产收益率及其增长率指标）构成了评价企业战略经营业绩的核心财务指标。

总之，企业的战略经营目标就是要实现企业长期利益最大化，而企业战略经营目标的实现有赖于创新能力的提高和核心竞争力的形成与保持，这在财务指标上集中体现为企业持续盈利能力和人力资本能力，为此，企业持续盈利能力和人力资本能力等有关指标构成了评价企业战略经营业绩的核心财务指标。

| 第十三章 |

企业战略目标的指标体系转换

20 世纪 90 年代，美国哈佛大学著名管理学家罗伯特·S. 卡普兰教授和戴维·P. 诺顿总裁以战略目标为导向的平衡计分卡（BSC）的提出，将企业战略经营业绩评价这一问题的研究推向了高潮。在平衡计分卡的运用过程中，指标体系的设置是关键环节和重要内容。本章拟运用管理学中的 PESTEL、五力图和 SWOT 等分析方法，以国内某 IT 公司为例就企业战略目标的指标转换进行探索，以求建立科学、合理的指标体系。

一、企业战略目标的指标层面转换

企业战略目标的指标体系转换主要解决两个问题：一是根据企业的战略目标分析转换为 BSC 框架，即确定应由哪些指标层面组成；二是根据对影响战略目标的关键因素分析，确定各层面的具体指标体系。

企业战略目标指标层面转换，是在对企业愿景分析的基础上，确定平衡计分卡的若干层面及评价与管理的重点，形成 BSC 的框架。以国内某 IT 公司为例，该公司以系统安全技术及网络安全产品为主营业务，其愿景为：以集中领域内最优秀的科技人才和管理人才为根本；以创新、发展信息安全技术和运用国际先进管理体系为支撑；以提供信息安全整体解决方案、先进可靠的系列产品满足客户全面的安全需求为任务；以发展成为国内具有领先地位的公司之一为目的。根据该公司的愿景，其平衡计分卡应由以下 4 个层面组成：（1）财务层面，发展成为国内具有领先地位的公司之一（主要体现在资产规模和财务效益上）；（2）客户层面，提供信息安全整体解决方案，先进可靠的系列产品满足客户全面的安全需求；（3）内部业务流程层面，运用国际先进管理体系；（4）学习与创新层面，集中领域内最优秀的科技和管理人才，创新、发展信息安全技术。

二、各层面指标体系的产生

在公司愿景转换为若干指标层面后，需要结合企业战略目标要求，根据各层面的业绩评价与管理的重点，分析产生各层面的具体指标，以形成指标体系。在这一过程中可借助 PESTEL 和五力图分析法，就公司在外部环境所面临的机会（O）和威胁（T）因素以及企业内部的强势（S）和弱势（W）因素进行分析，形成影响企业战略目标实现的一系列因素；并运用分析与打分相结合的方法，从中选择那些重要的影响因素。在此基础上，运用两两“对碰”找出企业利用强势与环境所提供的机会；或利用强势减弱外部环境带来的威胁；或考虑尽量减弱弱势去迎接外部环境所提供的机会；或尽量避免以弱势面对环境威胁等策略，这些策略即为影响企业战略目标实现的关键因素，再行确定这些因素分属于 BSC 框架的哪个层面。根据这些分属于不同层面的因素，确定关键性的评价指标及其体系。

上述 IT 公司在实现了战略目标指标层面的转换后，就需要进行关键因素分析，以产生各层面的指标体系。

1. 运用 PESTEL 和五力图法对该公司所面临的机会（O）和威胁（T）因素进行分析（见图 13－1、图 13－2）。

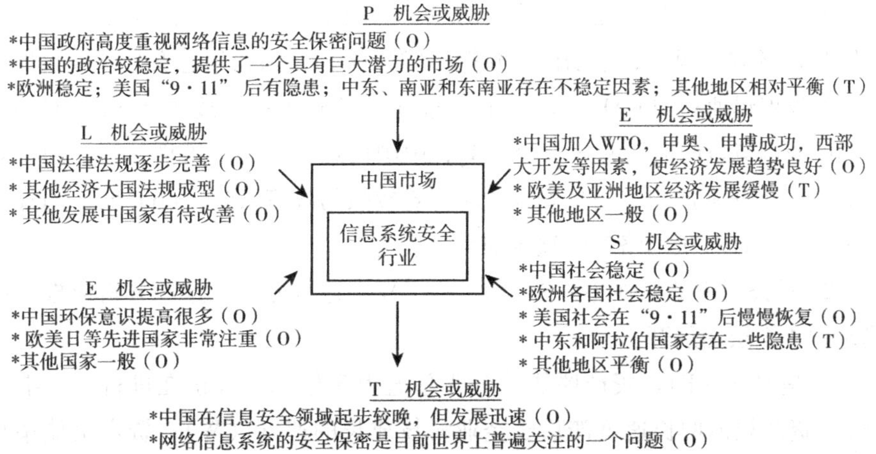

图 13－1　PESTEL 分析图

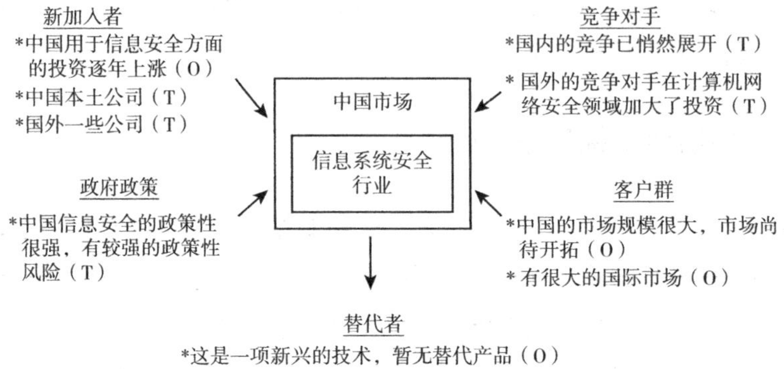

图 13－2　五力图分析

综合上述的 PESTEL 和五力图的分析，选择相对重要的机会（O）和威胁（T）如下：（1）网络信息系统的安全保密是目前世界上普遍关注的问题（O）；（2）中国政府及主管部门高度重视网络信息的安全保密问题（O）；（3）近几年全球经济发展缓慢（T）；（4）中国在信息安全领域起步较晚，但发展迅速（O）；（5）中国的政治较稳定，为信息安全技术的研发和推广提供了一个具大潜力的市场（O）；（6）中国用于信息安全方面的投资逐年上涨（O）；（7）中国的业内竞争已悄然展开（T）；（8）国外的竞争对手在计算机网络安全领域加大了投资（T）；（9）中国的市场规模很大，市场尚待开拓（O）；（10）中国信息安全的政策性很强，国家对行业的管理非常严格，信息安全领域有着较强的政策风险（T）。

利用打分法，从上述较为重要的 O&T 中选择更为重要的因素：（1）O_1，中国的市场规模很大，市场尚待开拓；（2）O_2，中国在信息安全领域起步较晚，但发展迅速；（3）O_3，中国用于信息安全方面的投资逐年上涨；（4）T_1，中国的业内竞争已悄然展开；（5）T_2，中国信息安全的政策性很强，国家对行业的管理非常严格，信息安全领域有着较强的政策风险；（6）T_3，国外的竞争对手在计算机网络安全领域加大了投资。

2. 对公司内部的强势（S）和弱势（W）进行分析。这一分析应根据已确定的 4 个层面展开。

一是财务（F）。资产评估后企业总值为 3 亿元，且正在进行上市准备（S）；资产规模增长速度滞后于企业科技成长的速度（W）；资产负债率长期居高不下，存在一定的财务风险（W）。

二是客户（C）。在中国市场有一批稳定的客户（S）；拥有完善的客户服务体系，不断地改进客户服务，增加客户满意度（S）；在中国市场所占份额较小（W）；尚未开拓国际市场（W）。

三是内部业务流程（IBP）。建立了一整套用以设计开发信息安全产品和系统安全工程的管理体系和质量体系（S）；采用了系统安全工程能力成熟模型这一创新管理方式，目前国内只有部分有实力的公司开始在系统安全工程实践中应用这一模型（S）；许多与企业发展相配套的措施未同步制定，有些管理工作存在滞后性（W）。

四是学习与创新（L&I）。聚集了一批国内知名专家、经验丰富的工程技术和管理人才（S）；参与政府信息安全有关标准的制定工作（S）；核心产品已通过中国国家信息安全测评中心的测评认证，通过了保密系统的产品鉴定，并已批量生产（S）。

利用打分法从上述 4 个层面因素中选择更为重要的 S&W 为：（1）S_1，资产评估后企业总值为 3 亿元，且正在进行上市准备；（2）S_2，公司聚集了一批国内知名专家、经验丰富的工程技术和管理人才；（3）S_3，拥有完善的客户服务体系，不断地改进客户服务，增加客户的满意度；（4）W_1，资产负债率长期居高不下，存在一定的财务风险；（5）W_2，在中国市场所占份额较小；（6）W_3，许多与企业发展相配套的措施未同步制定，有些管理工作存在滞后性。

3. 根据选出的重要的 O&T 和 S&W 因素，进行两两“对碰”，确定关键因素，并确定分属 BSC 的哪一个层面。

一是 S/O 对碰。（1）S_1O_1，上市集资，增强企业开拓市场的能力（F）；（2）S_1O_2，对技术的研究与开发加大资金投入（L&I）；（3）S_1O_3，同 S_1O_2（L&I）；（4）S_2O_1，凭借公司的技术实力和人才优势，增强企业在同行业中的客户竞争力，扩大市场份额（C）；（5）S_2O_2，凭借公司的技术实力和人才优势，加快技术研发的速度（L&I）；（6）S_2O_3，对技术的研发加大资金投入，凭借公司的技术实力和人才优势，加快技术研发的速度（L&I）；（7）S_3O_1，不断改进客户服务，增强客户满意度，以扩大市场份额（C）；（8）S_3O_2，不断提升产品质量性能，以提高客户满意度（L&I）；（9）S_3O_3，加大技术研发的资金投入，加强新产品的开发，以增强客户满意度（L&I）。

二是 W/O 对碰。（1）W_1O_1，降低产品成本，吸引更多的客户（F）；

(2) W_1O_2，注意创立和积累无形资产，以提高资产总额（F）；(3) W_1O_3，提高竞争力，使财务收益稳步增长（F）；(4) W_2O_1，集中公司的优势，努力扩大在中国的市场份额（C）；(5) W_2O_2，不断提升产品的质量和性能，以扩大在中国的市场份额（L&I）；(6) W_2O_3，不断创新客户服务内容，通过加大市场活动与产品营销的投入，扩大市场份额（C）；(7) W_3O_1，建立公司的组织架构，改善管理（IBP）；(8) W_3O_2，同 W_3O_1（IBP）；(9) W_3O_3，同 W_3O_1（IBP）。

三是 S/T 对碰。(1) S_1T_1，加快上市步伐，提高竞争力水平（F）；(2) S_1T_2，加强对产业政策的理解，降低财务风险（IBP）；(3) S_1T_3，上市集资，增强与国外同行业竞争的经济实力（F）；(4) S_2T_1，利用公司的技术实力和人才优势，提高竞争力水平（L&I）；(5) S_2T_2，加强对国家信息安全行业政策的理解（IBP）；(6) S_2T_3，利用公司的技术实力和人才优势，与国外同行业竞争（L&I）；(7) S_3T_1，通过改善客户服务来增强在业内的竞争力（C）；(8) S_3T_2，同 S_3T_1（C）；(9) S_3T_3，同 S_3T_1（C）。

四是 W/T 对碰。(1) W_1T_1，降低产品成本，提高产品的价格优势来增强在业内的竞争力（F）；(2) W_1T_2，同 S_1T_2（IBP）；(3) W_1T_3，提高资产利用率，增强企业获利能力，与国外同行业竞争（F）；(4) W_2T_1，同 W_2O_1（C）；(5) W_2T_2，加强对政策的理解，把握抢占市场的先机（IBP）；(6) W_2T_3，加大技术研发的资金投入，保持公司的技术优势和竞争优势，国外同行业竞争（L&I）；(7) W_3T_1，规范管理体系和作业程序，提高竞争力（IBP）；(8) W_3T_2，同 S_2T_2（IBP）；(9) W_3T_3，同 S_2T_1（IBP）。

4. 确定影响各层面业绩的策略或因素。将 S_1O_1、W_1O_1、W_1O_2、W_1O_3、S_1T_1、S_1T_3、W_1T_1、W_1T_3归纳在一起形成财务层面的策略或因素；将 S_2O_1、S_3O_1、W_2O_1、W_2O_3、S_3T_1、S_3T_2、S_3T_3、W_2T_1归纳在一起形成客户层面的策略或因素；将 W_3O_1、W_3O_2、W_3O_3、S_1T_2、S_2T_2、W_1T_2、W_2T_2、W_3T_1、W_3T_2、W_3T_3归纳在一起形成内部业务流程层面的策略或因素；将 S_1O_2、S_1O_3、S_2O_2、S_2O_3、S_3O_3、W_2O_2、S_2T_1、S_2T_3、W_2T_3归纳在一起形成学习与创新层面的策略或因素。

5. 确定各层面的指标以形成指标体系（见表 13－1）。

表 13－1　　　　某 IT 公司业绩评价指标体系

BSC	关键性成功因素（CSF）	关键评价指标（KPI）
财务	财务收益稳步增长	净资产收益率
	现有资产获取利润的能力	投资回报率
	总资产中债权人资金比重	资产负债率
	扩大无形资产规模	无形资产评估
	加快资金回笼	应收账款周转率
	降低成本	成本降低率
客户	主要产品营销方面业绩	市场占有率
	能否满足客户的消费需求	客户满意度
	开拓市场、完善市场网络体系	销售增长率
		承接工程量
	提升产品质量和性能	安全检测量
		产品兼容性
	完善销售服务队伍、提高客户满意度	产品交货率
		产品维修时间
内部业务流程	初步建立一套基于能力成熟模型的规范化管理体系	优化内部管理
	规范化管理体系	领导管理称职率
		人员利用率
	完成研发与生产基地的建设	设备利用率
学习与创新	技术与研发能力保持领先	新产品开发能力
	与科研单位及国内外主要厂商保持交流和合作关系 技术与研发能力保持领先	技术合作状况
		研发经费增长率
		员工素质
		员工培训次数
	员工的归属感	员工满意度

至此，该 IT 公司实现了战略目标的指标转换。公司可运用多元统计分析法中的九级分制法进行指标权重赋值，进行业绩评价与管理；也可比较目标值与实际指标的完成情况，提出改进措施，实现业绩管理。

三、企业战略目标的指标体系转换中应注意的问题

企业战略目标的指标转换是运用平衡计分卡的关键，为此，应注意以下几个方面的问题。

1. 指标体系应因地制宜。不同性质、不同规模和处于不同发展阶段的单位组织，各自的奋斗目标不尽相同。例如，在传统企业中，由于技术、设备、工艺、生产相对成熟，企业大多处于成熟期，因而市场较稳定，风险较小，其业绩评价主要着眼于当期；而“双高”企业，其性质决定了它是为了取得将来的高报酬，而并不着重当前的盈利水平，因此，业绩评价的着眼点是企业将来可持续性的盈利能力和增长潜力。又如，商业类企业，主要是通过提高销售利润率来达到提高总资产报酬率；而工业企业，则主要是通过加速资金周转来达到提高总资产报酬率。再如，增长期是企业生命周期的最初阶段，企业在提供产品和劳务获取收入方面有巨大的潜力有待挖掘，这一阶段的总目标是市场收入的增长率和销售增长率的不断提高，以及客户和销售区域的不断扩大。保持期是企业生命周期中的成长期，企业需要对有发展前途的投资项目进行投资和再投资，以求较高的投资回报，这一阶段，企业的主要目标是保持已有市场份额并力争逐年有所增长，其总目标是投资回报和经济增值的最大化。收获期是企业的成熟期，这一阶段是企业在前两个时期所作投资取得回报的阶段，主要目标是最大限度地回收现金以及折旧前经营现金流量的最大化和营运资本需求的减少。所有这些都对评价指标体系的设计提出了不同的要求，为此，在运用平衡计分卡时，应根据企业自身的具体情况设计评价体系。即使是同一组织单位，也会随着其发展而改变战略目标，从而改变平衡计分卡评价体系。灵活运用、合理设计评价体系是平衡计分卡运用的灵魂。

2. 目标的指标转换具有可行性。目标的指标转换是运用平衡计分卡进行业绩评价和管理的重要环节，它直接影响到平衡计分卡运用的可行性和有效性。这里的可行性是指，通过一定的方法，如 SWOT、PESTEL 和五力图等分析法，可以将某一组织的目标或愿景转化为若干层面的财务的、非财务的、定量的和定性的指标，并使它们呈因果链联系，达到有机的结合。在有关指标设计上，应充分考虑有关数据或资料收集的成本效益。例如，某 IT

公司，其战略奋斗目标为：以集中领域内最优秀的科技人才和管理人才为根本，以创新发展安全技术和运用国际先进管理体系为支撑，以提供信息安全整体解决方案、先进可靠的系列产品，满足客户全面的安全需求为己任，以发展成为国内具有领先地位的公司之一为目的。根据这一目标，运用SWOT、PESTEL等分析方法，最终得出了该IT公司的评价指标体系如表13－2所示。

表13－2　　某IT公司战略目标的指标体系转换

BSC	评价指标体系
财务	净资产收益率
	投资回报率
	资产负债率
	应收账款周转率
	成本降低率
客户	市场占有率
	客户满意度
	安全检测通过率
	产品兼容性
	产品交货率
	产品维修时间
内部业务流程	优化内部管理
	领导管理称职率
	人员利用率
	设备利用率
学习与创新	新产品开发能力
	技术合作状况
	研发经费增长率
	员工素质
	员工培训次数
	员工满意度

上述所有指标均可通过财务数据、人事和销售等部门的记录获取，且加工处理成本适宜。

3. 指标体系设计应具有管理作用。企业战略目标的指标体系转换实质就是将企业战略口号转化为具有可操作性的战术目标，以便实施和管理。因此，在将企业战略目标进行指标体系转换时，一方面，应注意紧扣已确定的若干指标层面中心内容；另一方面，还应考虑所设指标具有对业绩的正确评价和管理作用。只有这样，才能使企业战略目标指标转换具有意义。否则，不当的 BSC 系统设计往往不能将战略在 BSC 上完整地展开。仍以上述的 IT 公司为例，为了更好地为管理服务，可增设负责人、目标值、实际值及改进建议若干栏（见表 13－3），以便通过目标值与实际值之间的比较，及时发现差距，提出改进的措施，明确责任人，切实做到对业绩的正确评价与管理。

表 13－3　　某 IT 公司业绩分析与管理

BSC	评价指标体系	负责人/部门	目标值	实际值	改进举措
财务	净资产收益率	财务部	25%		
	投资回报率	财务部	20%		
	资产负债率	财务部	70%		
	应收账款周转率	财务部	38%		
	成本降低率	财务部	12%		
客户	市场占有率	市场部	36%		
	客户满意度	市场部	96%		
	安全检测通过率	市场部	97%		
	产品兼容性	市场部	92%		
	产品交货率	市场部	100%		
	产品维修时间	市场部	故障排除时间平均 48 小时/项		
内部业务流程	优化内部管理	人事部	能力成熟模型、系统工程、软件工程等管理模式的应用		
	领导管理称职率	人事部	92%		
	人员利用率	人事部	100%		
	设备利用率	人事部	95%		

续表

BSC	评价指标体系	负责人/部门	目标值	实际值	改进举措
学习创新	新产品开发能力	技术部	每8个月研制出一种在国内市场占主导地位的产品		
	技术合作状况	技术部	同一时期与3～5家科研单位保持合作关系；同一时期与3～6家国内知名企业保持合作关系		
	研发经费增长率	技术部	年增长16%		
	员工素质	人事部	大学以上学历、从事本行业3年以上的占96%； 行业知名专家、技术带头人5名以上		
	员工培训次数	人事部	专业培训1次/季度		
	员工满意度	人事部	93%		

4. 指标体系应具有层次性。这里的“层次性”是指战略目标不仅要转换成企业总的指标体系，而且还应根据企业组织管理要求进一步转化为部门或分、子公司乃至个人的指标体系，以利于战略目标通过指标体系的层层分解，使企业所有部门、人员明确各自在战略目标实现中应起的作用，确保部门和职员的工作与企业整体战略目标相一致，确保BSC实施顺利进行。在上述的IT公司中，还应分别就财务部门、销售部门和技术部门以及职员等设置各自的平衡计分卡，以明确各自的任务。财务部门应突出财务层面的指标体系以及财务目标的完成；客户层面应着重反映与财务部门发生结算关系的客户以及各部门；学习与创新层面应着重财务部门职员的学习与增长情况。同理，销售部门应突出客户层面包括销售增长、售后服务等方面的业绩评价，人事部门应突出评价人才的储备、培训等，而技术部门则应重点评价技术创新方面的业绩。

5. 指标体系应具有反馈价值。指标体系的反馈价值是指指标体系的设计应便于计算和信息的及时取得，以利于将业绩形成过程有关事项随时反馈给管理者和执行者，对出现的偏差和问题进行及时的纠正和处理，确保目标的实现，从而达到对企业业绩的有效管理。

总之，企业战略目标的指标体系转换，必须本着应地制宜的原则，科学、合理地设计 BSC 系统，进行必要的沟通、整合与连接。只有这样，才能对业绩进行有效的管理，从而实现企业战略目标。

对于其他组织单位如政府行政部门或公共部门的业绩或绩效考核，我们可以充分借鉴卡普兰的理念和方法，通过影响业绩或绩效的主要方面，即业绩驱动因素的分析研究形成评价体系，而不能生硬套用平衡计分卡。

第三部分

企业经营业绩评价专题

第十四章

国有资本金效绩评价规则实施中的若干问题

随着《企业效绩评价操作细则（修订）》（以下简称《细则》）等一系列文件的出台，企业效绩评价工作已由试点和试行期进入了全面的实施阶段。然而在实施过程中，却存在着以下几个方面的问题有待进一步地改进和完善。

一、关于企业效绩评价基础资料的核实与确认问题

企业效绩评价是以企业财务会计信息资料和其他相关资料为依据，基础数据资料的完整性与真实性直接影响着企业效绩评价的工作质量。因此，在企业效绩评价过程中，各项评价所需的基础数据资料的收集和审核是开展企业效绩评价的重要步骤和基本前提。

根据调查，基础资料的核实与确认的主要问题是信息失真。这种失真表现为核算过程中存在着大量的不规范，各行其是，会计处理失误，人为操纵盈亏，有些数据资料缺乏依据，为迎合评价指标，粉饰业绩的现象比较严重，影响了基础数据资料的真实性和完整性，影响了企业效绩评价结果的客观、公允性。

（一）被评价单位提供的基础资料数据的质量不尽如人意

在调查过程中我们发现：某些单位会计科目设置不规范；为迎合评价指标而粉饰业绩的现象比较严重；某些被评价单位应该提供合并报表的，但多年来却一直编制简单的汇总报表；被评价单位基本情况表中的某些与评价指

标密切相关的数据与财务报表中的数据不符，而会计主管竟然无法说清其具体的数据来源和理由。这些现象的存在使评价人员的基础数据资料的核实工作变得非常困难，影响了评价工作的进程和评价结果的正确性、公允性。

（二）基础数据的核实确认存在操作和技术上的难度

为了得出客观公正的评价结论，消除政府或出资人行为、历史遗留问题和社会负担问题、资本运作、会计处理与计量差异等对评价指标数据的影响，《细则》中采用列举的方式，对企业效绩评价中存在的社会负担问题、历史遗留问题、清产核资损失核销问题、资产重组问题、执行新《企业会计制度》问题、非标准无保留审计意见的处理问题、三年前数据调整问题等均作了详细的规范。

应该说《细则》中所列举的数据调整事项是比较合理的，但从基础数据核实调整的执行情况看，却出现了以下一些问题：一是对企业上报的某些调整金额进行核实的工作量较大。例如，关于“不良资产比率”中年末不良资产总额的核实确认，《细则》中规定，不良资产的相关数据可取值于《基本情况表》，而在国有企业的年报审计中，对《基本情况表》一般不进行审计，因此，要保证基础资料的真实性，必须对这些取值于《基本情况表》中的未经审计的数据进行认真、仔细的核实，从实际情况看，核实工作量较大。二是很多企业在数据确认的过程中，要求对一些较具体的《细则》中无明确规定的但却会对效绩评价结论造成影响的客观事项进行调整。例如，某些矿山企业提出，对于矿区周围农民无偿占用或盗用矿区电力而对矿区造成的损失问题，能否作为社会负担问题予以确认和调整，如何把握其口径。这些问题《细则》中无明确规定，只提出核实确认中贯彻谨慎性和重要性原则，这给了某些企业讨价还价的机会。三是某些具体指标数据调整口径比较模糊，例如，在计算“资本保值增值率”时，《细则》中规定，资本保值增值率等于扣除客观因素后的年末所有者权益除以年初所有者权益，这里的“客观因素”范围的把握有一定的难度。四是由于被评价单位基本上都是企业集团性质的单位，涉及的企业比较多，下属各单位的分布也比较广，因此，当基础资料的核实要牵涉下属单位时，由于受时间和经费的限制，使该项工作不能及时顺利进行，某些基础数据的核实工作也就只能不了了之。

（三）基础数据的核实缺乏统一的要求

《细则》中要求对持有非标准无保留意见审计报告企业所提供的基础数据进行核实确认；而对于持有标准无保留意见审计报告的企业，其相关基础数据是否应进行核实，却无明确规定。于是，出现了截然不同的两种做法：有些省区市认为，既然企业财务报告提供的数据已在年报验收前被审计过，所发现的问题数据也已调整过，就应充分相信其报告中所提供的基础数据，因此，基础数据的核实确认就显得不很重要；而有些省区市评价机构认为，为保证评价结果的正确性，评价人员应对影响评价数据的重大事项一律作进一步的核实，然而，这样做的缺点是：数据核实的工作量太大，有时甚至相当于将整个报表数据进行了重新审计，成本太高。由于对基础数据的核实程度不一，必然导致各省区市评价结果的准确性不同。

（四）中介机构在基础资料收集核实与确认中发挥的作用不够明确

在我们所调查的省区市中，几乎所有的省区市都邀请了中介机构参与基础数据的收集、核实与确认的工作，但各省区市的中介机构参与的程度却有所不同，作用的发挥程度也有所不同。例如，某些省区市只请中介机构辅助统评处进行有关数据的收集活动，将企业报送来的数据按效绩评价指标的要求进行收集和计算，并不要求中介机构深入企业进行数据的核实。而某些省区市，为保证评价结果的客观性，充分发挥中介机构专业人员的优势，不仅聘请中介机构进行基础数据的收集、计算，还要求中介机构深入企业，对影响效绩评价结论的重要数据一一进行核实和确认。

此外，由于对某些省区市的中介机构来说，接受效绩评价的任务可能是第一次，在效绩评价基础数据的核实确认方面经验不足；还有某些省区市由于财力不足，无法请到最好的事务所和最优秀的注册会计师参与，导致基础数据的核实工作效果不是很好，在一定程度上影响了效绩评价工作的顺利展开。

产生上述这种现象的原因主要有三个方面：（1）到目前为止，还有许多单位由于多方面原因尚未按会计准则和制度的要求提供规范的财务报告，如有些集团公司应提供合并报表的，一直以来却只提供简单的汇总报表，这大大地影响了基础数据资料的质量。（2）某些中介机构对基础数据资料的收集与核实工作把握不准，如涉及8项减值准备的调整，企业的历史包袱、社会负担、企业资本运作等。(3) 基础数据的核实确认工作存在一定的难度，核实工作量较大，操作比较困难；对基础数据计算口径不甚理解，口径的宽严标准不一，从而影响了效绩评价的质量。

为了克服上述有关问题，提高基础资料信息的质量，首先，应规范被评价单位会计基础工作，提高财务报告信息质量。参加企业效绩评价的单位，其会计科目的设置必须按照现行会计制度予以规范化，凡属集团公司的，必须提供合并报表。严禁为迎合评价指标，恶意调账，人为操纵盈亏，达到粉饰企业效绩的目的。其次，实行企业效绩评价师资格考试，确保业绩评价工作的质量。有些从事企业效绩评价的工作人员，对财政部下发的《企业效绩评价规则》及其操作细则的理解不全面，甚至有些连指标的含义也不甚清楚，这势必影响到业绩评价工作的顺利开展。为此，必须对中介机构从事效绩评价的人员进行培训和资格考试。这种资格考试的内容应包括有关效绩评价的基本知识与实务操作技能。只有通过了这种考试，才能取得资格证书，参加企业效绩评价工作。这样可以使中介机构有关人员掌握效绩评价知识和操作技能，确保其从事企业效绩评价的业务能力。再次，将年报审计与基础资料的核实工作相结合，提高效绩评价工作效率。基础资料中有许多数据来自企业基本情况表，这些数据不是审计的内容，但却直接影响着企业效绩评价结论的客观性。为提高效绩评价工作和审计工作的效率，可考虑将效绩评价的基础资料核实工作与年报的审计结合起来，评价组织可要求事务所在进行年报审计时，将效绩评价所需的基础资料核实工作一并进行。最后，严格基础资料的审核工作，确保指标口径的统一性。对于持有非标准意见审计报告的被评价单位，应对相关数据进行认真核实，并作相应的调整。对审计报告中未发现的，但在数据审核中发现的应调整事项也应进行必要的调整，确保指标口径的统一性。

二、关于企业效绩评价指标体系问题

指标体系是构成企业效绩评价的一项重要内容，它是企业效绩评价的导向性作用、管理作用的重要体现，如果说基础资料的收集与核实是开展企业效绩评价的基本前提，指标体系则是决定企业效绩评价结果客观、公正的重要因素。可见，指标体系设置的科学、合理性至关重要。调查发现，现行的企业效绩评价指标体系主要存在着以下几个方面的不足。

1. 指标体系未考虑到企业经营的多元化。

随着经济的发展，大型企业集团公司不断涌现，企业的经营越来越向多元化方向发展，企业很难界定哪些是它的主营业务，哪些是它的附营业务。因此，在计算“主营业务利润率”这一指标上，存在着口径不一致，或难以计算的问题。

2. 评价指标之间缺乏应有的独立性。

从《企业效绩评价规则》所采用的评价方法来看，其采用的是功效系数法，运用这一方法的条件是各个评价指标之间应是相互独立的，然而，从现有的评价体系中可以看出，有些指标的相关性较强（这里的相关性不是指因果关系，而是指标之间的相乘或涵盖关系），如基本指标中的“总资产报酬率”“总资产周转率”和修正指标中的“主营业务利润率”等。此外，销售利润率与总资产周转率是属同一层次的两个指标，而在现行指标体系中，该两个指标被列入了不同的层次。这一问题的存在，使指标体系的科学性受到较大的影响。

3. 不同性质的评价对象使用同一评价指标体系会使评价结果失真。

在传统企业中，由于其技术、设备、工艺、生产相对成熟，企业大多处于成熟期，因而市场较稳定、风险较小，其效绩评价主要着眼于当期；而“双高”企业，其性质决定了是为了取得将来的高报酬，而并不看重当前的盈利水平，因此，效绩评价的着眼点是企业将来的可持续的盈利能力和增长潜力。如果对这两种类型的企业使用同一评价指标体系，显然不合适，另外，商业企业与工业企业，处于不同发展阶段的同一企业，采用同一评价指标体系也存在类似的问题。

4. 评议指标的打分口径较难把握。

评议指标大多属定性分析指标，打分时主观性成分很大，口径不好把握，对综合得分产生一定的影响。

5. 未对不同性质的指标进行调整。

在整套评价指标体系中，有些是正指标；有些是逆指标，如不良资产比率；有些是属适度指标，如资产负债率、速动比率等。所有这些性质不同的指标却同时进行加权平均，必然使计算结果缺乏科学性。

根据杜邦财务指标分析体系，总资产收益率 = 销售利润率 × 总资产周转率。这一指标分析体系的经济意义是：企业要提高总资产报酬率水平，可有两条途径：一是通过提高销售利润率水平，二是通过加速资金周转。由此，我们知道“销售利润率”与“总资产周转率”是处于同一层次的两个指标。而现行的效绩评价指标体系不仅存在指标设置的重叠问题，而且还存在将处于同一层次的指标放在不同层次上的问题，如总资产周转率为基本指标，而主营业务利润率为修正指标。

6. 缺乏对资产结构性和负债结构性的评价指标。

根据《企业效绩评价规则》的要求，营运良好的企业，其资产负债率一般不高于50%；速动比率应在100%左右。然而在现实中，企业的上述指标即使达到了要求，也不能说明其财务状况就处于优良状态。有些企业虽然资产、负债、所有者权益数可能符合运作良好的企业标准，但由于资产结构与负债结构安排不当，资产、负债内部比例不合理，因而面临着非常大的支付负债本金及利息的压力。这就是通常所说的企业已面临技术性清算的不利地位，即企业虽然有着良好的资产负债率指标，但因缺乏足额的现金或可变现资产而无法及时偿还到期的巨额外债而导致破产。

7. 指标体系未考虑企业经营多元化的因素。

这具体体现在“主营业务”范围的确定上。随着经济的发展，大型企业集团公司不断涌现，企业的经营越来越向多元化方向发展，企业很难界定哪些是它的主营业务，哪些是它的附营业务。因而，在计算“主营业务利润率”这一指标上存在一定的困难。

8. 对经营风险及战略管理考虑不足。

第一，《企业效绩评价规则》在制定时，国有资本是禁止进入证券二级市场的，制定者当时自然就没有考虑企业此类投资风险。因而，1999 年 9 月发布的有关国有企业、国有资产控股公司、上市公司可以投资二级市场的新规定，使现有的效绩评价指标体系出现了一些漏洞。现在，如果企业将资金大量投入证券二级市场，从中获得丰厚的投资收益，增加企业利润，将直接导致其净资产收益率、资本保值增值率、成本费用利润率上升，使企业的上述指标都能优化，但实际上，企业是将资金大量投入证券市场，企业的经营风险加大了，而且由于对外间接投资占用大量的资金，可能会导致企业的生产经营规模难以扩展，不利于企业的长期发展。这样，可能刺激企业的短期行为，造成企业代理风险加大，特别是在经营者即将退休或辞职时，此现象会更为严重。

9. 缺乏知识与智力资本方面的评价指标。

缺乏知识与智力资本方面的评价指标不能不说是效绩评价指标体系的一大缺陷。我们知道：农业经济是以自然（土地）资源为基础的经济，工业经济是以资本资源为基础的经济，“新经济”是以知识和智力资源为基础的经济。在信息时代，知识和智力在企业的竞争优势和核心竞争力的形成与保持中，以及在企业经营目标的实现上发挥着日益重要的作用。微软公司的有形资产与公司的价值之间的巨大差额，不能不说是知识与智力资本发挥的作用所至，其他如 NEC 等高科技产业，其公司的股价均高于传统的产业都说明了这一问题。因此，效绩评价指标体系缺乏对知识与智力资本的评价指标，则是不健全的效绩评价指标体系。

10. 可理解性和可操作性较差。

效绩评价指标体系的设置应易于中层管理者及具体执行人员的理解，以便操作实施。但是，企业效绩评价指标体系的四个方面覆盖了整个企业生产的全过程，具有很强的综合性和全局性，只有企业的高级管理人员能够直接控制这几个方面，较容易理解自己怎样的行为和决策能够导致何种指标的变化；对于中层管理者及职员或雇员则无法理解自己的行为对指标的影响，因此，不利于一般人员的理解和实施。

针对上述问题，第一，对于“主营业务”范围的界定应制定一个统一的标准。如果企业属多元化产品经营，则应以产品销售比例来作为判断是否纳入主营业务范围的标准，即某种产品的销售收入占该企业总销售收入的比例超过或达到一定的比值，则应列入主营业务范围。

第二，可将企业运营状况的评价指标进行分解。从实质上来看，企业运营状况的评价指标可分解为反映盈利能力的评价指标和反映偿债能力的评价指标。根据杜邦财务分析体系可知，总资产周转率应属评价企业盈利能力的指标，可作为财务效益层面评价的修正指标；而应收账款周转率、存货周转率和流动资产周转率，则应属评价企业偿债能力的指标，可作为评价企业偿债能力层面的修正指标。

第三，为满足多元投资主体及不同性质企业对效绩评价的要求，应在一定范围内，允许进行指标项目的调整。即在保证财务指标与评价指标 8：2

（80%：20%）的前提下，可根据所处行业及不同发展阶段的特征和管理需要，进行有关项目的微调。对于传统企业，指标体系应侧重当期财务效绩的评价，而对“双高”企业，指标体系侧重于对企业未来持续性盈利能力的评价和核心竞争力的评价；评价工业企业时，可考虑取消“主营业务利润率”指标，评价商业企业时，可考虑取消“总资产周转率”指标；处于不同发展阶段的同一企业，指标体系也应有所差别：增长期侧重销售收入增长和产品市场占有率的评价，保护期应关注投资回报和经济增值的评价，收获期应看重经营现金净流量等指标的评价。为了更好满足企业对销售利润发展情况的评价，可以“三年销售利润平均增长率”指标替代“三年销售平均增长率”指标。

第四，为统一不同性质指标的计算，可将逆向指标进行适当的调整，如取它的绝对值的倒数使其改变成为正指标，再与其他指标进行加权平均计算；对于适度指标应与其他指标分离开，单独计算，这样，可使计算结果和评价结论较为公正和科学。

第五，对评议指标尽量进行定量化，如对“经营者基本素质”“发展创新能力”以及“基础管理水平”等指标，可根据具体的内容设计问卷调查表，广泛进行调查，将收回的问卷及统计结果作为该项指标打分的依据。

还有些指标，如“基础管理水平”和“综合社会贡献”可采用“一事否决制”，如出现了一次重大安全事故，则“基础管理水平”指标即为0分；企业经营出现了违反诚信原则的事件，则“综合社会贡献”指标得分为0。

三、关于指标体系权重赋值与标准值的确定问题

根据调查，指标体系权重的设置及标准值的确定主要存在以下两个方面的问题。

一方面，统一的权重赋权不利于不同性质和处于不同发展阶段企业效绩的客观正确评价。按照《企业效绩评价规则》及操作细则的规定，权重的赋权采用的是德菲尔法。这种方法简便易行，与此同时，不失科学合理性。然而，所有不同性质的企业不分具体的经营性质和所处发展阶段，一律采用统

一的指标体系和权重，不利于企业业绩的正确评价。统一的权重赋权不利于不同性质和处于不同发展阶段企业效绩的客观正确评价。工商类企业的经营性质明显存在着较大的差别，如商业类企业，主要是通过提高销售利润率来达到提高资产报酬率；对于工业企业而言，主要是通过加速资金周转来达到提高总资产报酬率；"双高"企业，主要是以技术创新和较快的产品更新来达到企业的高投资回报效益。因此，在指标的权重设置上应有一定的差别。再如，就"资产周转率"这一指标，工业企业和商业企业的要求也不相同，按同一标准来判断负债率水平的优劣，有失公允。其次，企业处在不同的发展阶段，对业绩的评价均有所侧重，如处于成长期的企业，其效绩评价较注重产品的销售收入增长情况和产品的市场占有情况；处于成熟期的企业，其业绩的评价一般侧重于前期投资的回收和现金净流入状况。然而，在我国现行的《企业效绩评价规则》中未对这些因素进行考虑。

另一方面，标准值的给定过高。即便是在同行业中处于先进水平的某些企业也达不到应有的等级。标准值偏高偏低都会导致不正确的效绩评价结果。标准偏高，效绩相对较差的企业实际得分就会偏低，不利于经济不发达地区、效绩较差企业积极性的调动；反之，则会打击效绩水平高的企业和地区。具体分析见图 14 - 1，坐标图中横轴表示企业在提高效绩方面的努力，纵轴表示企业效绩提高的水平。显然，起初一个单位的努力所得到的效益的提高值大于后一个单位的努力所得到的效益提高值，当企业效益达到一定水平后，一定的努力得到的效益提高值甚至趋向于零。因此，标准值的确定是一件关键的工作。

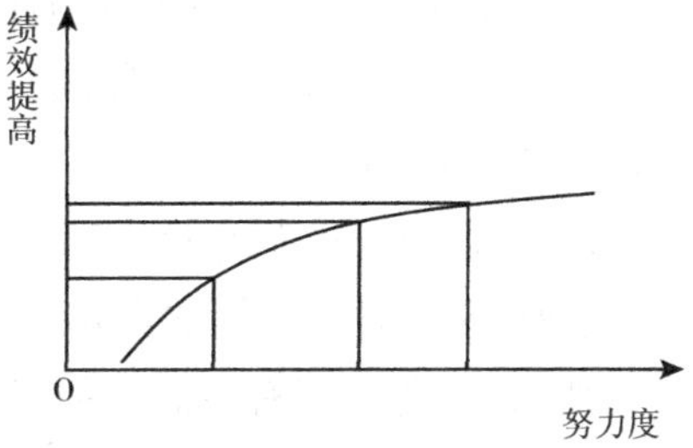

图 14 - 1　绩效与努力度关系

为了较好地解决上述问题，本书认为，应在明确基本权重时，允许评价机构根据企业所处行业的不同性质及各发展阶段对业绩评价的不同要求进行权重的调整。如商业企业类，可考虑适当调增“主营业务利润率”的权重；工业企业可适当增加资产周转率包括“流动资产周转率”“存货周转率”和“应收账款周转率”的权重；“双高”企业可适当调增“技术投入比率”“发展创新能力”等指标的权重。对于处于成长期的企业，应特别关注其“销售增长率”“产品市场占有率”的评价指标；对处于成熟期的企业，应侧重于净资产收益率、总资产报酬率、盈余现金保障倍数等指标的评价。当然，在进行权重调整的过程中，同一行业或同一发展阶段的企业，其评价指标体系与权重应保持统一，以便效绩的比较。

关于标准值的问题应与行业标准相衔接。应充分考虑国内行业的经营水平，使效绩水平处于全国前列的企业，经打分后仍可处于较前列。如果标准值的确定不考虑既有的行业先进水平，则可能造成不必要的混乱和由此引起的该《企业效绩评价规则》推广运用的困难。

四、企业效绩评价结果及运用问题

对企业效绩评价结果的分析有利于企业正确认识自己，及时总结经验，寻找差距，提高经营管理水平。应该说，评价结果运用是企业效绩评价的灵魂，只有不断寻求和推广企业效绩评价结果的运用领域，才能使效绩评价的理论不断完善和发展，并不断指导企业的实践工作。我国目前的企业效绩评价结果的运用尚处于探索性实施阶段，因此，还存在一些问题。

1. 缺乏相应配套政策和地方政府支持，是评价结果不能按既定用途运用的主要原因。虽然《企业效绩评价规则》列出了效绩评价结果可以运用的诸多领域，但落到实处，可实际操作的并不多，其原因主要是缺乏相应的配套政策，另外，当地政府的重视和支持也不够。

2. 企业效绩评价系统的设计最初是用于国有资本金效绩的评价，是影响《企业效绩评价规则》在企业内部管理中运用的重要原因。尽管 2002 年修订的《企业效绩评价操作细则》，淡化了国有概念，但指标体系未作太大的实质性改变，故不利于在非国有企业中的推广运用。

3. 评价结果并非绝对正确、合理，是影响评价结果运用的另一重要因素。从总体上来说，运用该系统测评企业效绩时所打出来的分数、所划定的档次、所揭露的问题，基本上是符合企业现状的，因而是可靠的。但是在一些特殊行业，“高分不一定没有问题”却是一种很容易观察到的现象。例如，烟草行业，在测评中，有些指标可能拿满分，但却不是其自身努力的结果，而是靠着行业的特殊性取得，甚至在其生产经营过程仍存在着许多问题。相反，有些企业经过自身的努力，成绩明显改善，但评价结果的分数仍不理想。

4. 某些地区认为既要开展国有资本保值增值评价活动，又要进行企业效绩评价活动，因此，无所适从，不知该如何做。

第一，要做好落实与推广效绩评价结果的运用工作，除了不断完善系统外，当地政府部门应给予积极的支持，建立、健全相应的配套措施和政策。例如，在进行国有企业主要领导者离任审计、经济责任审计、企业经营者收入分配的制订上，企业领导班子考核、聘用、奖惩，企业诊断，对国有资本的监管和财务监督，以及企业信用评价等方面充分运用效绩评价结果，将效绩评价结果作为一项重要考核内容。

第二，为了能使上市公司以及其他非国有企业积极开展效绩评价活动，建议财政部门等另行制定效绩评价方法。上市公司和其他一些非国有企业的经营性质及评价目标与国有企业不尽相同，其评价的侧重点也不同，所涉及的评价指标也存在差异，为此，有必要针对这些企业性质和管理要求单独设计评价体系。这也是企业效绩评价工作的伸延或深入，意味着效绩评价将形成一个系统工程。

第三，对效绩的评价结果，不仅要看分数，还须特别注意评价结果的分析报告；这可以帮助考评者及相关人士了解企业的效绩由其主观努力的成分占多少，依靠行业的特殊性取得的成分是多少，有利于评价者根据企业经营性质和特点，结合该企业的历史状况进行综合分析，对企业的效绩作出公正的评价。

第四，将国有资产的价值增值工作与企业效绩评价工作结合起来。

这项工作在浙江省已经得到实施。浙江省财政部门在 2002 年度上半年进行的企业效绩评价工作中，就计划对集团公司只进行国有资本保值增值的考评，并创造性地建议集团对子公司进行效绩评价时采用本《企业效绩评价规则》，其理由是集团公司总部一般是属行政管理机构，它自身没有生产经营业务，它的角色相当于国有资产经营者的监管部门，负有保值增值的任务；而子公司则应实现公司价值最大化。这使国有资本保值增值活动和企业效绩评价工作得到了有机的结合。

我们在调查中注意到，就单户企业而言，效绩评价的结果比较正确，多户合并时，正确率降低，且合并得越多，正确性就越低。浙江省的做法可以有效地解决这一问题，并使国有资产的保值增值工作和企业效绩评价工作得到了有机的结合，也符合集团公司及其所属子公司的各自的经营目标和管理要求，值得借鉴。

第十五章
关于企业效绩评价中评议指标合理量分的思考

根据《国有资本金效绩评价规则》，企业效绩评价指标由基本指标、修正指标和评议指标三大类组成，前两项指标主要依据经审计后的企业财务报表及相关资料进行评价量分，评价结果较为客观；而评议指标属定性分析指标，是对影响企业经营效绩的非计量因素，诸如经营者的基本素质、经营管理水平、职员素质、企业发展创新能力等的评价，这类指标的量分主要依靠评估专家的职业判断。这些指标在一定程度上体现了企业的核心竞争力，是综合评价企业经营效绩、反映企业经营管理水平的重要指标。在企业效绩评价过程中，如何科学地进行评议指标量分是开展企业效绩评价工作的重要环节，直接影响着企业效绩评价结果的客观公正性，是摆在我们面前急待解决和规范的重要课题。笔者曾以专家身份多次参加过评议指标的量分工作，就此谈些体会。

一、评议指标量分过程中存在的问题

评议指标量分过程中的问题集中体现在量分的客观性上。

首先，在企业效绩评价过程中评议指标量分口径不好把握。由于评议指标是定性指标，一般没有一定的量化指标作为评价的标准，几乎所有被评单位的自评报告，都按照8项评议指标的A级标准收集整理材料，并列举了大量的事实作为佐证，如在设备的更新方面、经营管理方面、创新方面、企业发展战略方面等，都充分展示出自己的先进性、科学性和创新性。在这种情形下，单凭被评单位的自评报告，孰优孰劣，专家确实很难断定，口径不知应该如何把握，因此，在8项评议指标的量分上，几乎都是A级，单位与单位之间在评议指标项下很难拉开差距。

其次，由于评议指标量分口径难以把握，造成了专家在量分时的主观随意成分较大。正是由于评议指标本身的特点，造成了有些专家根据企业的计量指标（权重为80%）或财务业绩作为评议指标的量分依据，即计量指标部分分值高的或企业财务业绩好的，则评议指标的量分就高；还有一些专家则以被评单位自评报告所述为依据，凡是被评单位自评报告中有关评议指标这部分的材料整理展示得好的，则评议指标的分值就高。

最后，在进行评议指标打分时，由于受到时间、精力以及经费等因素的限制，未能进行必要的问卷调查，这是导致专家对评议指标量分把握不准，从而形成量分时主观随意性较大的一个重要原因。

上述现象的存在，使评价往往流于形式，严重影响到评议指标量分的准确性和客观性，制约着评议指标作用的有效发挥。

二、评议指标量分的原则

根据上述评议指标量分过程中存在问题的分析，笔者认为，要充分发挥评议指标的作用，就必须按以下原则，对评议指标进行合理、客观地量分。

（一）客观性原则

对8项评议指标的量分应有客观的依据，既不能仅凭被评单位的自评报告给分，也不能单凭被评单位计量指标的得分情况或企业财务业绩状况进行判断量分，更不能只凭专家的主观臆断量分。评价指标体系中80%的计量指标有其局限性，它不能就影响企业效绩的重要的非计量因素进行评价，也正是因为这一缺陷，才需要有定性评议指标作补充，也就是说，评议指标的很多内容是无法通过计量指标反映的，显然，对评议指标的量分不能单纯依据计量指标的得分情况；此外，企业财务业绩的评价侧重于短期的经营业绩，而非财务指标或定性指标则往往用于企业长期经营效绩的评价，因此，财务业绩的好坏不能作为评议指标量分的依据。要使评议指标的量分尽可能地客观，必须对评议指标进行量化分析，运用实地观察法和比较法取得佐证材料，依据有关标准，如同行业水平、行业平均水平、国际先进水平、国内先进水平等予以量分。

（二）可行性原则

为评议指标量分所设计的各种程序和方法，包括所采用的调查方法应具有可行性。这里的可行性包括可操作性、重要性和成本—效益原则。为了取得评议指标量分的客观依据，需要设计和采用一定的调查方法，包括调查表的设计、发放和回收等。进行该项工作时，必须考虑可操作性，不宜太烦琐，以达到尽可能地节约评议指标量分所需的工作日和成本，这也是贯彻成本—效益原则的需要。为取得评议指标量分所需的依据，调查的范围越广，方法越具体越好，但是如果为获取某项评议指标依据所花费的成本大于其所能带来的收益，则可考虑采取其他成本较低的替代方法；然而，若该资料的收集很重要，即在评议指标量分中起着至关重要的作用，哪怕成本很高，也应进行。这种度的把握有赖于专家的职业经验判断。

（三）适用性原则

在评议指标量分过程中，对量分依据可以有一个总的要求和范式，但不应仅局限于此，各评价部门可根据被评价单位的具体情况进行适当的调整，可以增减有关程序，调整有关调查的内容和方法，使佐证资料的收集和评议指标的量分尽可能地高效——既客观、公正、节省时间和费用，又符合企业的特点。

（四）群众评议与专家量分相结合的原则

正如前所述，评议指标量分的合理性关键在于依据，有了客观的依据，评议指标的量分就有了基本的保证。在评议指标量分中，专家的量分应以群众（这里的群众可以是被评单位的职员，也可以是被评单位的客户或其他等）的评议为基础，结合自己的职业判断。只有这样，才能使评议结果尽可能地客观、公正。

三、规范评议指标量分的建议

根据以上对评议指标量分过程中的问题分析及量分应遵循的原则阐述，为了规范评议指标的量分，建议做好以下几个方面的工作。

（一）组织企业效绩评价工作的部门应对评议指标量分予以充分关注和重视

为了保证评议指标量分工作的顺利开展，取得较为合理、客观、公正的评价结果，组织企业效绩评价工作的部门应先行聘请有关专家，针对不同的企业，就如何进行评议指标的量分广泛征求意见，达成共识。

（二）设计必要的问卷调查表

问卷调查表的设计是取得部分评议指标量分的客观依据，问卷调查表设计得是否科学、简捷、合理，直接关系到调查结果是否客观。首先，问卷调查表的设计可根据需要，采用不同的形式，将评议指标所需要了解的内容囊括在一个问卷调查表中，也可以根据评议指标的性质分别设计问卷调查表。但是，无论采用哪种形式，问卷调查表的设计都必须明确调查的目的和重点，适合企业的特点、囊括评议指标所需的主要信息、问题要适量、所问题目应易于理解和回答。只有这样，才能取得良好的效果。适用于问卷调查的评议指标有：经营者基本素质、发展创新能力、基础管理水平等。以“经营者基本素质”这一评议指标为例，其问卷调查表可设计如表 15－1 所示。

表 15－1　　经营者基本素质调查

满意度＼调查项目	知识结构（2分）	道德品质（2分）	敬业精神（3分）	开拓创新能力（3分）	团结协作能力（3分）	组织能力（3分）	科学决策水平（2分）	合计
很好（或很满意，或很强等）								
好（或满意，或强等）								
一般								
不好（或不满意，或不强等）								
很不好（或很不满意，或很不强）								
合计								

注：知识结构、道德品质、科学决策水平，“很好”为2分，“好”为1.8分，“一般”为1分，“不好”为0.8分，“很不好”为0.5分；敬业精神、开拓创新能力、团结协作能力、组织能力，“很好”为3分，“好”为2分，“一般”为1.5分，“不好”为1分，“很不好”为0.8分。

组织评价部门还可根据被评价单位的具体情况调整调查项目。

其次，运用随机取样的原则确定问卷调查表的调查对象。先行确定拟调查对象的性质，是企业内部的人员，还是企业的客户。之后，在各个层面选取样本。如调查对象是企业内部人员，则应在企业的各个层面，包括企业的中层领导、基层领导和职员及相关部门中，按随机原则选取调查对象，发放问卷。被调查者只要在相应的栏内打"√"即可，问卷回收后即可进行统计计算，其统计结果作为专家量分的依据。

（三）运用实地观察法和计算法等取得其他评议指标量分的客观依据

第一，"产品市场占有能力"是一项可定量计算的评议指标，它是企业销售收入净额占行业销售收入净额的比值，这一比值与同行业相比，即可知企业在市场上处于什么地位，从而决定该项指标的分值。例如，某行业平均产品市场占有率为8%，相同规模的最具竞争力企业的产品市场占有率为12%，经有关计算，被评单位的产品市场占有率为10.5%，且呈上升趋势，则该单位的"产品市场占有能力"指标可量分为A级。

第二，关于"经营发展战略"量分，应先由被评单位提供科技投入、产品开发、市场营销、更新设备、项目规划、资产重组、资本筹集及人力资源等各方面的规划或计划，再由有关专家对这些规划或计划是否齐全、是否可行，以及执行情况进行评价量分，并作为"经营发展战略"评议指标量分的附件。由于这些计划和项目的可行性论证需要一定的时间，因此，被评单位应按评估专家的要求，提前将有关材料送给专家，以便专家有充分的咨询、调查工作时间。

第三，"在岗员工素质"可根据被评单位职员的学历结构、职称结构、考勤情况、提出建设性建议多少及被采用和产生的经济效益情况等几个方面列表进行综合计算后量分。关于被采纳建议所产生的经济效益应该有具有说服力的旁证材料。

第四，"技术装备更新水平"的评议指标，首先，由行业的专家实地考察被评单位所使用的生产设备情况，对其先进程度进行判断：是属国际先进还是国内先进，还是一般或落后；其次，对其设备开工率或闲置率、更新改造率、技术投入水平，依据有关资料进行计算或复核后，作为评议专家组进行量分的依据。

第五，“综合社会贡献”这一评议指标的量分可根据被评价单位上交财政税收收入占本地区财政收入的比率，提供哪些就业与再就业岗位或机会，以及在经营过程中是否遵守诚信原则等综合情况给分。其中，诚信原则尤为重要，如果被评价单位发生了重大的违反诚信原则的事项，则该指标以0分计。这里的重大性以客户的投诉或媒体的曝光为依据。

第六，对“基础管理水平”评议指标的量分，在问卷调查的基础上，应对安全生产管理予以高度重视，如果被评单位在评价年度内曾发生过重大的安全事故，则该项评议指标以0分计。

（四）被评单位应积极地配合

企业效绩评价对于被评单位而言具有极为重要的意义：通过评价活动，企业管理者可以了解本企业在行业中的地位，总结企业在管理中的经验和存在的问题，针对差距，实施有效的措施，不断提高经营管理水平，从而促使企业不断向前发展。这不仅可以提升企业的形象，还可以提升管理者自身的形象和地位。为此，被评单位不应将自己放在被动的位置上，而应积极、主动地配合评议指标的量分工作，包括主动地提供有关本企业的背景及介绍材料，以及评价所需的各项资料，使专家能全面综合地了解被评企业的情况，从而达到合理量分的目的。

上述建议，可以有效地解决评议指标量分的客观性问题，充分发挥评议指标在企业效绩评价指标体系中的作用，使效绩评价结果更为合理、客观、公正。

第十六章

企业循环战略业绩评价理论问题研究

随着人类科技水平的不断提高，对自然资源的采掘速度不断加快，资源已从相对剩余转化为短缺。自然资源的有限性与人口激增及人类生活水平提高对自然资源需求之间的矛盾日益突出。人类要求得生存和发展，则必须使其对自然资源的消耗控制在自然界所能承受的范围内，提高资源的利用效率；应强调对那些不可再生资源和再生周期较长资源的循环使用；加强对污染的治理，减少自然对污染的净化负担，使污染净化速度大于或等于人类生产而产生污染的速度。只有这样，才能达到生态平衡，从而使经济可持续发展。循环经济发展模式就是在这样的时代背景下应运而生的。随着循环经济发展模式的导入，企业的战略经营目标、战略管理特征发生了改变，进而要求企业战略经营业绩评价的理论与方法进行相应变革。本章拟就循环经济下的企业战略经营业绩（简称为循环战略经营业绩）评价的概念、循环战略经营业绩评价的理论依据、应考虑的因素和应遵循的原则展开研究。

一、循环经济及其本质

传统经济是一种“资源→产品→污染排放”单向流动的线性经济，其特征是“高开采、低利用、高排放”。这种经济发展模式是高强度地把地球上的能源开采出来，然后又把污染和废物大量排放到自然界中，对资源的利用是粗放的和一次性的，通过把资源持续不断地变成为废物来实现经济的增长。而循环经济倡导的则是一种“资源→产品→再生资源”的反馈式的闭环经济，其特征是“低开采、高利用、低排放”。这种经济发展模式是通过提高资源的利用效率，即强调节约能源的使用和不可再生资源及再生周期较长资源的循环使用，减少自然对污染净化的负担，从而把经济活动对自然环境的不利影响降低到最低，实现人类经济的可持续发展。

循环经济本质是一种生态经济，它要求运用生态的规律而不是机械论规律来指导人类社会的经济活动。循环经济的理念就是要改变重开发、轻节约，重速度、轻效益，重外延扩张、轻内涵提高的经济发展模式，以“3R”（减量化 Reduce、再使用 Reuse、再循环 Recyde）为原则，以资源高效利用和循环利用为核心，以生态产业链为载体，以清洁生产为重要手段的经济可持续发展模式。

早在 20 世纪 60 年代，随着经济学家鲍尔丁（Boulding）首先使用了“生态经济学”这一概念和“宇宙飞船理论”，就预示着人类已经开始重视生态与经济发展的协调，认为应保持人与自然和谐生存，才能求得人类可持续发展。但是，当时，自然资源短缺和污染的自然净化问题并不是很突出，人们注重的是生产末端的污染治理，其特征是“资源→产品→污染→治理”。世界经济的发展进入 20 世纪 80 ~ 90 年代时，自然资源短缺及净化的问题日益凸显，加上末端污染的治理成本很高，人们才将治理重点转移到了污染的源头。然而，这一理念也只是限于理论的探讨，该阶段还是一个以末端治理为主的生态经济发展模式，人们对经济的可持续发展寄希望于企业的不断创新和核心竞争力的形式和保持上。直到 20 世纪末，人类生存极限受到了挑战，人们才不得不将源头的治理付诸实践，提倡生态化的技术创新和核心竞争力的保持。所谓生态化的技术创新是指所有的创新都必经以符合生态发展规律和生态平衡为前提条件。可见，生态经济从提出到发展至今，大致经历了两个阶段：第一阶段是以末端治理为主的生态经济，即为传统的环保经济；第二阶段是以源头治理为主的生态经济，即为循环经济。

二、循环战略经营业绩评价及功能

企业战略经营业绩是企业战略经营目标实施的成绩或成果。企业的战略目标就是实现长远价值的最大化。由此可知，企业战略经营业绩是指企业为实现长远价值最大化而展开的系列经营活动所取得的成绩或成果。通过上述我们可以知道，当企业处于一个以末端治理或以末端治理为主的生态经济发展模式中，企业战略经营业绩是企业为形成和保持核心竞争力，从而实现长远价值最大化而在经营活动中开展的技术创新及其活动的成果或成绩。循环战略经营业绩是指企业为形成和保持核心竞争力，从而实现长远利益最大化而开展的生态化技术创新及其他活动的成绩或成果。企业循环战略经营业绩评价是指为了实现企业生态化循环战略经营目的，运用特定的指标和标准，采用科学的方法，对企业的循环战略经营活动的过程及其结果做出的价值判断。

循环战略经营业绩的评价同样具有衡量、导向和管理的功能。首先，衡量或判断是业绩评价的基本功能。循环战略经营业绩评价的衡量功能主要体现在两个方面：一方面通过测算指标值与历史状况、管理目标、同行发展水平的比较，对企业的盈利能力、发展能力和综合竞争力进行判断，客观地反映企业经营管理水平；另一方面，通过对生态化的生产与技术创新有关指标的测算并与先进水平或标准相比，评价企业是否达到循环经济发展的要求。其次，导向功能是企业经营业绩评价的重要功能。所谓“评价什么，得到什么”，是因为评价者通常可以根据评价的结果，对被评价者实施奖惩，以引导被评价者必须按评价者的目标函数努力工作。通过对企业经营管理水平及综合竞争力的评价，以及生态化生产与技术创新的评价，可以引导企业在人和自然和谐生存前提条件下，谋求企业长期利益最大化，从而达到企业的可持续发展。最后，管理功能是业绩评价功能的延伸。企业把业绩的评价与管理工作有机地结合起来，才能把评价结果转化为企业发展的动力和压力，更好地迎接挑战。循环战略经营业绩评价就是要通过有关评价将生态化的生产与技术创新的理念融入企业经营管理之中。

三、循环战略经营业绩评价的理论依据

循环战略经营业绩评价的理论依据主要有“最大、最小”法则、战略管理理论、委托代理理论以及生态经济理论。

“最大、最小”法则，即以尽可能少的消耗取得尽可能大的收益，体现着业绩评价的精髓和宗旨，是人类经济行为的基本取向。只有当企业通过交换实现的产品和服务价值等于或大于所垫支成本时，企业才有存在的可能。企业要不断发展壮大，就必须千方百计扩大收入和降低成本。收入越高、成

本越低、利润就越大，企业发展的基础就越牢固。用尽可能小的成本去获取尽可能大的收入，是企业从事生产经营活动的根本目的，也是企业经营业绩的集中体现。可见，所得与所费的关系是企业经营业绩评价的基本关系，“最大、最小”法则是企业经营业绩评价应遵循的基本法则。根据这一法则，循环战略经营业绩评价的实质是对以源头治理为主的生态化生产经营过程中所得、所费及其比的评价。

战略管理理论是围着企业如何形成和保持其核心竞争力，实现长远利益最大化而形成的一系列管理理论，是企业战略经营业绩评价最直接的理论依据。根据战略管理理论，企业战略经营业绩的评价应突出反映企业长期获利能力的情况，应体现企业的创新能力和核心竞争力的状况。第一，业绩评价工作必须有利于企业长期目标的实现，评价体系的设计要有利于企业长期竞争优势的形成；第二，评价体系的设计要有全局观念，突出企业整体利益；第三，评价体系的设计要有环境适应性。

根据战略管理理论，循环战略经营业绩的评价应突出反映企业生态化的长期获利能力及竞争优势的形成和保持状态。

委托代理理论是企业业绩评价存在的逻辑基础。委托代理关系包括股东与董事会之间、董事长与总经理之间、总经理与职能部门经理之间、总公司与子公司之间等。这时代理问题就产生了：第一，代理人是一个具有独立利益和行为目标的“经济人”，他们的行为目标与委托人的利益目标不可能完全一致；第二，代理人作为“经济人”，同样存在“机会主义倾向”，在代理过程中可能产生职务怠慢、损害和侵蚀委托人利益的“道德风险”和“逆向选择”问题；第三，市场环境的不确定性和信息的不对称性，委托人很难准确判断代理人的努力程度，代理人是否存在机会主义行为。为了解决代理人的道德风险和机会主义倾向，委托人必须建立一套规范的制衡机制来规范和约束代理人行为，使代理人目标与委托人目标趋近一致，从而减少代理风险，提高企业经营效率和投资回报。而业绩评价就是一项很好的制度安排。通过业绩评价，可以客观公正地考核代理人的业绩，约束代理人的行为；通过业绩与薪酬、奖金、红利的挂钩，可以有效地激励代理人的价值取向与委托人一致，从而解决代理问题，降低代理风险。

这一理论仍然是循环战略业绩评价的理论依据，但是这里的委托代理关系发生了一定的变化，不仅仅指所有者与经营管理者之间的委托代理关系，还包括社会公众与企业管理者之间的有关环境治理与生态平衡的委托与代理关系。这时的委托者不仅要考核代理人的战略业绩取得的结果，更要将经济可持续发展的制约因素——生态环境的保持与污染的治理因素纳入考核的范围。

生态经济理论是循环经济的理论基础，也是循环战略经营业绩评价的重要理论依据。生态经济理论是以生态学原理为基础，经济学原理为主导，以人类经济活动为中心，运用系统工程方法从最广泛的范围研究生态和经济的结合，从整体上去研究生态系统和生产力系统的相互影响、相互制约和相互作用，揭示自然和社会之间的本质联系和规律，高效利用资源。简而言之，生态经济理论就是研究生态与经济有机结合的理论，它强调的是经济与生态的平衡。其中，技术创新生态化则是经济与生态协调的关键。通过能源清洁化的技术创新、生产废料资源化的技术创新、生产过程闭路化的技术创新等使经济的发展与生态达到和谐。

根据这一理论，要求将资源的消耗、产品的再使用、生产废料的资源化及污染源的治理等纳入业绩评价体系中，客观地评价企业的生产与生态的和谐状况。

四、循环战略业绩评价应考虑的因素及应遵循的原则

在进行循环战略经营业绩评价时，还必须充分考虑由于循环经济发展模式的导入引起影响业绩评价因素的变化。这种变化主要体现在影响因素内涵的改变。

（一）成本和收益

成本也即所费，收益也即所得。两者是构成业绩评价最本源性的因素。随着企业经营环境的变化，成本和收益的内涵和外延不断地得到拓展：成本经历了由简单成本到复杂成本、直接成本到间接成本、主要成本到完全成本、单个成本到标准成本、绝对成本到相对成本的变化；同样，收益也经历了简单成本下的收益到各种成本形态下的收益的变化。循环战略经营意味着企业的战略经营成本与收益将从“新时期”的战略经营成本和收益向源头治理的生态化战略经营成本与收益的转变。这时的成本和收益的内涵已拓展为

取得生态化的战略经营业绩，包括生态化的技术创新业绩等的所费和所得。

（二）目标

目标是企业经营的指南，是企业开展系列活动的中心。企业经营目标既是业绩评价体系设计的起点，又是业绩评价的目的所在。围绕着实现收益最大化这一经营目标的基本取向，企业经营目标先后经历了利润最大化、股东财富最大化和企业价值最大化或相关者利益最大化等发展阶段。与此相适应，企业的业绩评价也经历了以利润为中心、以投资报酬率为中心的财务业绩评价到财务与非财务相结合战略经营业绩评价。随着循环战略经营观念的导入，企业经营目标就是生态化的相关者利益最大化，也即在注重生态平衡或人与自然的和谐生存与发展基础上的相关者利益最大化。企业循环战略经营业绩评价应是财务与非财务相结合的企业生态化战略经营业绩评价。

（三）竞争态势

竞争态势是战略经营业绩评价的一个重要内容。竞争态势也经历了以成本为中心的竞争和以产品、科技、人才等综合能力为中心的竞争态势。随着企业经营受到来自自然界制约的不断强化，这种竞争态势正逐渐将生态平衡纳入其视野范围，从而形成以生态化产品生产、技术创新等为核心的综合竞争态势。可见，循环战略经营业绩评价的竞争态势应是企业生态化的综合竞争态势。

除上述外，业绩评价的主体和经营链仍是影响循环战略经营业绩评价的重要因素。

依据上述，循环战略经营业绩评价应遵循的原则为：

1. 相关性原则。

这里的相关性原则是指企业的业绩评价要与生态化的核心竞争力的形成与保持、创新能力的评价相关。循环经济发展模式强调人与自然的和谐，并不等于轻视企业核心竞争力的形成与保持以及创新能力的培养；恰恰相反，注重生态平衡是为企业的创新能力的施展、核心竞争力的形成与保持提供环境的保证，是为了企业的可持续发展。因此，保持生态平衡是企业实现战略经营目标的前提条件。

2. 全面性原则。

评价体系应能全面、系统并相互联系地评价循环经营业绩。一方面，评价应充分考虑企业的竞争优势的评价、经营结果的评价；另一方面，应科学、合理地评价治理的效率、资源消耗的节约、产品的再利用和资源的再生。从而从各主要方面对企业的循环战略经营业绩做出全面评价。同时，还应考虑评价体系能系统地、相互联系地对企业的经营业绩做出综合的评价。

3. 重要性原则。

这里的重要性原则主要是指全面性与重要性相结合的原则。全面地评价业绩应是有选择、有重点的评价，而不是面面俱到，应抓住影响企业生态化核心竞争力和体现循环经营业绩的主要因素展开评价，否则会使业绩变化的主要因素变得模糊不清，从而不利于业绩的管理。

4. 成本效益原则。

在进行循环经营业绩评价时，应充分考虑成本效益原则。有些评价方法或指标项目固然比较科学和有用，然而为获取该项指标数据和使用评价方法费时费力，成本很高，则应考虑转而采用成本较低的替代指标和方法。

5. 目的性原则。

业绩评价总的来说是为企业管理服务的，并且其本身也是一种管理。具体而言，它服务于两种目的不尽相同的管理活动。一种是服务于企业经营活动的过程管理，即通过业绩形成过程的管理促使经营目标的实现；另一种是服务于企业事后的管理，即通过对企业已形成的经营业绩的评价，发现问题，指出改进的建议，为今后的经营管理提供经验和借鉴。与此同时，对经营管理者的管理水平进行考核，并进行奖惩。如属前种目的的业绩评价，评价的方法、指标体系与评价标准需要根据企业内部管理要求，因地制宜地加以确定；如属后种业绩评价，其评价的指标、方法、标准应基本统一，以便可比。

6. 可控制性原则。

评价体系中涉及的因素应是影响企业业绩的主要因素，同时，必须是能为企业所控制的，否则，企业将无法开展管理活动，还会影响评价结果的客观性。

7. 可操作性原则。

这里可操作性主要是指指标有关数据、评价依据的可获得性，计算机操作程序的可利用性。此外，这里的可操作性还包括指标的易理解和易懂性。

| 第十七章 |

循环经济下的企业战略经营业绩评价问题研究

中外业绩评价史充分说明：经营环境的变化是企业经营业绩评价体系发生变革的重要原因。也即经营环境的变化，导致企业经营目标的改变，继而产生企业经营管理理念和方法的变革，从而使企业业绩评价体系发生变化。本章在分析循环经济及对企业经营环境影响的基础上，讨论了企业战略经营目标的定位，进而论述了循环经济下的企业战略经营管理特征，提出了循环经济下企业战略经营业绩及指标体系设计应遵循的原则。

一、循环经济及其对企业经营环境的影响

世界经济的发展进入 20 世纪下半叶后，随着全球人口的激增、科技的发展、排污量的增加，人类的生存与发展对自然资源需求的增长与资源的有限性这一矛盾日益突出，人类的生存环境受到了严峻的挑战。人们在反思传统的“高开采、低利用、高排放”，以“资源→产品→污染排放”为生产特征的单程消耗式经济发展模式的基础上，提出了新型的“低开采、高利用、低排放”，即“减量化（Reduce）、再利用（Reuse）、资源化（Recycle）”（简称为“3R”），以“资源→产品→再生资源”的闭环流动型为生产特征的循环经济（circular economy）发展模式。

所谓“减量化”是指在生产和服务过程中，尽可能地减少资源消耗和废弃物的产生，核心是提高资源利用效率；“再利用”是指产品多次使用或修复、翻新或再制造后继续使用，以尽可能地延长产品的的使用周期，防止产

品过早地成为垃圾；“资源化”是指废弃物最大限度地转化为资源，变废为宝，化害为利，既可减少自然资源的消耗，又可减少污染物的排放。由此可知，循环经济即为物质闭环流动型（closing materials cycle）经济，“循环”是指事物周而复始的运动和无限的发展，循环经济则意味着经济的可持续发展。从本质上来看，循环经济是一种生态经济，按照生态规律利用自然资源和环境容量，倡导在物质不断循环利用的基础上发展经济。总之，循环经济以人与自然的和谐生存与发展为理念，将“循环”的概念与“经济发展”相结合，注重污染源头的治理，强调产品末端的再利用或资源化，以形成经济的可持续发展。

循环经济发展模式的形成大致经历了三个发展阶段：传统的环保经济发展阶段、传统的环保经济向循环经济发展模式过渡的阶段、循环经济发展模式阶段。在第一阶段，随着美国经济学家鲍尔丁（K. E. Bounding）的“宇宙飞船理论”的诞生和被广泛接受，人们已经认识到了环保的重要性，开始重视对生产污染物的治理，其经济发展模式是“生产→污染→治理”。可见，这一经济发展模式是通过污染末端的治理来实现经济的可持续发展。随着这一经济发展模式的不断运行，弊端也不断显现出来：治理成本高，治理技术难度大，不能很好地达到预期的目标。于是人们逐渐将治理的着眼点从末端转向了源头。然而，由于科技的飞速发展和向生产力转化的加速，人才与技术的竞争所引起的生存压力远大于来自环境对经济发展的制约，加上缺乏远见和必要的措施，人们对污染源的治理仅限于思想和理念上。因此，该时期是处于一个以末端治理为主的经济发展模式阶段，但人们已充分认识到源头治理的重要性，并积累了一定的治理经验，为第三阶段循环经济模式的导入奠定了基础。随着人类的生存和发展与资源有限性这一矛盾不断激化，当环境因素对经济发展的限制比任何其他影响因素都显得重要时，人们便不得不将主要注意力放在环境治理、发展生态经济上。发达国家把发展循环经济、构筑循环经济社会体系作为实现环境、经济、企业协调发展的重要途径。有的国家以立法的形式来加速推进循环经济发展模式的引入，如德国《循环经济与废弃管理法》、日本的《推进建立循环型社会基本法》等，形成了较完善的循环社会法律体系；如杜邦化学公司采用的“3R”制造法是最为典型的经济实例。至此，循环经济发展模式成为人类经济发展的主流。

随着循环经济发展模式取代末端治理经济发展模式，企业的经营环境发生了重大的变化，这种变化表现在：第一，为使企业生产污染排放速度小于自然界的净化速度，减小不可再生性资源的消耗量，以应对资源短缺这一人类生存发展共同的问题，按生态发展规律组织生产经营成为企业生存与发展的硬约束和前提条件；第二，企业要承受将飞速发展的科学技术迅速转化为生产力以形成核心竞争力的压力和人才竞争等压力。总之，竞争比任何以往时期都更为激烈和白热化。

二、循环经济下的企业战略经营目标定位

随着循环经济发展模式理论的产生与运用，许多学者就相关的会计问题、业绩评价问题展开了研究。对企业这一微观层面的循环战略经营业绩评价问题的研究主要集中在评价的内容及指标体系上。例如，高前善认为，科学发展观要求对企业绩效实行财务绩效、生态绩效与社会绩效三重评价。企业财务绩效的评价主要是对经济增长的评价。企业生态绩效的评价，是对企业可持续发展的评价，根据联合国国际会计和报告标准政府间专家工作组（ISAR）发布的《企业环境管理与财务业绩指标的结合》的有关规定，生态效率＝环境业绩指标/财务业绩指标。企业社会绩效评价就是对和谐发展的评价。三者之间的对立主要表现在短期上，从长期来看，三者之间的关系以统一为主，这种对立与统一的关系是发展、持续发展、和谐发展关系的表现。丁伟认为，基于循环经济的环境评价指标体系可以从数量和质量两个方面考虑，数量指标可由投入产出比来体现；质量可由减量化指标（物耗系数、能耗系数、清洁水耗系数等），再利用及再循环指标（污染物综合利用率、产品报废处置率等）来反映。肖序、王军莉和周一虹主张，生态效率的评价可由适当的环境业绩指标及财务指标相结合进行评价。周一虹认为，单一环境业绩指标或财务业绩指标均不能满足日益重要的环境保护需要，只有将两者有机地结合起来，才能很好地评价企业的环境效益和经济效益。然而，综观笔者现有收集的文献资料，就企业循环战略经营业绩评价的基本理论问题，如战略目标的定位，由此引发的管理特征的改变和业绩评价及指标体系设置应遵循的原则等问题的研究却极其有限。

企业的战略经营目标就是企业的可持续发展和长远价值的最大化。这是一个简约的企业战略经营目标，在不同的经济发展时期，其内涵不尽相同。

当企业处于一个末端治理或以末端治理为主的经济发展模式中，其战略经营目标是指通过不断的创新，包括制度创新、技术创新等形成和保持核心竞争力，从而实现企业的可持续发展和长远价值最大化。当企业处于循环经济发展模式下，正如前所述，企业赖以生存的经营环境发生了重大的变化，企业必须按生态经济发展规律组织生产经营。与此同时，现代企业的发展充分证明，创新是企业在激烈的竞争中立于不败之地的重要法宝。这也就要求企业的发展应将生态经济发展规律与创新相结合，形成生态化的创新。生态化创新，是指有利于资源、能源消耗的节约、利用的高效，产品的可重复使用，废弃物资源化的创新，也即是以“3R”为原则和指导思想的创新。这种创新成为循环经济发展模式的重要支撑，是企业循环战略经营目标得以实现的保证。

可见，适应循环经济发展模式的企业战略经营目标应是：以“3R”为原则和指导思想，以生态化创新为内核，以竞争优势和核心竞争力的形成与保持为关键因素，谋求持续的企业价值最大化。

三、循环经济下的企业战略经营管理

循环经济发展模式的特征是：提高资源利用率，减少生产过程的资源及能源的消耗；延长和拓宽生产技术链，尽可能地将生产企业内部的污染源处理掉，同时，减少生产过程污染物的排放；对生产和生活中用过的废旧产品进行全面回收，尽可能地通过技术加工处理后循环利用，对那些无法处理后再使用的废弃物进行资源化，以便再次作为原材料使用。

为适应上述循环经济发展特征，企业战略经营管理应确立新的理念：这种管理不仅要求企业的经营活动要遵循经济规律、社会规律，更应遵循生态规律，将企业经营活动纳入生态系统的运行轨道，达到人与自然的和谐，从而实现企业的战略经营目标。

新的企业战略经营管理理念意味着：

（1）新的价值观。这种价值观要求企业在实现长远价值最大化时，应以环境的保护为前提。在利用资源进行价值创造的过程中，不仅要将自然资源视为可利用的资源，更应将其视为需要保持良性循环的生态系统；在运用科学技术创造价值时，不单单考虑其对自然的开发能力，更应注重其对自然生态的修复能力，使之成为环保的技术；在人类享受自身创造的价值时，不仅要考虑人类自身需要的满足，更应考虑自然生态对人类消费水平的承受力（主要是指人类消费时所产生的垃圾）。只有这样，创造出的才是人类经济可持续发展意义上的价值，也即企业战略意义上的价值。

（2）新的利益观。当企业战略经营管理被纳入生态系统范围内，战略经营管理的利益观便发生了改变，就不再仅仅是原来意义上的企业整体利益的最大化，而是全社会，乃至全球人类利益的最大化。这种利益最大化要求企业利益的取得要在生态环境可承受的范围内，否则会造成资源承载能力循环的恶化，破坏生态系统，使人类的利益无从获得。同时，在获取企业自身利益时，要充分考虑与兼顾社会的和人类的全局利益。当企业的利益与社会整体利益、自然生态发生冲突或矛盾时，应进行协调，保护生态环境和社会利益。只有这样，企业才有谋求持续价值最大化的可能。

（3）新的治理观。循环经济发展模式与之前的经济发展模式相比，它尤其强调污染源头的治理，将一切污染尽可能地消灭于源头。这也就要求企业在战略经营管理中应加强对污染源治理技术的研发，对产品生产决策污染排放标准的监控，以及产品生产过程中污染排放的管理及处理，并及时就治理的效率进行评价和考核。

在上述思想指导下，循环战略经营管理特征与之前的企业战略经营管理特征的最大区别就是以生态化创新为管理核心，将减量化，提高资源利用效率，加强污染的治理，提高产品的重复使用率和不可再使用产品的回收及资源化纳入企业战略管理的全过程，并将成为衡量企业战略管理水平高低的重要标志。从目标的长期性来看，以末端治理为主的经济发展模式下，企业核心竞争力的强弱主要体现在企业的创新能力上，尤其是技术创新能力的高低；在循环经济发展模式下，这种核心竞争力则集中体现在企业对污染物，尤其污染源的治理能力，资源的利用率、再利用率和废弃物的资源化能力，也即生态化技术创新能力上。相比较而言，后者的核心竞争力更具持久性和战略性，因为它是以生态经济发展规律为指导。从这种意义上说，循环经济发展目标更符合战略管理的目标长期性这一特征要求。从利益的全局性来看，战略管理的重要特征之一，就是要局部利益服从全局利益。在以末端治理为主，强调创新的经济发展模式下，全局利益主要是局限于企业这一微观层面上，要求企业内部各部门或集团内部各分公司、子公司的局部利益服从企业、集团的全局利益；在循环经济发展模式下，全局利益已跳出了企业这一层面而扩大至整个社会乃至全世界人类的整体利益。企业的经济利益必须以保护社会的、全人类的利益为前提，这也就要求企业必须协调好与社会的利益，按生态经济发展规律来组织生产经营管理。只有全人类、全社会的全局利益得到了保障，企业才能谋求长足的发展，实现企业自身的利益。从企业战略管理的因素来看，传统的战略管理着重于人力资源技术创新、上下游客户等方面，认为只要聚集了人才，提高技术创新能力，运作好了客户关系，就能为企业带来最大的增值；循环经济发展模式赋予了技术创新更丰富的内涵——生态化的技术创新，并成为重要的管理因素。可见，生态化的技术创新扩展了企业战略管理要素的内容。

四、企业循环战略业绩评价及指标体系设置原则

根据之前的论述，企业循环战略经营业绩评价应遵循的原则有相关性原则、全面性原则、重要性原则、成本效益原则、可控制性原则和可操作性原则等。

第一，从相关性原则内容来看，循环战略经营业绩的评价应与核心竞争力的形成与保持的关键因素——生态化技术创新能力的评价相关，而不单是原来的技术创新能力的评价。无论何种经济发展模式都离不开创新，但是随着经济发展模式的更替，对创新的要求在不断提高，这种不断的提高体现在：要求限制性因素不断增加的条件下加快创新的速度。限制性因素的增加主要是指来自生态发展规律的制约；速度的加快是因为科技向生产力转换的加速。生态环境的保持，为人们的创新提供了广阔的空间，也为企业的核心竞争力的保持、发展提供了环境的保证。因此，循环战略经营业绩的评价应紧紧围绕企业生态化技术创新及核心竞争力的形成与保持展开。

第二，从全面性原则来看，业绩评价体系应能就企业的循环战略业绩展开全面、系统并相互联系的评价。评价体系应能从资源的节约、污染的治理、产品的循环使用、废弃物的资源化、内部生产经营效率、客户、职员及财务等方面，对企业生态化的技术创新、核心竞争力的形成和保持进行综合的评价；与此同时，还应找出这些因素之间的因果链联系，从而能相互联系地对企业循环战略业绩作出客观的评价，并为业绩管理提供依据。应该说，

资源利用效率、产品的循环使用率和废弃物的资源化均可在内部生产经营效率和财务业绩中体现出来。因此，在内部生产经营过程层面和财务层面中，应设置有关指标予以反映。

第三，从重要性原则来看，业绩的评价应突出重点，也即应突出那些对业绩形成具有重要影响因素方面的评价，而不是面面俱到，否则会使业绩变化的主要因素变得模糊不清，不利于业绩的管理。以“3R”为原则和指导思想的循环经济发展模式，其整个重心是强调资源的节约和污染的治理：减量化，通过减少资源、能源消耗，提高利用率的同时，可以减少在对能源资源挖掘、开采和使用时的污染排放。再使用，通过翻新、维修提高产品循环使用率，可以大大减少因产品不可资源化而废弃所产生的垃圾；同时，减少同类型产品的生产而达到节约资源。资源化，通过废弃物的加工处理为资源的同时，减少对环境的污染。因此，资源的节约和高效利用、治理的效率构成了企业循环战略经营业绩评价的两个重要方面，应进行重点评价。在治理效率评价时，要充分反映新产品研发是否将污染进行相关处理或控制在可接受的范围内，以及对不可避免的污染物的处理措施等。

第四，以财务业绩为根本的原则。企业经营的目的就是获取利润，追求企业价值最大化，这是企业存在的唯一目的。成本业绩的评价、财务业绩的评价到战略经营业绩的评价均说明了财务业绩始终是业绩评价的宗旨和落脚点。随着经济的发展、环境的改变，影响企业财务业绩的因素越来越多元化，这些因素的影响作用日益凸显，因而必须纳入业绩评价体系中，以便就企业财务业绩的变化作出解释。毋庸置疑，企业在谋求自身财务业绩的同时，也为社会创造了财富。无论何种性质的社会，也无论何种经济发展模式，企业对财务业绩的追求始终是推动社会经济向前发展的重要动力。这也就决定了企业循环战略经营业绩的评价仍需以财务业绩为根本。

第五，综合运用的原则。业绩评价可服务于两种目的不尽相同的管理活动。一种是服务于企业经营活动的过程管理，即通过业绩形成过程的管理促使经营目标的实现。服务于这种目的的业绩评价，其指标体系的设计突出满足过程管理的需要。另一种是服务于企业经营的事后管理，即通过对企业已形成的经营业绩的评价，发现问题，提出改进的建议，为今后的经营管理提供经验和借鉴。同时，以此为依据，对经营管理者的管理水平进行考核，并进行奖惩。服务于这种管理活动的业绩评价，其指标体系的设计突出满足对结果的评价和考核所需。企业循环战略经营业绩评价是对已有的战略经营业绩评价方法体系的一种延伸和发展，是一种具有更高要求、更为全面的业绩评价体系，因此，应将上述两种形式有机地结合起来。这就要求在评价体系的设计上既要有利于对循环战略业绩的评价，有具体的成绩，以便比较考核；又要有利于对业绩形成过程的管理，使一切问题在其发生之初就能得到很好的处理，确保目标的实现。

五、总结

综上所述，为了应对资源短缺这一人类生存与发展的重大问题，末端污染治理模式被强调污染源头治理的循环经济或生态经济发展模式所取代，企业的经营环境发生了改变，所面临的竞争比以往任何时候都更为激烈和白热化。企业的生存与发展必须以尊重生态发展规律为前提，由此，企业的战略经营目标应重新修正为：以“3R”为原则，以生态化创新为内核，以竞争优势和核心竞争力的形成与保持为关键因素，谋求持续的企业价值最大化。这一目标定位的改变要求企业战略管理应确立新的价值观、新的利益观和新的治理观，从而对企业战略经营管理提出了更高的要求，丰富了管理的内容，使企业战略管理呈现出了新的特征。同时，也赋予了企业循环战略经营业绩评价及指标体系设置原则以新的内涵和要求，即企业循环战略经营业绩评价应围绕生态化创新展开，在综合考虑各主要影响因素的基础上，突出治理效率和资源利用率的评价。在评价体系设计过程中，应注意两种业绩评价形式的有机结合。

| 第十八章 |

循环经济下企业战略经营业绩评价指标体系设置——以有色金属铜业为例

随着循环经济思想与理念的深入人心和循环经济发展模式的导入与逐步确立，各企业都在积极努力地按循环经济发展规律的要求组织和规划生产经营，以求企业的可持续发展。如何衡量循环经济模式下企业生产经营所产生的效益，则是业绩评价理论与实务的一个新的课题。由于冶金属于资源开采量大且污染较严重的行业，被国家最先列入循环经济的试点单位之一，其按循环经济规律组织生产经营的经验具有普遍的示范效应。本章将以有色金属铜业为对象，在分析循环经济与企业战略经营业绩本质的基础上，结合铜业企业生产流程的特点，探讨循环经济条件下铜业企业战略经营业绩评价指标体系的设置，为评价体系的建立提供必要的参考。

一、循环经济及其企业战略经营业绩的本质

循环经济是人们在反思传统的“高开采、低利用、高排放”，以“资源→产品→污染排放”为生产特征的单程消耗式经济发展模式基础上，通过不断的实践与改进而形成的一种新型的“低开采、高利用、低排放”，以“资源→产品→再生资源”的闭环流动型为生产特征的经济发展模式。循环经济发展模式的形成大致经历了三个阶段：传统的环保经济发展阶段、传统的环保经济向循环经济发展模式的过渡阶段、循环经济发展模式阶段。在第一阶段，人们已经认识到了环保的重要性，开始重视生产污染物的治理。但这种治理是一种末端的治理。第二阶段，在人们逐渐认识到末端治理的难度

大、技术成本高的条件下，开始着眼于源头的治理。但是，由于技术的不过关，加上缺乏远见和必要措施，这种污染的源头治理仅仅限于理念上。第三阶段，人类的生存和发展与资源有限性这一矛盾不断激化，人们便将注意力集中于末端的治理和节能减排上并付诸实施。

循环经济的本质主要体现在“3R”原则上，即减量化（Reduce）、再利用（Reuse）、资源化（Recycle）。“减量化”是指在生产和服务过程中，尽可能地减少资源消耗和废弃物的产生；“再利用”是指产品多次使用或修复、翻新或再制造后继续使用，以尽可能地延长产品的使用周期，防止产品过早地成为垃圾；“资源化”是指废弃物最大限度地转化为资源，变废为宝，化害为利，既可减少自然资源的消耗，又可减少污染物的排放。可见，循环经济的本质就是：（1）提高资源利用率，或在不影响效益的前提下减少资源的开采；（2）“三废”的源头治理达标；（3）“三废”的循环利用。

企业战略经营业绩的实质是什么呢？众所周知，企业的生产经营目的就是用尽可能少的生产经营成本（所费）去创造和实现（获取）尽可能大的产品和服务价值（所得）。这是企业经营业绩的根本所在，也即，企业的经营业绩就是企业在市场交换和竞争中实现的产品和服务价值。这种价值越大，企业的经营业绩越好。企业的战略经营业绩就是企业以可持续发展为前提，在市场交换和竞争中不断实现的产品和服务价值。这种可持续实现的价值越大，企业的战略经营业绩也就越好。可见，企业战略经营业绩的本质即为企业长期的、可持续实现的产品和服务价值。企业循环经济战略经营业绩则是指企业以“3R”为指导原则的可持续发展条件下，在市场交换和竞争中不断实现的产品和服务价值。

企业战略经营业绩的实现主要依靠企业的核心竞争力，即企业的创新能力，包括技术创新、制度创新、组织创新等。在循环经济条件下，这种价值实现所依靠的核心竞争力，主要是指企业生态化创新能力，即企业不仅要进行制度、组织、产品创新，更应突出强调资源能源消耗的节约和利用的高效、产品的可重复使用、废弃物资源化等创新，也即“三废”源头治理、循环利用和资源高效利用以及产品的持续不断的创新。这种生态化创新能力构成了循环经济下企业战略经营业绩评价的核心内容。

然而，不同的行业由于其生产流程工艺与经营特点的不同，产生的污染及其程度、治理要求及手段、技术产品的创新都不尽相同。为了能客观地评价企业循环经济战略经营业绩，并进行业绩管理，需要就不同行业分别设置评价指标体系。

二、铜业企业生产流程工艺与循环经济

铜业企业的生产流程与工艺有其自身的特点，每一个生产阶段均会产生废弃物和污染。根据循环经济的要求，应对每一阶段展开污染的治理和废弃物的循环利用。

（一）铜业企业生产流程与工艺

铜业企业的生产流程主要包括采矿、选矿和冶炼的过程。

对于采矿环节，原料为进入采矿作业的矿石和岩石等，通过采矿工艺流程，获得的产品为符合选矿加工要求的矿石，产生的废弃物主要是剥离的废石和岩石等。对于选矿环节，原料为进入选矿厂的矿石，即采矿提供给选矿厂的原料，通过选矿工艺过程，获得的产品为选矿厂产出的精矿，产出的废弃物为选矿厂的尾矿和废水等。对于冶炼环节，原料为选矿提供给冶炼厂的精矿，通过冶炼工艺过程，获得的产品为冶炼厂产出的金属，产生的废弃物为冶炼渣、废水和废气等。这一过程如图 18－1 所示。

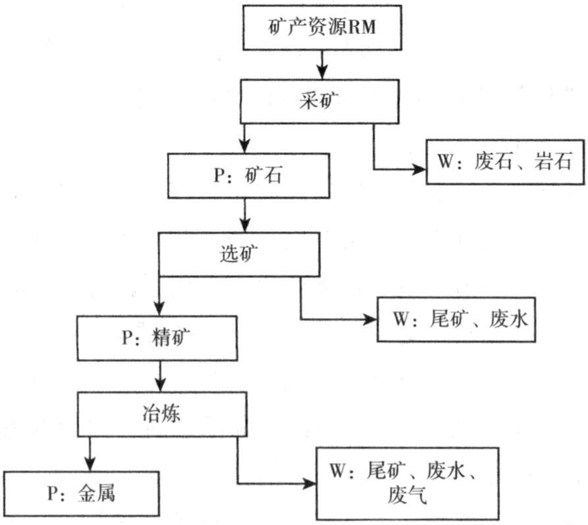

图 18－1　铜业生产流程

（二）各环节的循环经济实现方式

采矿环节发展循环经济主要从“减量化”和“再利用”入手。减量化方面：一是减少采矿过程的废石出坑量，减少废石堆放对土地的占用和污染；二是通过提高回采率，降低损失率和贫化率，达到减少资源消耗和延长矿山服务年限的目的；三是减少消耗，主要是炸药、雷管和钢材消耗等。再利用方面：一是将废石回填采空区或坑道，使废石得到再利用；二是排土场的复垦，复垦的排土场可以种植树木和植物，使土地得到再利用；三是采空区的复垦，复垦的采空区即可以进行种植，也可以进行养殖。采矿环节实现循环经济如图 18－2 所示。

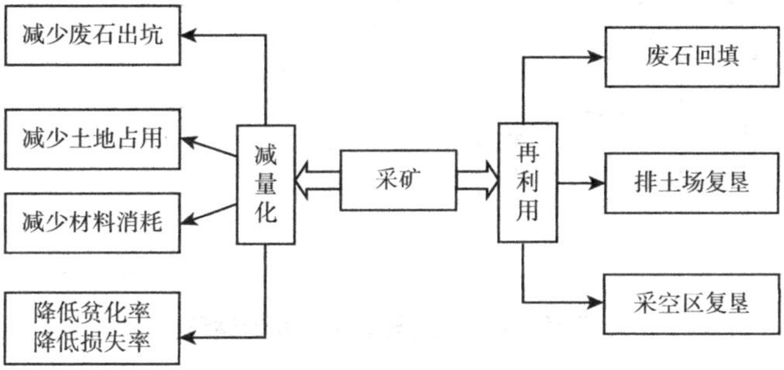

图 18－2　采矿环节实现循环经济

选矿发展循环经济主要从“再利用和综合利用”入手。一是采用新技术、新工艺、新设备对选矿尾矿进行再利用，发挥尾矿的二次资源作用；二是选矿废水的再利用，通过物理化学方法对矿废水进行处理后回用，提高回水利用率；三是强化伴生元素的综合回收，通过工艺和技术革新，提高共伴生元素的综合回收率，提高资源的综合利用率，使采出来的矿石发挥最大的效益；四是降低能耗物耗，通过采用新工艺、新设备，提高选矿指标，节能降耗。选矿环节实现循环经济如图 18－3 所示。

采矿尽可能为选矿提供合格的原料，选矿尽可能提高选别指标，充分利用采矿坑道作为选矿生产用水，选矿最终尾矿返回矿山作为采场充填的原料，达到采矿与选矿的相互偶合，互为原料，减少土地占用，控制环境污染。采选与选矿之间的循环如图 18－4 所示。

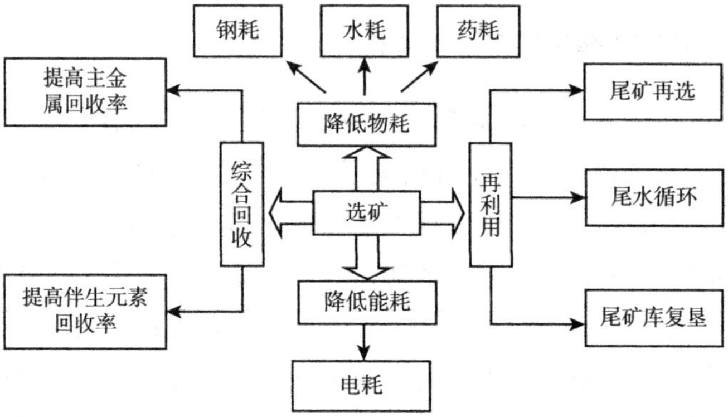

图 18-3　选矿环节实现循环经济

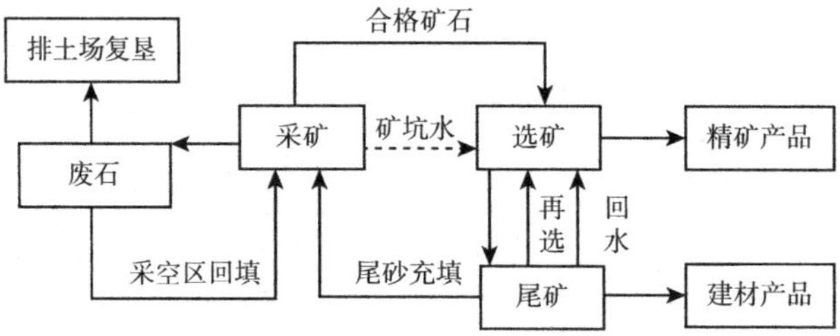

图 18-4　采选与选矿之间的循环

冶炼环节发展循环经济的重点在于“资源化和再利用”，“三废”减量化或无废排放以及余热余压的充分利用。

对于湿法冶炼企业，除对主金属尽量回收外，需要综合考虑伴生的金、银、锗、铁等有价金属的综合回收和分离，产生不同级别的金属产品或中间产品。对目前大量堆存的湿法浸出渣，需要采用合适的方法进行堆存和管理，待技术和资金条件具备时，这些“废渣”就成为实施循环经济的重要原料。湿法冶炼的用水量较大，对其废水应进行综合治理，尽可能循环使用，多余部分也需要达标排放，要逐步实现“零排放”。

对于火法冶炼企业，重点考虑烟气和烟尘和回收，余热余能的利用，实施清洁生产。

冶炼环节实现循环经济如图 18-5 所示。

在资源加工的选矿与冶炼环节，要努力提高选冶回收率，提高共伴生元素的综合回收率。提高选冶金属回收率和共伴生有价组分的综合利用率，是矿业领域发展循环经济的重要内容，通过提高回收率来提高资源的利用效

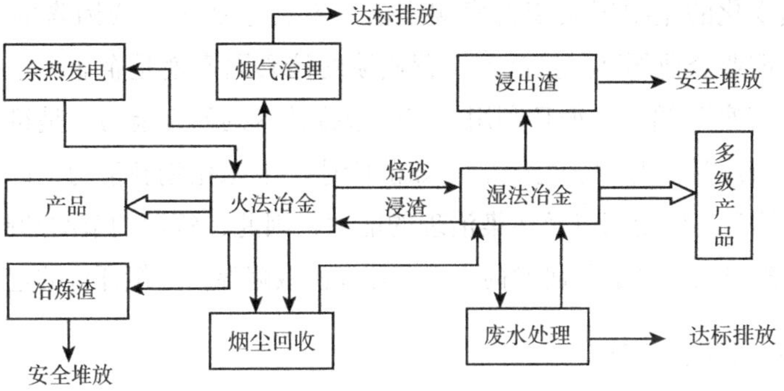

图 18－5　冶炼环节发展循环经济

率，可以在相同的资源供给量下，获得更多的金属产品，或者在获得相同的金属产品条件下，减少资源的消耗量，这是矿业领域发展循环经济实施“减量化”的重要内容。

由于尾矿尚有大量的有用金属和其他物质存在，具有较大的潜在经济价值，因此，矿业二次资源利用的重点在于尾矿的二次利用。从循环经济的角度看，尾矿仍然是“矿”，是人工矿床，具有重要的利用价值。

三、铜业企业循环经济战略经营业绩评价指标体系设置的原则

铜业企业循环经济下战略经营业绩评价指标体系设置应遵循以下的原则。

（一）全面性原则

全面性原则要求在设计铜业企业业绩评价指标体系时，应能就循环经济下的战略经营业绩展开全面、系统且相互联系的评价。铜业企业在循环经济条件下的战略业绩的取得受多种因素的影响，这些因素主要包括企业核心竞争力—生态化技术创新能力、内部经营过程、客户、职员等方面。因此，应充分考虑这些因素对业绩的影响并纳入指标体系范围；与此同时，还应找出这些因素的因果链联系。这是客观评价铜业企业循环经济战略经营业绩的前提，也是业绩管理的依据。

（二）重要性原则

重要性原则是指业绩评价应突出重点，突出影响业绩的主要因素，否则

会使业绩变化的主要因素变得模糊不清，不利于业绩形成因素的分析和管理。影响铜业企业循环经济战略经营业绩的核心因素就是企业生态化创新能力，是“三废”治理、循环利用、节能减排技术的研发能力，是符合循环经济要求的新产品的开发能力等。正如前所述，生态化创新能力，即为可持续的资源节约和高效使用以及污染治理的能力。因此，资源的节约和高效利用、污染的治理以及新产品的研发构成了循环经济战略经营业绩评价的重要方面。

（三）相关性原则

这里的相关性是指指标体系的设置应与铜业企业生产加工流程的特点相关，与铜矿开采、冶炼各环节的污染治理、循环利用及资源利用效率的提高相关。铜业企业的工艺流程主要包括采矿、选矿和冶炼，各个环节产生的污染及废弃物排放依次为：废石、岩石、尾矿、废水、废渣、废气等。按循环经济发展要求，需要对这些“三废”通过减少开发量、回填、再选、循环利用等手段达到“减量化、再使用和资源化”的目的。因此，指标体系的设置，尤其是在内部生产经营过程层面包括研发的指标设置上，应与铜业生产流程各个环节的循环经济实现相关，在其他层面指标的选择上应充分考虑铜业行业的经营和市场特点。

（四）可操作性原则

在设计铜业企业循环经济战略经营业绩评价指标体系时，应符合可操作性原则要求，也即应充分考虑指标采集的可能性，如通过年报或其他统计手段可采集到。有些指标尽管很科学，但在实际生产中或在采集中难度非常大，其指标有可能产生歧义，这类指标就没有可操作性。此外，有些指标的采集成本过大，不符合成本效益原则，这样的指标也没有可操作性。为保证指标体系具有可操作性，要尽可能以现有指标为基础，与现行统计口径、会计核算口径相一致。各项指标及其相应的计算方法应力求规范化，要有明确的释义。

（五）与国家循环经济评价指标体系的有机联系原则

国家已颁布了宏观经济与工业园区的循环经济评价指标体系，铜业循环经济评价指标体系是国家宏观循环经济评价指标体系在有色金属行业的具体体现和补充。

（六）以财务业绩为根本的原则

企业的经营目的就是获取利润，企业在追求自身价值最大化的同时也为社会创造了财富，推动了社会的向前发展。成本业绩评价时期、财务业绩评价时期和战略经营业绩的评价均说明了财务业绩始终是业绩评价的宗旨和落脚点。随着经济的发展、环境的改变，影响企业经营业绩的因素越来越多元化，这些因素的影响作用日益凸显，因而必须纳入业绩评价指标体系中，以便就企业财务业绩的变化作出说明。然而，无论何种性质的社会，也无论何种经济发展模式，企业对财务业绩的追求始终是企业经营的最终目的。这也就决定了企业，包括各种性质、行业的企业，其循环经济战略经营业绩的评价仍需以财务业绩为根本。

四、铜业企业循环经济战略经营业绩评价指标体系

根据上述，我们认为评价铜业企业循环经济战略经营业绩指标体系应由四个层面组成：财务层面、客户层面、内部生产经营过程层面与职员层面。其中，财务层面是根据第六条原则设置；而客户层面，内部生产经营过程层面及职员层面已被许多专家研究证明为是影响企业业绩的主要因素方面。这些层面指标的设置，综合体现了影响业绩的主要因素，符合全面性的原则要求。

为体现重要性原则，我们在内部生产过程层面，分别设置二级指标“循环经济项目研发投入占销售收入的比例”“环保设施费用占销售收入比例”“资源储存量增长量”“资源可开采年限时间的延长”，以及一级指标“‘三废’治理达标率”“‘三废’循环利用率”和所属二级指标“工业用水复率”等。充分考虑并突出了循环经济的本质——资源使用率、污染源头治理及循环利用情况。该套评价指标体系也充分体现了相关性和与国家循环经济评价指标体系有机结合的原则要求。

指标体系中还列示出了有关指标计算方法及资料来源，使指标计算有公式，数据来源有依据，符合可操作性的原则要求。

铜业企业循环经济战略经营业绩评价指标体系如表 18 -1 所示。

表 18－1　铜业企业循环经济战略经营业绩指标体系

指标层面	一级指标	二级指标	计算公式	资料来源
财务指标	盈利能力	总资产报酬率	(利润总额＋利息支出)/资产总额	年报
		主营业务利润率	主营业务利润/主营业务收入	年报
	收入的增长	营业收入增长率	报告期营业收入/基期营业收入	年报
		目标产品销售收入增长率	目标产品报告期营业收入/目标产品基期营业收入	年报
	股东价值	净资产收益率	净利润/净资产	年报
		每股现金股利	现金股利总额/普通股股数	年报
	现金流量	盈余现金保障倍数	经营现金净流量/净利润	年报
		销售收入现金比率	经营现金净流量/销售收入	年报
顾客层面指标	客户保持率	前五名客户销售额占销售总额的比例	前五名客户销售/销售总额	年报
	市场占有率	销售增长率	报告期产品销售收入/基期产品销售收入×100%	年报
	主要客户盈利率			年报
内部经营过程层面指标	研发项目的投入	研发投入占销售收入的比例	科研经费投入/销售收入	年报
		循环经济项目研发投入占销售收入的比例	循环经济项目投入/销售投入	年报
		环保设施费用销售收入比例	环保设施费用/销售收入	年报
	产品质量			ISO
	管理质量	资源储存量增长量		年报
		资源可开采年限时间的延长		年报
		应收账款周转率	营业收入/平均应收账款余额	年报
		预期负债增长率	报告期预期负债/基期预期负债	年报

续表

指标层面	一级指标	二级指标	计算公式	资料来源
内部经营过程层面指标	三废治理达标率			ISO
	三废循环利用率	工业用水复水率	工业重复用水量/工业用水总量×100%	年报
		工业余热利用率	工业余热利用量/工业可利用余热总量×100%	统计
		二氧化硫利用率	二氧化硫利用量/二氧化硫产生总量×100%	统计
		工业土地复用率	工业荒废土地复用面积/工业荒废土地的总面积×100%	统计
	优秀员工保持率	员工人均所得	为员工支付的现金/员工数量	年报
	职员培训	员工人均培训费用	员工培训费用总额/员工数量	年报
	职员建议及采纳			人事处记录
	职员创利率	人均创利税	报告期实现利税总额/同期全部职工人数	年报

注：（1）标准值、财务指标、员工指标、顾客和内部经营过程的有些指标用行业平均数；其他指标有行业标准的用行业标准，没有行业标准的用企业的预算数。

| 第十九章 |

房地产开发企业绩效评价指标体系研究

随着社会经济的发展、人民生活水平的不断提高，人们对住房的要求也在不断提高。我国自 20 世纪 80 年代后期至今，掀起一浪又一浪的房地产开发热，到处可见不断开发出的新楼盘。这在很大程度上缓解了人们的住房需求，也给房地产开发商带来了丰厚的利润，促进了经济的繁荣。然而，在房地产开发过程中，却存在着不经济和浪费的现象：如盲目的楼盘开发造成了楼盘的高空置率；楼盘供给总量与结构的不平衡导致了一方面房产品过剩卖不出去，另一方面却不能满足低收入人群生活住房所需；不符合地区规划要求的楼盘开发，影响了地区经济建设规划的健康发展。这些都使房地产开发经济繁华的表面下隐藏着巨大的危机而终将导致房地产业的不可持续发展。因此，如何引导开发商合理地进行房地产投资、提高资源的利用效率、促进房地产开发企业的可持续发展，是需要我们认真研究和解决的重要问题。众所周知，业绩评价是一个具有导向性的制度安排，科学地进行房地产开发企业绩效评价，有利于正确引导房地产的合理开发，而指标体系则是评价体系的重要组成内容。因此，本章将根据房地产开发企业经营的特征，以平衡计分卡指标体系设置的原理为指导，探讨房地产开发企业绩效评价指标体系的设置。

一、房地产开发企业经营特点分析

房地产开发企业具有与一般企业不同的经营特点，这种特殊性主要体现在以下几个方面。

第一，从其生产的产品——房产品来看，具有非标准性的特征。每一个楼盘所坐落的地理位置不同和开发商的理念不同，决定了楼盘的建筑风格不尽相同。不同地域、不同阶层、不同的人文环境，对房产品的设计要求也不相同，需要开发商因地、因人的要求对房产品进行规划与设计。

第二，房地产开发受政策性影响很大。房地产开发企业受政府相关法令、法规，如金融、土地政策的变更以及地区及社区的规划影响很大，这些直接影响着房地产开发是扩张还是萎缩。

第三，房地产开发企业的经营风险较大。房地产开发企业属于资金密集型企业，开发时的一次性投入的资金量很大。由于房地产开发的周期较长，每一期的楼盘开发均在一年以上，且购房款一般采用按揭的方式支付，造成资金回收期很长。因此，企业的经营风险较大。

第四，房地产企业的资产负债率较高。房产品属于不动产，可随时用作抵押，为房地产开发商获取银行贷款提供了保证与方便。为此，房地产开发企业的投入资金中，银行贷款的比率较大。这一方面为房地产开发企业解决了资金的问题，另一方面却导致房地产开发企业的财务风险较大。

第五，房产品销售的直接性。房产品由开发商直接销售给消费者，不需要经销商和分销商等中间环节。因此，房地产开发企业与最终消费者——购房者之间的接触是直接的，这样可以减少房产品销售的时间，有利于销售市场份额的扩大。

二、房地产开发企业绩效评价指标体系设置的原则与要求

房地产的开发必须以企业的可持续发展为总指导思想，这也就要求房地产的开发应服从国家宏观政策的调控，应与地区或社区的整体规划及循环经济发展要求相适应，应使所开发的楼盘确实为消费者所需，达到供需的总量与结构的平衡。为此，在房地产开发企业绩效评价指标体系设置时必须遵循相关性、综合性、重要性、可比性、可操作性、可接受性和成本效益的原则和要求。

第一，相关性。这里的相关性具有两层含义：第一层含义的相关性就是要求房地产开发企业评价指标体系的设置应与其战略经营目标相关。这一战略经营目标就是在政府宏观政策的调控下，在现有可供开发的土地资源的基

础上，确保房地产的开发符合整个地区的建设规划，符合循环经济发展规律的“减量化、再使用、再循环”的战略指导思想，并能根据不同层次消费者的需求，设计、开发出不同的楼盘，合理定价，使房产品的供给与需求从总量和结构上趋于平衡，真正解决人们的住房需要。在此基础上，求得房地产开发企业的可持续发展。第二层含义的相关性是指所选择与设置的非财务指标（包括客户层面、职员层面等），确为财务业绩增长的驱动因素，即所选择的非财务指标与财务指标相关。这个问题需要引起指标体系的设计者的高度关注，根据平衡计分卡指标体系设计的原理，非财务因素应该是导致财务业绩增长的重要驱动因素；然而，并不是非财务层面的业绩的改进一定会带来财务层面业绩的提高。这是因为，有些非财务因素的改进会产生多余的能力（excessive capacity）或不被客户所认可，从而不能转化为现实的财务业绩的改进。这就需要指标体系的设计者通过实践，凭借丰富的经验并在理论的指导下，挖掘和探索出真正能导致财务业绩增长的非财务要素，并适度地加以把握，避免由于多余的能力产生的浪费和闲置，从而影响财务业绩的增长。

第二，综合性。房地产开发企业绩效评价指标体系的设置，必须综合考虑影响其业绩的内外部、长短期等的关键因素，以便从各个主要侧面对房地产开发企业的绩效进行客观的评价。这里的全面性不等于面面俱到，而是应抓住其主要影响因素，以清晰地揭示房地产开发企业绩效形成的原因及其财务成果。与此同时，指标体系的设置既要有助于房地产开发企业绩效的评价，又要有利于绩效形成过程或战略经营目标的管理。

第三，重要性。房地产开发企业评价指标体系的设计应能突出反映其核心竞争力和创新能力。从上述房地产开发企业经营特点的分析中我们知道，资源（包括土地资源与人力资源）、资金、企业文化是房地产开发企业生存与发展的关键因素。能否将有限资源与资金进行高效的整合及运营，以及能否营造与经济发展和人们理念变革相适应的企业文化，直接决定着企业是否具有核心竞争力和持续不断的创新能力，做到与时俱进，在同行业中形成与保持竞争优势。

第四，可比性。这里的可比性包括纵向可比和横向可比。纵向可比是指同一企业在不同时期绩效的可比性，以便确定企业绩效的提高及提高的程度。这种纵向可比是指在一定的时间段范围内，因为随着企业的发展、环境的改变，企业的战略经营目标也会发生改变，指标体系也应作适当的调整。横向可比是指同行业中不同企业绩效的可比性，以便确定企业在同行业中的竞争地位。

第五，可操作性。这里的可操作性是指有关指标数据的收集可行，不存在障碍；与此同时，有关指标数据的计算与综合的处理简便易行。

第六，可接受性。这里的可接受性是指评价指标体系被使用者所接受。否则，使用者将会无视这一指标体系的存在，或故意回避使评价体系在执行过程中大打折扣，而不能很好地发挥作用。使用者是否接受评价指标体系，关键还在于该指标体系的设计是否合理、指标的含义是否明确、收集资料数据是否方便等。

第七，成本效益原则。成本效益原则的遵守是人类经济行为的基本取向。从“经济人”角度来看，任何成本高于效益的行为都会被“理性经济人”所放弃，转而使用其他替代的低成本的方法，业绩评价指标体系的设置也是如此。

三、房地产开发企业绩效评价指标体系的设置

依据平衡计分卡的基本原理与上述房地产开发企业的经营特点及指标体系设置的原则与要求，我们认为，房地产开发企业的绩效评价指标体系应包括财务层面、顾客层面、内部开发建筑与创新层面、职员层面。

财务业绩的评价体现着业绩评价的宗旨，体现着所得与所费及其比的核心内容。单一的财务业绩评价指标体系固然不利于企业核心竞争力的形成与保持及战略目标的实现；然而，这并不等于要取消财务指标，而是需要有其他的非财务指标的补充与配合，才能合理地对房地产企业的经营业绩形成的原因及其财务结果进行综合的评价。事实上，无论何种性质的社会，也无论何种经济发展模式，企业对财务业绩的追求始终是推动社会经济向前发展的重要动力，这也就决定了无论何种性质的企业，财务业绩始终是业绩评价的最根本和核心内容。

顾客是企业实现战略经营目标的一个重要外部因素。房地产开发企业开发与建造出的房产品只有通过顾客的购买，才能不断实现其价值达到企业的财务目标，从而确保战略经营目标的实现。因此，顾客历来被商家信奉为

"上帝"和"衣食父母"。

要使顾客满意，就必须开发与建造出适合不同阶层、不同收入和不同文化品位的且房价合理的房产品，包括在房子的外观造型、户型结构、建筑材料的质量、性价比、售后服务等方面能满足顾客的需要，才能使开发出的房产品迅速地转化为顾客手中的房产，实现其价值。这也就要求房地产开发企业能根据市场的需求，创新性地进行楼盘的设计。这种创新主要体现在对环境的利用上，能通过巧妙的构思与设计，充分利用周边环境的优势，弥补不足；在户型上，能根据客户的需要设计；在小区服务设施上应安全、便捷。

良好素质的职员具有较高的素养和创新能力，是房地产开发企业的核心竞争力的重要组成因素，能使房地产开发企业源源不断地开发出优质的楼盘，并能胜任顾客的购房顾问，取得顾客的信任，从而提高房产品的销售量。与此同时，职员还是企业文化的代言人，是企业品牌效应的重要组成部分。为此，房地产开发企业应注重职员的后续教育与培训，不断提高职员的综合素质和创新能力，强化企业所特有的文化，突出品牌效应。只有这样，才能使在同行业的激烈竞争中立于不败之地，保持企业的持续发展。

随着循环经济发展模式的引入并将成为我国经济发展的主流模式，以"3R"为指导思想的节约型社会将影响着经济建设的各行各业。资源的节约与高效利用和污染的治理是各个企业在生产经营、创造价值过程中所必须承担的社会责任，构成了企业战略经营业绩评价的重要因素。房地产开发企业必须以环境的保护为前提条件，应注重资源高效与循环利用以及对生活垃圾的治理。

综上所述，我们采用频度统计法、理论分析和专家咨询法对指标进行了初步选取，并通过指标之间的比较，最终确定以下具体指标作为房地产开发企业绩效评价指标。

财务层面应设置的指标有：评价偿债能力指标，包括流动比率、资产负债率。评价风险水平指标，包括综合杠杆。由于房地产业的负债水平高，固定成本高，因此，其经营风险与财务风险水平比较高，需要对其综合杠杆水平进行评价。评价营运能力指标，包括存货周转率、总资产周转率等。房地产开发周期一般超过一年，周期较长，需要对其营运能力进行评价。现金流指标，包括经营活动现金净流量、主营业务收入现金比率等。房地产品总价较高，顾客多半采用按揭方式付款，为了评价现金的回笼状况，需要设置反映现金流方面的指标。评价盈利能力指标，可设置净利润和息税前净利润指标。

顾客层面应设置的指标主要有：客户拥有率、已售房地产面积率、已售房地产量率、客户获得增长率，以反映房地产开发企业的市场份额。同时，应设置用以评价顾客满意度的指标，如房产品的准时交货率、房产证及有关证件的及时交办率、房产品同比价格优势、公共设施水平、区内外交通方便程度、建筑物翻修率、报修比率、退房率、民用建筑防火间距、住宅内灭火设计密度、外消火栓平均服务半径、地下人防建筑面积、防震等级等，以及从顾客获取利润的水平。

内部开发建造与创新层面，应设置评价创新、开发与建造售后服务情况的指标。在创新上，应设置对已有环境条件的利用程度、房产品外观的新颖性、房屋结构合理性设计水平等指标，以评价房地产开发上的创新能力及对顾客需求的把握程度。在开发与建造上，应设置单位时间建筑面积、部门之间的协调程度、建造的质量等级、事故率，水、声、光、气等环境系统设计、绿化系统建造、垃圾处理系统设计等指标，用以评价建造的质量和效率。在售后服务上，应设置上门服务或维修的及时率、维修后的耐久性等指标，用以评价售后服务的质量与效率。

在职员层面应设置评价职员满意度和职员能力和后续培训与企业文化的塑造与沟通方面的指标，包括职员的满意度、职员的离职度、职员培训率、职员的建议采纳的比率、房产品的推销率、职员获利能力及其增长率等，企业文化的沟通与运用等。

上述指标可表述如表 19－1 所示。

表 19－1　　　　　　　房地产开发企业绩效评价指标体系

层次	项目	具体体系
财务层面	偿债能力	流动比率、资产负债率
	风险水平	综合杠杆
	营运能力	存货周转率、总资产周转率
	现金流量	经营活动现金净流量、主营业务收入现金比率
	盈利能力	净利润率、息税前利润率

续表

层次	项目	具体体系
顾客层面	市场份额	客户拥有率、客户获得的增长率 已售房地产面积率，或已售房地产量率
	顾客满意度	房产品的准时交货率 房产证及相关证件的及时交办率 房产品的性价比、顾客的抱怨率、顾客的退房率 公共设施水平区内外交通方便程度、建筑物翻修率、报修率、防火间距、住宅内灭火设施密度、外消火栓平均服务半径、地下防建筑面积
	顾客获利率	房地产销售利润额与顾客数量之比
内部开发建造与创新层面	创新	对已有环境条件的利用程度、房产品外观的创新合理性设计水平
	开发与建造	单位时间建筑面积、部门之间的协调程度 建造的质量等级，事故率，对水、声、光、气等环境系统设计绿化系统，建造垃圾的处理系统设计
	售后服务	上门服务或维修的及时率，返修后的耐久程度
职员层面	职员满意度	职员的满意度、职员的离职率
	职员的能力	房产品的推销率、职员建议采纳率、职员的信息化系统能力、职员的创新意识与设计能力
	职员的后续教育	职员的培训率（次数）
	企业文化	企业形象的评价、企业品牌效应

以上的指标体系为房地产开发企业绩效评价指标体系的设置提供了一个参考，其中，内部开发建造与创新层面及环境层面的指标可对企业的资源与资金整合的状况进行评价；职员层面指标能对企业的文化状况进行评价；而客户与财务层面的业绩能充分体现出企业资源与资金的整合效益及企业文化所带来的收益。如将上述指标体系运用于房地产企业的战略目标与绩效的管理，各企业则应根据自己的战略目标定位和分阶段的任务，对某个层面的指标进行强化和细化，而对另些层面的指标进行简化，以突出评价与管理的重点。例如，某一房地产开发企业将其战略经营目标定位于“房产品开发风格及造型方面在行业中独树一帜”，则该房地产开发企业应强化创新层面的指标体系；又如，将战略目标定位于“提供最好的社区环境与服务”，则应强化企业文化、职员素质以及环境方面的指标体系。

| 第二十章 |

金融危机下企业经营业绩评价的思考

自2007年以来，美国的次贷危机不断向金融层面传导，终于引发了2008年9月的金融海啸，并迅速蔓延至全球，已演变为全球性的经济危机。由于经济的全球化，任何国家都不可能置身于这场危机之外，各国的金融及实体经济均受到了巨大的冲击。这些冲击会使一些国家的社会秩序陷入混乱，甚至可能会危及国家的安全：如银行的倒闭、企业的破产、金融业的崩溃，导致国家经济的瘫痪；失业人数增加、人心涣散、社会矛盾的激化，从而影响整个社会的稳定。根据有关专家的分析，这次金融危机对全球经济的影响远未见底。然而，任何事物都是具有两面性的，危机也不例外，“危机”就是“危险”加“机遇或机会”。如何寻求金融危机下的机遇，化危为机，积蓄力量，谋求经济复苏时期的大发展，则是各国政府及企业所需解决的当务之急，也是危机周期内的工作重心。对企业来说，要抓住金融危机带来的机遇，就必须有效地应对危机带来的压力，及时调整经营目标，并通过具体的应对策略来保证企业的生存及经营目标的实现。本章拟通过分析金融危机对企业经营环境的影响，探讨金融危机下企业经营目标的定位、经营业绩的含义和特点及业绩评价的主要内容，希望对企业在金融危机下应如何运用业绩评价理论与方法、寻找有针对性的策略从而安全度过危机期有一定的指导作用。

一、金融危机下的企业经营环境分析

金融危机是指一国或地区的所有或部分金融指标出现急剧恶化，如国内资本市场的崩溃、大量金融机构的倒闭、经济增长的下降等。由于现代经济是一个高度货币化的社会经济，金融构成了整个经济运行的核心，因此，金融危机必定会向实体经济层面传递，从而引发经济危机。就本次金融危机而言，是由美国金融创新带来的过度超前消费所不断积累的经济运行风险，过度的金融创新，最终使低收入水平、低信用等级的社会群体房地产贷款（次级贷款）的偿还链条断裂，引发了次贷危机；之后，迅速演变为金融危机，美国大批金融机构破产，进而不断向经济层面传导，波及股市和社会实体经济，并快速向全球蔓延。

综上所述，金融危机下的经济是一种非常态的经济，这时企业处于一种非常态的经营环境中，这种非常态经营环境所带来的风险及危害是显而易见的：第一是股市受到冲击，第二是对外投资受损，第三是出口下降，第四是美元疲软造成外汇储备损失，第五是银行将新增不良资产，第六是经济下滑，第七是失业人口增加，第八是物价下跌，第九是国际流动性紧张造成外汇储备下降，第十是市场信心缺失。这场金融危机带给企业的危害集中体现在：（1）市场需求及社会产品价格水平下降，导致企业盈利空间缩小，甚至亏损。我国经济已融入全球经济一体化，经济发展模式偏外向型，进出口总值超过 GDP 的 60%，进出口贸易对我国经济的发展非常重要。作为世界经济、金融中心的美国所发生的金融危机必定对世界各国的金融与经济产生重大影响，从而使世界消费市场需求大幅萎缩。这必将严重影响到我国的进出口贸易，许多外向型企业不得不将市场从海外转向国内，导致国内市场供给远远大于需求，造成相对需求不足，产品价格下跌。这一结果所带来的进一步危害是企业生产规模的缩减和企业的倒闭，从而造成大量的失业，这又引起了消费信心指数和社会购买力水平的下降，使相对消费需求不足的问题加剧，产品价格进一步下跌，企业盈利水平显著下降甚至产生亏损。（2）社会流动资金缺乏，企业融资艰难。引发金融危机的一个重要导火线是资金供应链的断裂，这是没有资金保障的虚假金融繁荣的泡沫破灭的结果。这时，社会上的流动资金严重缺乏，对于急需资金的企业来说，筹资将遇到极大的困难。所有这些都将严重阻碍企业的可持续发展，带给企业的可能是毁灭性的打击。

然而，正如前所述，任何事物都具有两面性，金融危机在威胁企业生存的同时，也带来了某些机遇。纵观世界经济发展史，无论何种形式的金融与经济危机，也无论影响有多大，总有不少的企业能够平稳度过，并在后续的经济复苏中发展壮大。经历了 1994 年墨西哥金融危机、1997 年亚洲金融风暴、1998 年俄罗斯金融危机、1999 年巴西金融危机和 2000 年的阿根廷金融危机的许多国家的企业都证明了这点。通过总结分析可知，这些企业绝大多数是利用危机下的机遇，如政府的政策等，及时进行企业的转型，积蓄力量，谋求自身的生存和危机过后的发展。面对这次全球性的金融危机，对企业而言至少有以下几个发展机遇。

1. 市场价格水平跌入“谷底”。

从经济学角度看，价格总是围绕价值上下波动。在经济繁荣时期，或过度繁荣导致的泡沫经济时期，价格会远远地高出价值，形成价格的“高峰”；而在经济萧条时期，由于各种因素影响，如企业缺乏资金、消费者对危机的恐惧心理以及对经济前景过于保守的预测、对市场信心的不足等原因导致持币观望、购买力大幅下降，从而导致价格远远低于价值，形成了价格的“谷底”。这种价格“谷底”的形成，为投资创造了极好的时机。

2. 政府出台各种优惠政策。

应该说，针对每一次的金融或经济危机，政府都会出台一些政策，对有关行业进行扶持和投资。以这次金融危机为例，各个国家的政府均根据本国的实际，对一些重要的行业和领域进行注资、减税、放贷等举措，以帮助企业渡过难关。我国政府也采取了积极的财政政策和适度宽松的货币政策，如到 2010 年底，政府投资 4 万亿元，用于加大基础设施建设，提高农产品收购价格，拉动内需，促进经济增长；同时，还采取了减税、降息的举措。政府的这些政策和举措蕴涵着许多的商机，为企业谋求在金融危机下的生存与发展提供了空间。

3. 产业结构的调整。

我国目前还存在着为数不少的高投入、高耗能、低产出的企业，传统的单一线性生产方式尚未得到根本的改变，远远不能适应循环经济发展模式的要求。这次的危机实际上给了这些企业进行生产结构调整、设备更新和企业转型的机会。企业可以利用这一时机进行产业结构和设备的转型与提升。

4. 企业管理水平的提升。

金融危机给企业在产品销售和融资渠道等方面都带来了巨大的压力，为了有效应对这些压力，企业必须努力提升内部管理水平，提高运营效率并全面降低企业成本。这也就成为企业科学、全面提升自己的动力。这种提升包括企业内部潜力的挖掘，如提高员工的工作效率、生产效率；对企业信息化的改造，如实现无纸化办公；大力开展研究开发和创新，如根据市场调查及预测，研发科技含量高的新产品，争取新客户群，扩大市场份额，打造企业品牌；进行员工素质和技能的培训，提高其适应能力和技术水平；加强企业管理者的培训，提高其对市场及环境的预测及应变能力；积极地进行优秀人才的招聘，为企业今后发展储备力量。

我们知道，经营环境决定了企业经营目标的定位，而企业的经营目标决定了企业经营业绩的内涵与特点、评价的内容及评价体系。这是因为业绩评价从本质上来说，它是企业的一项重要的管理工具和方法，企业的任何管理都是为经营目标实现服务的。根据上述金融危机下企业经营环境的分析，企业的经营目标、企业经营业绩的含义、特点及评价的内容都应进行必要的调整和改变。

二、金融危机下企业经营目标的定位

在常态经营环境下，简约的经营目标为：在可持续发展条件下的价值最大化，也即企业长远价值的最大化。这种企业的战略经营目标，是与常态的经营环境相适应的。常态经营环境所体现的一个重要特征就是经济的稳定、持续增长，企业的发展是可持续的，并可根据一定的规律做出预期的。而在非常态的金融危机状态下，企业处在一个经济发展减速甚至负增长的经营环境中，许多企业陷入经营困境，随时可能破产。在这种环境中，常态下的企业经营目标显然不适用。

根据这次金融危机企业所面临的非常态经营环境的特殊性，企业经营目标应暂作调整定位为：求生存、调结构、蓄力量、谋发展。

首先，在金融危机下，企业的生存面临着严峻的挑战。如 2008 年，美国企业因金融危机拖累而破产的企业达 4200 家、日本为 15646 家、西欧各国达 149000 家并有越演越烈的趋势。可见，在这一特殊时期，企业的生存成为第一要务。

其次，为求生存，谋求危机期后的发展，企业应充分利用这次金融危机下的机遇做好以下几项工作：（1）进行结构的调整。企业的结构调整可以从三个方面入手：一是产业结构的调整。推出“二高一低”，即高消耗、高排放、低产出及没有发展潜力的夕阳产业，进入“二低一高”，即低开采、低排放、高产出及成长性较好的新兴行业。二是进行产品结构调整。加强研发、市场调研与市场开发等。三是进行生产结构的调整。使用更加先进的生产设备和生产方式。(2) 进行选择性投资。企业可以利用危机期形成的价格“谷底”，审时度势，根据企业转型与结构调整的要求，谨慎进行投资或者并购，实现企业成功转型，并为企业发展打下基础。(3) 积极地储备人才。现代企业的发展充分说明了，企业间的竞争就是人才的竞争，优秀的人才可以为企业创造更多的财富，是企业生存与发展必不可少的。在金融危机下，很多企业为了缩减开支实行大量的裁员，一大批海内外优秀人才失业，企业可以积极地吸纳与储备一批优秀的人才；同时，为企业现有人才创造一个更好的平台，留住关键人才，并对在岗人员及管理层开展培训，提高其技术与管理水平和应变能力。

在上述求生存、调结构、蓄力量、谋发展的经营目标中，求生存是第一位的，调结构、蓄力量是为危机过后的谋发展作准备，调结构的实质是蓄力量。

三、金融危机下企业经营业绩的特点

在常态经营环境下，企业的生产经营目的就是用尽可能少的生产经营成本（所费）去创造和实现（获取）尽可能大的产品和服务价值（所得），这是企业经营业绩之根本所在，也即，企业的经营业绩就是企业在市场交换和竞争中实现的产品和服务的价值。这种价值越大，企业的经营业绩越好；企业对战略经营业绩的追求，也就是对这种价值可持续实现的追求。

而在非常态的金融危机经营环境下，企业的经营业绩应是企业求生存的能力和积蓄力量谋发展的能力。这种能力越强，意味着企业危机时期的经营业绩越好。

这种企业经营业绩的特点是：(1) 生存导向。在金融危机下，企业的经营业绩体现为生存导向，以生存为最重要的目标，而非常态下的价值最大化导向。企业能够生存，就是实现了企业的价值。正所谓“留得青山在，不怕没柴烧”，企业能在危机中生存下来，就一定有发展的可能与希望；同时，企业能生存，就能创造价值。从另一个角度看，企业能够生存，就能减少金融危机给社会带来的危害，如减少失业的人数、减少社会的混乱等。(2) 业绩定义及实现方法具有期间性。与常态下的企业经营业绩定义不同，这种经营业绩观强调的是企业的生存、结构的调整、力量的积蓄，是与这次金融危机相适应的特定一段时期内的企业经营业绩的概念。保持和提高经营业绩的途径与方法也比较特殊，主要是利用该时期政府的政策、价格“谷底”等来达到投资价值增值及盈利水平的保持。也即，企业为求得生存，可能会采取一些非常规的手段或方法。这些手段与方法也是这次危机所特有的，具有期间性。(3) 重视非财务指标。我们知道，以财务业绩为主的经营业绩强调的是企业价值的最大化，显然与金融危机这一特殊时期不相适应。根据这一时期企业的经营目标，企业经营业绩应侧重非财务指标，包括企业的生存能力，产品结构、生产线调整的能力，优秀人才储备能力，市场开拓能力等方面；在财务方面主要是企业的融资能力。

四、应对金融危机的企业经营业绩评价的主要内容

企业经营业绩的评价应围绕经营目标展开。在常态经营环境下，依据企业战略经营目标的定位，经营业绩评价的内容主要有财务业绩，包括企业的盈利能力、营运能力、偿债能力；企业的核心竞争力，包括研发、创新能力；企业保持与获得客户的能力；企业职员的能力，等等。在非常态的金融危机经营环境下，根据企业经营目标的定位所确定的业绩评价方面的应对策略或内容主要包括七个方面。

第一，提高融资能力的评价。企业经营所需的资金如同人身上的血液，企业的筹资与融资能力如同人体的造血功能。造血能力不好，必然引起血液供应与循环不畅的问题；造血功能的坏死，必将导致死亡。

这次金融危机带给企业的致命打击在于企业正常生产经营所需的资金供应链断裂，从而使企业不得不缩减生产规模、停工、裁员，甚至倒闭。尤其是中小企业，资金的缺乏已成为生存的重大障碍。因此，企业能否生存、保持业绩，首先要看企业的融资能力。利用政府的扶持政策筹集资金的能力，加速资金周转包括加速应收账款周转、提高资金使用效率的能力，企业组织项目获得贷款的能力，利用信托资金融资的能力，票据贴现的能力，募集资

金的能力等应构成评价企业生存能力的重要内容。具体评价指标主要包括新增贷款比率、资产负债率、应收账款周转率、应收账款收现率等。

第二，市场开拓能力的评价。这次危机带给企业的重创还在于市场需求不足，严重地影响了企业产品销售的实现。这是造成企业生产不足、生产能力过剩、劳动生产率下降的直接原因。运用政府用于加大基础设施建设、提高农产品收购价格的政策，寻求企业自身的商机，则是企业走出困境的良机。因此，企业的市场开拓能力，包括获得订单的能力也构成了评价企业生存能力的重要内容。具体指标主要有：销售增长率、市场占有率等。

第三，结构调整状况的评价。这种结构的调整是指将企业目前产品生产流程中不符合循环经济发展模式要求的，如高耗能、高污染、低产出的生产模式，通过全方位调整，使之符合“3R”原则要求。其包括产业结构的调整、产品结构的调整和生产结构的调整等。企业应利用危机期带来的间隙，完成结构的调整。这实质上也是企业为谋求危机过后的大发展积蓄力量，应成为评价企业结构调整状况的重要内容。

第四，投资机会把握能力的评价。在金融危机下，有些投资机会的把握可使企业转危为安，甚至可能会为企业带来丰厚的利润。企业如何利用危机时期形成的价格“谷底”，如何利用政府的政策，如根据“铁路、汽车、煤炭”的六字方针，把握投资增值机会，是企业在危机时期求生存的重要能力。投资机会把握的能力不仅仅是指一般投资获利的能力，还包括收购、兼并与企业自身结构调整、转型相符合的企业或资产的能力。所有这些都构成业绩评价的重要内容。

第五，创新与研发能力的评价。创新是现代企业的立命根本，也是企业核心竞争力形成与保持的法宝。常态经营环境下如此，非常态的金融危机下更是如此，企业需要创新的理念、创新的经营和创新的产品，另辟蹊径，才能在危机中生存，这也是企业在危机过后抢占发展先机的必要准备。因此，对企业创新能力和研发能力的评价也构成业绩评价的重要方面。

第六，人才储备状况的评价。优秀的人才是企业创新的源泉，能为企业谋求巨大的增值。许多企业的品牌效应就是由人力资源创造的。企业储备了人才，就等于储备了财富。对企业优秀人才储备状况的评价内容包括留住现有人才的措施、吸引外部优秀人才的举措以及结果。

第七，管理者应变能力的评价。应该说企业的管理者是企业优秀人才中的关键人才，起着中流砥柱的作用。虽说企业的业绩是由企业的职员与管理者共同创造；然而，管理者“领头羊”的作用却是不可忽视，“领头羊”作用发挥得好，就能帮助企业平安度过危险期。从这次危机来看，关键要看管理者的应变能力。广东曾经有两家大型外贸玩具生产商，在这次的危机中，一家迅速破产倒闭，而另一家不仅维持原有的生产规模，而且还吸纳了破产倒闭企业的大部分员工，扩大了生产规模。这家公司取胜的法宝是：根据市场的预测及时开辟了新的海外市场，并快速地调整了玩具生产线，取得了大量的订单。由此案可知，企业的管理者，尤其是高层管理者的洞察力、对市场的敏感性及作出相应调整的应变能力，是带领企业渡过难关、走向发展与辉煌的重要前提，也是衡量管理者领导素质的一项重要指标。管理者的这种能力与企业的生存与发展密切相关，在特殊时期，则是企业能否胜出的重要因素。

以上七个方面的评价内容充分体现了业绩评价的主要原则要求。

第一，符合相关性的原则要求。这里的相关性主要是指评价内容及体系应与企业的经营目标、核心竞争力的形成与保持相关。上述的评价内容直接与金融危机下企业的经营目标——求生存、调结构、蓄力量、谋发展相关；同时，又包括企业的核心竞争力——研发能力的评价内容和指标。

第二，符合全面性的原则要求。这里的全面性是指企业业绩评价的内容必须能全面、系统地评价企业的经营业绩。上述评价内容是在全面地考虑了金融危机下的“危”与“机”对企业经营业绩影响后的关于求生存、调结构、蓄力量、谋发展的系列评价。

第三，符合重要性的原则要求。这里的重要性是指企业经营业绩的评价应突出那些对业绩形成具有重要影响因素方面的评价，而不是面面俱到，否则会使业绩变化的主要因素变得模糊不清，不利于业绩的管理。上述七个方面的评价内容所组成的评价体系，突出了对金融危机下企业融资能力、根据结构调整需要的投资机会把握能力、研发能力、人才储备能力及管理者应变能力的评价，抓住了金融危机下影响企业经营业绩的重要因素方面。

上述金融危机下企业所面临的经营环境、经营目标与评价内容的关系如图 20－1 所示。

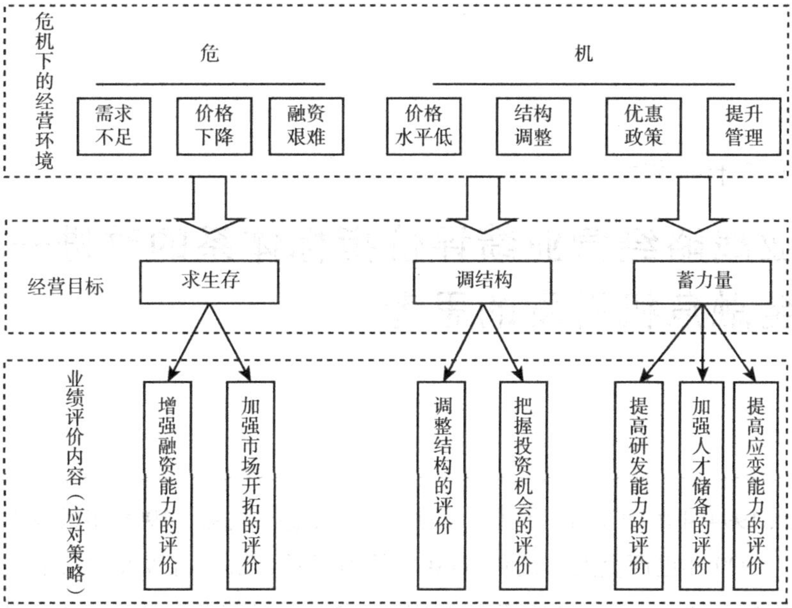

图 20－1　经营环境、经营目标与业绩评价内容的关系

五、总结

在目前的金融危机下，企业面临着非常态的经营环境，这种经营环境在带给企业巨大重创甚至毁灭性打击的同时，也给企业带来了一些生存与发展的机遇，如政府的优惠政策、价格“谷底”的形成、企业结构调整与转型的间隙等。根据这次非常态经营环境的特点，企业在危机期的经营目标应暂作调整定位于：求生存、调结构、蓄力量、谋发展。根据这一目标的定位，企业经营业绩应表现为求生存的能力和积蓄力量谋求发展的能力。这种经营业绩的特点是：生存导向、业绩定义及实现方法的期间性、重视非财务指标。企业经营业绩的评价应围绕经营目标，从企业的融资能力、市场开拓能力、结构调整状况、投资机会把握能力、创新与研发能力、人才储备状况、管理者应变能力等七个方面展开。

第二十一章

企业战略经营业绩评价指标体系的改进——由金融危机引发的思考

从1994年墨西哥金融危机、1997年亚洲金融风暴、1998年俄罗斯金融危机、1999年巴西金融危机和2000年的阿根廷金融危机以及这次的美国金融危机都充分说明了：在资本主义国家，金融危机的发生是必然的，是虚假的金融繁荣发展到一定程度需要进行强制性调节的一种极端形式，因此，金融危机是不可避免的。现代经济是一个高度货币化的社会经济，金融构成了整个经济运行的核心，金融危机必定会向实体经济层面传递，引发经济危机。由于经济的全球化，资本主义国家所发生的金融危机势必冲击各国的金融及实体经济，形成世界性的危机，从而使企业遭受巨大的重创。如何将金融与经济危机对企业的影响降至最低程度，从而减少对经济的危害，仍是摆在我们面前的一个重要课题。本章将根据金融危机对企业经营业绩影响的分析所得到的启示，提出对现有的企业战略经营业绩评价指标体系进行改进的建议，以充分发挥业绩评价的导向性管理作用，减少危机带给企业的危害。

一、金融危机对企业及其业绩的影响

就本次金融危机而言，是由美国金融创新带来的过度超前消费所不断积累的经济运行风险，过度的金融创新最终使低收入水平、低信用等级的社会群体房地产贷款（次级贷款）的偿还链条断裂，引发了次贷危机。之后，迅速演变为金融危机，美国大批金融机构破产，进而不断向经济层面传导，波及股市和社会实体经济，并快速向全球蔓延。这场金融与经济危机对企业及其业绩的影响集中体现在以下几个方面。

1. 国内外企业的裁员风暴。

2008 年、2009 年国内外部分企业的裁员情况如表 21－1 所示。

表 21－1　　2008 年、2009 年国内外部分企业的裁员情况

2008 年企业裁员名录		
企业名称	所在国家/地区	裁员数量
花旗集团	美国	70000 人
SUN	美国	5000 人
摩根大通	美国	3000 名左右
汇丰银行	中国香港	450 人
劳斯莱斯	英国	2000 人
丰田汽车	日本	3000 人
IBM 日本公司	日本	1000 人
阿塞洛米塔尔	美国	9000 名
富士通西门子	德国	700 名
华盛顿互惠银行	美国	9200 人
佳能	日本	1100 人
电话电报公司	美国	12000 人
瑞士信贷	瑞士	5300 人
沃尔沃	瑞典	4616 人
陶氏化学	美国	5000 人
索尼	日本	16000 人
力拓	澳大利亚	14000 人
美国银行	美国	30000 人
2009 年企业裁员名录		
企业名称	所在国家/地区	裁员数量
松下	日本	15000 人
Broadcom	美国	200 人

续表

2009 年企业裁员名录		
企业名称	所在国家/地区	裁员数量
新加坡特许半导体	新加坡	1300 名
洛杉矶	美国	300 人
东芝	日本	计划裁员 4500 人
日立	日本	计划裁员 7000 人
NEC 集团	日本	2 万人
柯达	美国	3500～4500 人
飞利浦	荷兰	计划裁员 6000 人
微软	美国	5000 人
英特尔	美国	6000 人
索尼	日本	2000 人
爱立信	日本	5000 人
Autodesk	美国	750 人
谷歌人力资源部门	美国	约 100 人
SAP	德国	约 3500 人
联想全球	中国	2500 人
Sprint	美国	8000 人

资料来源：http：//www. qlshbnews. com/GuoJiGuoNei/guoji/2008/11/3394/3394 －3 －4. htm.

2. 国内外大量的企业倒闭。

（1）中国最大的玩具加工厂、位列全球第三的广东省东莞市合俊玩具厂 2008 年 10 月中旬宣布倒闭，成为我国第一家公开倒闭的企业。旗下的两家大型工厂包括合俊玩具厂和俊领玩具厂有 6000 多名员工面临失业。

（2）拥有 62 年历史的电器连锁店广东泰林倒闭。

（3）拥有亚洲最大、世界第三的 PTA 生产能力的浙江绍兴华联三鑫石化有限公司和国内最大纺织印染企业浙江江龙控股集团有限公司均已被政府接管。

（4）2008 年，法国有 54820 家企业宣布破产，而且此趋势将延至 2010 年。

（5）美国 2009 年倒闭银行总数增至 64 家。

（6）截至 2009 年 9 月，美国受金融危机的影响，有 201 家媒体被迫关闭。

3. 国内外企业的利润大幅下降。

表21－2反映了国际六大石油公司及世界部分大公司2009年第一、第二季度的利润同比下降情况，及我国宝钢、武钢2009年中期的净利润同比下降情况。

表21－2　国内外企业利润大幅下降

（2009年）

企业名称	所在国家/地区	时间	净利润	同比下降幅度
埃克森美孚	美国	第二季度	39.5亿美元	66%
壳牌	荷兰	第二季度	38.2亿美元	67%
雪佛龙	美国	第二季度	17.5亿美元	71%
康菲	美国	第二季度	13.0亿美元	76%
道达尔	法国	第二季度	17.2亿欧元	54%
BP	英国	第二季度	43.9亿欧元	53%
巴斯夫	德国	第二季度		20%
阿克苏诺贝尔	荷兰	第二季度	1.55亿欧元	13%
苏威	比利时	第一季度	9800万欧元	55%
科莱恩	瑞士	第一季度	－9100万法郎	
宝钢	中国	中期	6.69亿元	93%
武钢	中国	中期	5.05亿元	89.7%

资料来源：

埃克森美孚：http：//money.163.com/09/0730/22/5FGJVF42002524SO.html.

壳牌：http：//money.163.com/09/0730/17/5FG57BKL002524SO.html.

雪佛龙：http：//finance.sina.com.cn/roll/20090730/08182980527.shtml.

康菲：http：//money.163.com/09/0730/10/5FFD2P5N002524SO.html.

道达尔：http：//finance.sina.com.cn/j/20090506/17486190827.shtml.

BP：http：//money.163.com/09/0731/21/5FJ4HLDI002524SO.html.

巴斯夫：http：//finance.sina.com.cn/stock/usstock/c/20091014/23486839878.shtml.

阿克苏诺贝尔：http：//www.cheminfo.gov.cn/ZXZX/page_info.aspx?id=234754&Tname=hgyw&c=10.

苏威：http：//www.asiacoat.com/news/news15154.asp.

科莱恩：http：//www.retention.hk/news/viewnews.php?nid=48.

宝钢、武钢：国盛证券大智慧软件.

4. 企业融资举步维艰。

尤其是中小企业融资非常困难，根据中国社科院进行的一个关于中小企业在金融危机复苏中的作用的调研显示，有40%的中小企业已在此次金融危机中倒闭，40%的企业正在生死线上徘徊。其中的重要原因是资金链断裂。

所有这些都将严重阻碍企业的可持续发展，带给企业的可能是毁灭性的打击。

二、启示

根据这次金融与经济危机对国内外企业及其业绩的影响分析与总结，我们得到了以下几个方面的启示。

（一）融资能力及取得现金流的能力是企业生存与发展的基本能力

企业经营所需的资金如同人身上的血液，企业的筹资与取得现金流的能力如同人体的造血功能。造血能力不好，必然引起血液供应与循环不畅的问题；造血功能的坏死，必将导致死亡。同理，企业经营所需资金的缺乏，必将导致企业的裁员和生产规模的缩减，进而使企业业绩下降；企业所需资金供应链的断裂，必将导致企业的破产和倒闭。引发金融危机的一个重要导火线是资金供应链的断裂，这是没有资金保障的虚假金融繁荣的泡沫破灭的结果。这时，社会上的流动资金严重缺乏，企业的融资能力受到了极大的影响，尤其是中小企业，资金的缺乏已成为生存的重大障碍。能否从容地应对危机带来的这一问题，关键在于企业能否利用各种政策，通过各种渠道获取经营所需的资金。

（二）带来可持续发展和繁荣的创新能力是企业的核心能力

创新是企业立命之根本，是企业核心竞争力形成与保持的法宝。常态经营环境下如此，非常态的金融危机下更是如此，企业需要创新的理念，创新的经营和创新的产品，另辟蹊径，才能在危机中生存。这也是企业在危机过后，抢占发展先机的必要准备。我们知道，创新之所以重要，是因为它可以使企业保持和增强可持续发展能力。如果创新所带来的是短期的效益、长期的风险积累，那么，这种创新越多，对经济和企业的危害也就越大。以美国这次暴发的金融危机为例，它是由过度金融创新所带来的不断积累的经济运行风险的结果，这种创新不仅不利于经济的可持续发展，而且是引发金融危机的祸源。因此，制度、技术与管理的创新必须有利于经济、企业的可持续发展，只有这种创新，才能形成企业的核心竞争力。

（三）市场开拓能力是企业取得良好战略经营业绩的保障

马克思曾经指出："W′－G′是商品的惊险跳跃，这个跳跃如果不成功，摔坏的不是商品，但一定是商品所有者。"这里的 W′－G′的跳跃是否成功，取决于市场，也即，企业创造的价值增值只有通过市场才能实现。可见，市场对于企业业绩实现的重要作用。这次危机带给企业的重创还在于市场需求不足，导致产品的销售难以实现。这是造成企业利润大幅下降、生产规模缩减，甚至倒闭的重要原因。如何提升企业市场开拓能力，寻求自身的商机，是企业取得良好战略经营业绩的重要保障。

（四）按循环经济要求组织经营的能力是企业获取战略经营业绩的至关重要的能力

企业的本质属性是生产能力体系与经济契约关系的有机统一。事实上，企业的业绩是由制度、管理和企业能力系统因素综合决定的，也即决定企业业绩的能力是处理人与自然之间关系的技术性能力体系和处理人与人之间关系的制度性能力体系（包括管理性能力体系）的统一体。这些能力体系统一于公司的产销、研发等经营活动之中，决定着企业的业绩。如果说，这次的金融危机是在处理人与人之间关系的制度性能力体系中出了问题，那么如果处理人与自然之间关系的技术性能力体系出现问题将会导致另一种形式的危机产生，即人类的生存环境日益恶劣，对经济、企业的危害也将更大，带来的后果可能更为严重。因此，遵循循环经济发展规律，坚持以"3R"原则为指导，组织企业的生产经营，对企业的可持续发展及战略经营业绩的保持是至关重要的。

（五）管理者的应变能力是企业在非常态经营环境中保持业绩的一种特殊能力

应该说企业的管理者是企业优秀人才中的关键人才，起着中流砥柱的作用。虽说企业的业绩是由企业的职员与管理者共同创造；然而，管理者"领头羊”的作用却是不可忽视，“领头羊”作用发挥得好，就能帮助企业平安度过危险期。从这次危机来看，关键要看管理者的应变能力。广东曾经有两家大型外贸玩具生产商，在这次的危机中，一家迅速破产倒闭，而另一家不仅维持原有的生产规模，而且还吸纳了破产倒闭企业的大部分员工，扩大了生产规模。这家公司取胜的法宝是：根据市场的预测及时开辟了新的海外市场，并快速地调整了玩具生产线，取得了大量的订单。由此案可知，企业的管理者，尤其是高层管理者的洞察力、对市场的敏感性及作出相应调整的应变能力，是带领企业渡过难关，走向发展与辉煌的重要前提，也是衡量管理者领导素质的一项重要指标。管理者的这种能力与企业的生存与发展密切相关，在特殊时期，则是企业能否胜出的重要因素。

三、企业战略经营业绩评价指标体系的改进

根据业绩评价指标体系设置应遵循的相关性、重要性和全面性等原则，企业战略经营业绩评价指标体系应以创新能力评价指标为核心，向影响企业业绩的重要影响因素拓展，形成全面、系统的指标体系。根据上述金融危机对企业业绩影响的分析与总结，对已有的企业战略经营业绩评价指标体系应作必要的增设与强化的改进。

首先，应设置评价生态化技术创新情况的指标，以突出评价带给企业可持续发展的核心竞争力。生态化技术创新是指资源、能源消耗的节约、利用的高效，产品的可重复使用，废弃物资源化的技术创新，以及符合环保要求的高科技含量的产品创新等。这种创新构成了循环经济发展模式下的核心竞争力，与企业战略经营业绩的取得密切相关，并成为一个重要因素。

其次，应增设评价企业融资能力及获取现金流能力的评价指标。融资与获取现金流的能力是企业取得战略经营业绩的前提和基础。金融与经济危机带给企业的最直接影响就是资金供应的紧张或断裂导致的企业规模缩减、裁员或倒闭。通过融资能力及获取现金流能力的评价指标，可以较好地预见企业在这些方面的问题，以便及早采取措施，减少危害。

再次，新增或强化市场开拓能力的评价指标。这里的市场主要是指销售市场，是企业实现利润的通道，在企业业绩的实现中起着重要的保障作用。

通过市场的占有率及其变化，可以很好地评价企业业绩实现的保障程度。

最后，增设评价优秀人才储备、引进及管理者应变能力的评价指标。优秀人才是企业创新的源泉，能为企业谋求巨大的增值，许多企业的品牌效应是由人力资源创造的。企业间的竞争，说到底是人才的竞争，企业储备了人才，就等于储备了财富。管理者的应变能力也是优秀人才的综合素质的体现。所有这些都是企业在常态与非常态下保持业绩的重要因素，应构成战略经营业绩评价的重要内容。

综上所述，企业战略经营业绩评价指标体系应在原有的基础上具体作以下几个方面的拓展与强化。

（一）财务层面

强化资金周转能力的评价指标，增设企业组织项目获得贷款能力、利用信托资金融资能力、新增贷款比率、销售收现率、票据贴现率等指标。

（二）客户层面

新增获得订单比率指标，客户保持率或变化率、销售增长率等指标。

（三）创新层面

设置生态化技术创新研发费用投入、能源消耗节约研发费用投入比率、“三废”循环利用研发费用投入比率、符合一定标准的高科技含量新产品的研发投入等指标。

（四）在内部生产经营过程层面

增设反映企业按循环经济发展规律组织生产的指标，如“三废”治理达标率、“三废”循环利用率、资源开采的节约或高效利用等指标。

（五）在职员层面或学习与增长层面

设置关键人才保持率、为保持优秀人才的投入、优秀人才的引进率、企业的柔性管理能力、决策所产生的效益、生产线变更时间等。

上述企业战略经营业绩评价指标体系的改进可总结如图 21－1 所示。这样，可以引导企业有效地预防或降低危机带给企业经营业绩的负面影响。

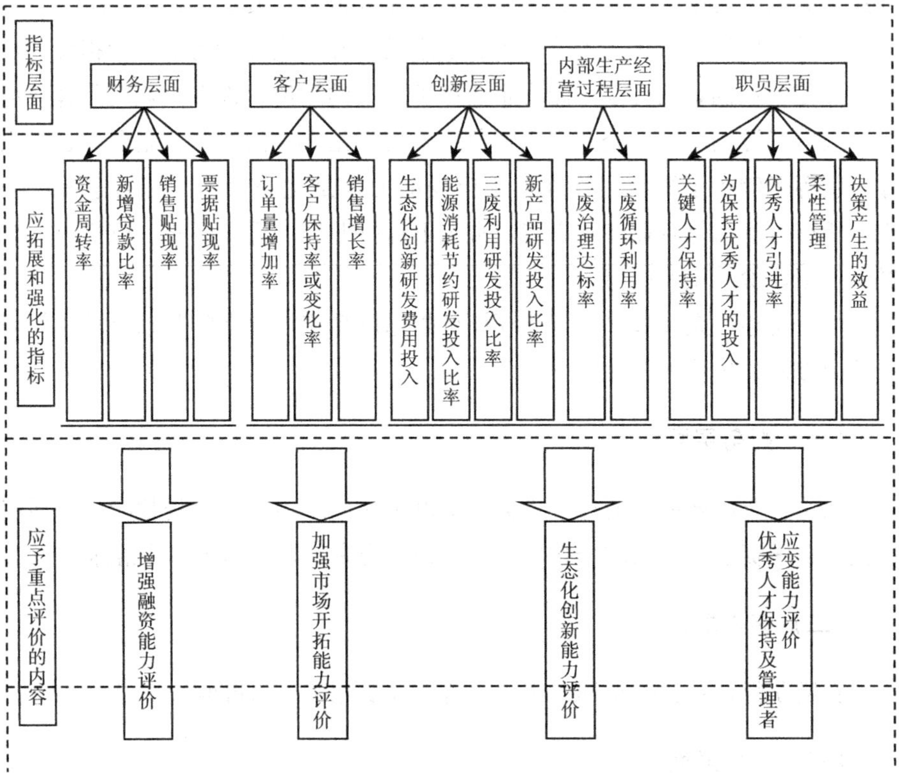

图 21－1　企业战略经营业绩评价指标体系的改进图

| 第二十二章 |

基于演进视角的战略性新兴产业企业业绩评价理论问题研究

随着国务院于2012年颁布了《“十二五”国家战略性新兴产业发展规划》，发展战略性新兴产业已被正式地提到了我国经济发展的议事日程，为此，与发展战略性新兴产业相关的经济问题成为当前研究的热点问题。战略性新兴产业企业业绩评价直接影响着企业经营目标的顺利实现，进而影响战略性新兴产业企业在国民经济发展中的先导或支柱作用的发挥，也直接关系到国家发展战略性新兴产业的政策是否能落到实处。本章将以“路径依赖”为问题研究思路，通过分析循环经济下企业经营业绩评价理论的演进，对战略性新兴产业企业业绩评价的主要理论问题展开研究。由于业绩评价是为企业经营目标的实现及其管理服务，同时，也是根据评价依据和在评价原则指导下开展的业绩评价活动，因此，本章所要研究的业绩评价理论主要包括：企业经营目标的定位、管理的特点、评价的依据、评价的原则。本章的研究结论将为相关问题的研究提供必要的参考。

一、基于演进视角的战略性新兴产业企业经营目标的定位

循环经济是以人与自然的和谐生存与发展为理念，将“循环”的概念与“经济发展”相结合，注重污染源头的治理，强调产品末端的再利用和资源化，以形成经济的可持续发展的一种经济发展模式。在这种经济发展模式下，企业所面临的经营环境是：人类的生存和发展与资源有限性这一矛盾不断尖锐，来自环境因素的制约对企业生产经营的限制比任何其他影响因素都

显得突出，企业必须发展生态经济，注重环境的保护、资源的高效利用，使企业生产污染排发速度小于自然界的净化速度，减少不可再生性资源的消耗，以应对资源短缺这一人类生存与发展的共同问题。按循环经济发展规律组织生产经营已成为企业生产经营的前提条件。这时，企业经营目标的设定需要综合考虑在坚持循环经济发展规律要求下，通过创新来形成与保持核心竞争力，实现可持续发展，谋求价值的最大化。可见，循环经济下的企业战略经营目标应定位于：以“3R”为原则和指导思想，以生态化创新为内核，以竞争优势和核心竞争力的形成和保持为关键，谋求持续的企业价值最大化。

随着人类经济的更进一步发展，对经济资源的需求比以往任何时期都显得更为迫切，因此，与资源有限性的矛盾显得尤为突出，人类需要寻求一种既与自然和谐共处，又能促使经济高速发展的新增长点来解决这一矛盾。这时，战略性新兴产业便应运而生，成为引领经济高速可持续发展的新增长点。战略性新兴产业是指以重大技术突破和重大发展需求为基础，对经济社会全局和长远发展具有重大引领带动作用，知识密集、物质资源消耗少、成长潜力大、综合效益好的产业（国务院，2010）。战略性新兴产业可区分为支柱产业和先导产业。这类产业具有战略导向性、产业的高成长性和重大技术创新性等特征。目前，美国、欧盟、日本、韩国、巴西等国家和地区都已经把加快培育和发展战略性新兴产业作为后危机时代提升国家竞争力的战略选择，并相继推出了各项政策措施，加快了对战略性新兴产业的布局，力争抢占新一轮经济增长的战略制高点。从国内来看，在企业要素成本和环境保护成本增加及传统行业产能出现过剩的大背景下，我国也开始对发展战略性新兴产业进行积极的部署。在这种情况下，企业所面临的经营环境发生了变化，企业不仅要按循环经济发展规律来组织生产经营，更应在坚持循环经济发展规律的前提下，适应经济发展与国内外经济发展方式的转变，选择适合企业自身的新兴产业进行经营，力争使其成为主导或先导产业。这种经营环境的变化，必将使企业的经营目标发生变化。

根据战略性新兴产业的特征及与循环经济发展模式的关系，战略性新兴产业的战略经营目标应定位于：在遵循循环经济发展原则“3R”的前提下，以国务院关于大力发展我国战略性新兴产业的有关政策为指导思想，以重大技术突破和关键核心技术的形成与保持为核心，追求企业高成长能力和发展潜力，从而达到可持续的企业价值最大化，真正实现企业的战略性新兴产业经营在地域经济或国民经济发展中的主导与先导作用。

由战略性新兴产业企业经营目标的定位可以看出，该经营目标是循环经济下的企业战略经营目标的延伸与发展，是以遵循循环经济发展规律为前提，其重大技术突破与关键核心技术应符合生态化技术创新的要求。也即，战略性新兴产业企业的经营目标既继承了循环经济下的企业经营目标的内核，又根据战略性新兴产业的特征，对经营目标的内涵进行了必要的拓展。

二、基于演进视角的战略性新兴产业企业经营管理特征分析

企业经营管理特征必须与企业经营目标相适应。为实现循环经济下的经营目标，企业应确立循环经济下的企业经营管理的价值观、利益观和治理观。这里的价值观是指企业在生产经营创造价值时，应将资源的循环、高效利用及其自然生态的修复能力的保持与提高视同于价值创造，这种价值是一种人类生存环境的社会价值。循环经济下的企业经营管理的治理观是指企业应加强对污染治理，尤其是污染源头的治理，应积极开展污染源治理技术的研发，对企业生产经营污染排放的监控及其管理，并及时就治理效率进行评价与考核。适应循环经济下的企业的利益观，是指企业、社会、自然生态系统平衡的利益最大化，而不仅仅是企业利益的最大化，也即，这种利益最大化要求企业利益的取得要在生态环境可修复的范围内，不能以资源承载能力循环的恶化和生态系统的破坏为代价；否则，企业、人类的利益最终将无从获得。因此，应正确处理好企业、社会、生态的矛盾与冲突，只有这样，企业才有谋求持续价值最大化的可能。

随着战略性新兴产业的兴起，企业经营目标的变化，企业的经营管理理念也将随之发生改变。首先，价值观逐渐向新的效率观转变。这种效率观是指在秉承循环经济下企业经营管理的价值观的同时，企业的经营管理还应充分体现高成长性及对社会经济发展的贡献比以往任何经济发展时期都更大的特点。其次，生态化创新观向重大技术突破创新观转变。这种新的创新观，突出强调以重大发展需求为基础的重大技术和关键核心技术的创新，这种创新同时也是生态化技术的创新。正是这种重大技术创新，才赋予了新兴产业在经济发展中的重大引领作用而冠之以“战略性”。最后，新的利益观。这

里的利益观涵盖了循环经济下的企业经营利益观，也即企业在获取自身利益的同时，应充分关注与自然的和谐，应将循环经济的要求纳入企业的管理范围。这里的“新”主要体现在“以点带面”的利益增长观，通过发挥战略性新兴产业生产经营的“支柱”或“先导”（即点）的作用，带动企业整体经营的发展，从而实现企业、社会利益（即面）的最大化。

综上所述，战略性新兴产业企业的管理特点既与其经营目标相适应，又是循环经济下企业经营管理理念的发展。这种发展主要体现在：战略性新兴产业企业的管理核心是重大技术或关键核心技术的创新与突破，这将成为衡量企业管理水平的重要标志；追求高成长性是管理的目标，因为高成长性是战略性新兴产业的重要特征；利益的全局性是管理的重要内容，因为它直接决定了高成长性是否可持续。

三、基于演化视角的战略性新兴产业企业业绩评价依据

企业经营业绩评价的依据取决于业绩评价的本质、企业经营目标的定位及管理的要求。

企业经营业绩评价的依据主要有：①“最大、最小”法则。利益最大化和成本最小化是一个经济问题的两个方面，用最小的成本获取最大的利益，是人类经济行为的基本取向，人们通常称为经济活动的“最大、最小”法则。“最大、最小”法则是企业经营业绩评价应遵循的基本法则。根据这一法则，循环经济下的企业经营业绩评价是企业遵循循环经济发展规律进行经营的所得、所费及其比的评价；战略性新兴产业企业的业绩评价是企业在战略性新兴产业经营过程中的所得、所费及其比的评价。②资本保全理论。资本保全理论是在资本经营状态下所得所费关系的具体体现，即用尽可能小的垫支去获取尽可能大的资本利益。资本保本理论成为企业经营业绩评价的基本前提，从而构成了循环经济下的企业经营业绩评价和战略性新兴产业企业业绩评价最直接的理论基础。③委托代理理论。客观、公正地对企业经营业绩作出评价机制的建立，为委托人对代理人实施奖惩提供了重要依据，从而成为解决委托代理问题的一项有效制度安排。委托代理理论构成了业绩评价的重要理论依据，当然也是循环经济下的企业经营业绩评价及战略性新兴产业企业业绩评价的理论依据。④战略管理理论。企业的战略管理的核心是目

标的长远性和利益的全局性，战略管理理论对以战略目标管理为导向的企业业绩评价具有极其重要的指导作用，无论是循环经济下的企业经营还是战略性新兴产业企业的经营，其经营目标的定位及管理都是战略意义上的，即利益的长远性和全局性。因此，战略管理理论理应成为循环经济下企业经营业绩评价和战略性新兴产业企业业绩评价的重要依据。⑤循环经济理论。循环经济理论不仅构成了循环经济下企业经营业绩评价的理论依据，同时，根据循环经济与战略性新兴产业之间的关系，循环经济理论也是战略性新兴产业企业经营业绩评价的重要理论依据。⑥经济增长阶段理论。1960 年，美国经济学家华尔特·惠特曼·罗斯托（Walt Whitman Rostow）在《经济成长阶段》中提出了他的“经济成长阶段论”，将一个国家的经济发展过程分为五个阶段，1971 年他在《政治和成长阶段》中增加了第六个阶段。经济发展的六个阶段依次为传统阶段、准备起飞阶段、起飞阶段、走向成熟阶段、大众消费阶段和超越大众消费阶段。其中，大众消费阶段（高额群众消费阶段），主要的经济部门从制造业转向服务业，奢侈品消费向上攀升，生产者和消费者都大量利用高科技成果，人们在休闲、教育、保健、国家安全、社会保障项目上的花费增加，而且，开始欢迎外国产品的进入。目前主要的发达国家都已进入这一阶段。超越大众消费阶段（追求生活质量阶段），罗斯托将超越大众消费阶段的主要目标定位于提高生活质量；同时，一些长期困扰社会的“老大难”问题有望得到解决。如何在坚持人与自然和谐的基础上寻找经济增长点，引领社会经济快速发展，解决资源有限与人类经济发展的矛盾是困扰全人类社会的重要“老大难”问题。因此，罗斯托的成长阶段理论对战略性新兴产业企业经营业绩评价体系的建立具有极其重要的指导作用。

综上所述，构成一般企业经营业绩评价的理论依据主要有“最大、最小”法则、资本保全理论、委托代理理论；构成企业战略经营业绩评价的理论依据除了上述三个外，还包括战略管理理论；循环经济下的企业经营业绩评价依据还包括循环经济理论；而战略性新兴产业企业业绩评价理论依据是循环经济下企业经营业绩评价理论的进一步发展，包括经济增长阶段理论。

四、演化视角下的战略性新兴产业企业业绩评价原则

企业经营业绩评价应遵循的原则一般包括相关性原则、全面性原则、重

要性原则、可理解性原则、可接受性原则、可操作性原则、适应性原则、可比性原则、定量与定性相结合的原则、成本效益原则。但企业业绩评价原则的内容及具体的内涵则会随着经营目标和管理特征及其评价依据的变化而变化。

循环经济下的企业战略经营业绩评价的相关性原则主要是指业绩评价应与生态化技术创新能力，即企业的核心竞争力的形成与保持相关，应与污染源的治理相关。全面性原则要求企业应全面、系统并相互联系地开展循环经济下的业绩评价，应从资源的节约、污染的治理、资源的循环使用、废弃物的资源化、内部生产经营效率、客户、职员及财务等方面进行评价；同时，业绩评价既要为业绩形成过程提供管理服务，即对业绩形成过程的偏差进行分析与管理，确保目标的实现；又要为事后的管理提供服务，即通过对企业已形成的经营业绩的评价，发现问题，提出改进的建议，为今后的经营管理提供借鉴。这就要求应找出业绩形成因素之间的因果链联系，为业绩管理提供依据。从重要性原则来看，业绩评价应突出重点，也即突出对业绩形成具有重要影响的因素，而不是面面俱到；否则，不利于业绩驱动因素的寻找，不利于业绩的分析与管理。循环经济下的企业经营业绩评价应突出资源的节约与高效利用、污染治理及其效率、生态化技术研发与创新。

战略性新兴产业企业业绩评价应遵循的相关性原则，主要是指业绩的评价首先应与“战略性”评价相关，而战略性体现在产业必须符合我国经济发展方向，具有强烈的产业关联性和产业带动性，具有一定的规模效应，能对相关产业进行渗透和带动，能够带动一批相关及配套产业，因此，应与企业关联性、企业对外依存度等的评价相关。其次，评价应与“新兴性”相关，新兴性主要体现在关键核心技术的创新与突破，使产业具有巨大的发展空间而得到高速增长，成为先导产业和未来的支柱产业。因此，应与技术创新与技术投入的评价相关。全面系统性原则要求战略性新兴产业企业的业绩评价应能从各个主要影响因素层面开展系统的评价，如从战略层面、新兴层面、循环经济层面、财务层面等进行评价，并能寻找出因果链的联系，充分揭示业绩的驱动因素，以利于业绩形成过程的管理，确保经营目标的实现；同时，通过业绩形成结果的分析，总结经验，为之后的管理提供经验。重要性原则要求战略性新兴产业企业的业绩评价应突出关键核心技术的创新与突破能力的评价，突出其成长性及引领性的评价，也即，应突出战略性新兴产业经营特征的评价。战略性新兴产业企业的业绩评价还应遵循国家意志原则。这是因为，战略性新兴产业企业对国民经济、国家安全等非常重要，其发展状况直接关系到社会经济发展甚至国家安全，对带动社会经济进步、提升综合国力具有重要的促进作用，战略性新兴产业的选择反映了国家的意志和战略，体现了一个国家未来一定时期内产业重点发展的方向和可率先突破的领域。这就决定了战略性新兴产业发展应由国家直接主导，国家政策对产业发展影响极大。因此，战略性新兴产业企业经营业绩评价应遵循国家政策的要求。

与循环经济下的企业战略经营业绩评价一样，战略性新兴产业业绩评价还应遵循可理性、可操作性、可接受性、适应性（因地制宜）、可比性、定量与定性相结合、成本效益等原则。其中，成本效益原则的具体体现即为以财务业绩评价为根本或落脚点的原则。企业经营目的就是获取利润，追求企业价值的最大化。无论何种性质的社会，也无论何种经济发展模式，对财务业绩的追求，始终是企业经营的宗旨，企业的生存以它为目的，企业的发展以它为前提，企业的任何发展策略均是围绕这一主题展开，只是在不同的环境下，企业需要采用不同的策略而已。也正是企业对这一目标的追求，推动了社会经济的向前发展。可比性原则要求对战略性新兴产业企业业绩评价应区分“支柱产业”和“先导产业”，由于这两类产业处于不同的发展阶段，在经济发展中所处的地位与作用不尽相同，其考核的侧重点也不一样。此外，不同行业企业的业绩评价也应有一定的区别。

从上述的分析研究中可以看出，正如经济学中“路径依赖”的研究思路所揭示的那样，任何事物都是之前的事物的延伸和发展。根据循环经济与战略性新兴产业之间的关系，要使循环经济发展模式更好地发挥作用，就必须发展战略性新兴产业；而要发展战略性新兴产业，则必须以遵循循环经济发展规律为前提。战略性新兴产业企业业绩评价的重要理论，包括经营目标的定位、管理特征、评价依据及评价的原则均是在循环经济下企业战略经营业绩评价理论基础上的继承与发展。

第二十三章

战略性新兴产业企业业绩评价问题研究

当今，新兴产业正在成为引领未来世界经济发展的重要力量，美国正推动着以新能源和节能环保为主导的新兴产业革命，欧盟则力图打造低碳产业以引领新一轮的经济风向，作为“金砖国家”之一的巴西则利用独特的自然条件大力发展生物能源产业。我国也已充分认识到发展新兴产业对经济发展的重要作用，2009 年 11 月，温家宝在首都科技界大会上发表了《让科技引领中国可持续发展》讲话，2010 年 9 月，在国务院常务会议上审议并原则通过了《国务院关于加快培育和发展战略性新兴产业的决定》，2012 年，国务院出台了《“十二五”国家战略性新兴产业发展规划》，明确了七个重点领域和 2015～2020 年的发展目标、相应的配套政策与重大工程。可见，发展战略性新兴产业已被正式地提到了我国经济发展的议事日程。企业是发展战略性新兴产业的基本单位，只有各企业根据政策的指导，结合区域与自身的情况，合理地选择战略性新兴产业并顺利实现经营目标，才能使发展战略性新兴产业落到实处。我们知道，业绩评价是企业经营目标得以顺利实现的一项有效制度安排，因此，也是战略性新兴产业企业的有效的激励与约束机制。战略性新兴产业企业业绩评价的科学与合理直接影响着其战略经营目标的实现，进而影响其经济发展引领作用的发挥。可见，开展战略性新兴产业企业业绩评价问题的研究已成为亟待解决的一个重要课题。然而，从所收集的研究文献来看，立足于产业层面的评价问题的研究较多，而立足于微观企业层面的业绩评价问题的研究鲜有涉及。本章将通过战略性新兴产业的兴起对企业经营目标定位与管理特征的影响分析，提出业绩评价的原则，在此基础上，提出战略性新兴产业企业业绩评价的基本内容，为相关问题的研究提供必要的参考。

一、战略性新兴产业企业经营目标的分析与定位

由于业绩评价是为企业经营目标实现服务的，因此，企业的经营目标是企业业绩评价体系形成的最直接、也是最重要的依据，是判断业绩评价导向性功能作用是否正确发挥的重要标准，并决定了业绩评价体系的主要内容。而企业经营目标的定位主要受企业经营环境的影响，由当时的经济发展模式所决定。

对于企业而言，生存与发展是硬道理，因此，追求可持续发展前提下的价值最大化是企业永恒不变的主题。然而，这一简约的企业战略经营目标，在不同经济发展模式下或在不同的发展时期，其内涵却不尽相同。在工业经济的早中期，企业是以利润最大化作为其经营目标；在后工业经济时期，则主要是以企业价值最大化作为其战略经营目标。在循环经济发展模式下，企业必须按生态经济发展规律组织生产经营，这也就要求企业必须将生态经济发展规律与创新相结合，形成生态化的创新，而这种创新成为循环经济发展模式的重要支撑，是循环经济下企业战略经营目标得以实现的保证。因此，循环经济发展模式下的企业战略经营目标是：以“3R”为原则和指导思想，以生态化创新为内核，以竞争优势和核心竞争力的形成与保持为关键因素，谋求持续的企业价值最大化。

随着社会经济的快速发展，对经济资源的需求比以往任何时期都显得更为迫切，人类的发展与资源有限性的矛盾尤为突出，人类为了生存与发展，需要寻求一种既与自然和谐共处，又能促进经济高效增长的发展方式来解决这一矛盾。战略性新兴产业，作为引领经济发展的重要方式便应运而生了。根据《国务院关于加快培育和发展战略性新兴产业的决定》，战略性新兴产业是以重大技术突破和重大发展需求为基础，对经济社会全局和长远发展具有重大引领带动作用，知识技术密集、物质资源消耗少、成长潜力大、综合效益好的产业。战略性新兴产业可分为支柱产业（pillarindustry）和主导产业（leadingindustry）。支柱产业是指在国民经济中占比重大，对整个经济起引导和推动作用的产业；而先导产业是指在国民经济体系中具有重要战略地位，并在国民经济规划中先行发展以引导其他产业往某一战略目标方向发展

的产业或产业群。由此可见，这种新兴产业的特征在于：第一，重大技术创新驱动。这种新兴产业是以重大技术创新与突破为其核心竞争力，从而达到驱动产业的发展。第二，经济发展中的引领作用。无论是支柱产业还是先导产业，在整个经济发展中的引领与推动作用是其显著特征之一。第三，以遵循循环经济发展规律为前提。循环经济发展模式的核心是资源消耗的节约、资源的循环使用，强调人类经济发展与自然的和谐，从而使人类经济发展可持续。而战略性新兴产业是在遵循循环经济发展规律的前提下，寻找新的经济增长点，通过发挥引领作用达到经济的高速增长。也即，要很好地发挥循环经济发展模式的作用，就必须发展战略性新兴产业；而要发展战略性新兴产业，则必须遵循循环经济发展规律。第四，高效的可持续增长。这一特征是由前述特征所带来，在这种以循环经济发展规律为前提、以重大技术创新与突破为支撑的新兴产业的引领与推动下而产生的经济效益必定是高效的、可持续发展的，这种新兴产业对社会经济发展的贡献比以往任何时期的经济发展方式或模式都要更大。第五，政策引导。由于战略性新兴产业是以最新科技成果为支撑的产业，因此，在发展的初期所面临的高风险和不确定性将不可避免，这时，来自政府的扶持和政策引导是必不可少的。

这种战略性新兴产业的兴起对企业的影响在于：企业应适应国内外经济发展方式的转变，在政策的引导下，选择适合企业自身特点的新兴产业进行经营，力争使其成为支柱或先导产业，真正发挥战略性新兴产业在国民经济发展中的引领作用。这种产业的兴起，将对企业的经营目标定位产生重大的影响。

根据战略性新兴产业特征，企业的经营目标应定位于：以国务院关于大力发展战略性新兴产业有关政策为指引，在遵循循环经济发展规律的基础上，以重大技术创新能力和关键核心技术的形成与保持为核心，追求企业高成长能力和发展潜力，从而达到可持续的企业价值最大化，真正发挥企业的战略性新兴产业在地域或国民经济发展中的支柱或先导作用。这一经营目标与之前的经营目标，包括循环经济下的企业战略经营目标的不同或最大特点在于：第一，经营目标的定位突出强调企业所经营产业的新兴性和引领性，以及由此带来的企业的可持续发展和经济的快速增长，即战略性。第二，强调企业的核心竞争力是重大技术创新能力和关键核心技术，而不是一般创新的形成与保持，当然，这种核心竞争力是以遵循循环经济发展规律为前提的，是生态化的创新。这些内容构成了战略性新兴产业企业业绩评价体系的主要内容。

企业的经营管理是为其经营目标的实现服务的，企业的战略经营目标决定了企业的经营管理理念与内容；而企业的经营管理理念与内容决定了业绩评价体系的特点，并与企业经营目标一起共同构成了业绩评价体系的内容。为了使战略性新兴产业企业的经营目标得以实现，企业需要确立与之相适应的管理理念。

1. 新的效率观。

这里的"新"主要指这种效率既要充分体现战略性新兴产业企业引领经济高速发展的本质，又要遵循循环经济发展规律。因此，这种效率观的"新"体现在企业的发展和创利水平对社会经济发展的贡献比以往任何经济发展时期都更大，这也就要求企业的管理应时刻关注企业在同行业中的发展水平和所处的位置，以便及时作出必要的调整，真正发挥企业所经营产业的支柱和先导的作用。同时，在企业的经营管理过程中，应充分处理好污染治理、清洁生产与高效率的关系，任何的价值增长不能以牺牲环境作为代价。这一新的效率观要求业绩评价应包括企业在行业中的发展水平、地位、关联度及企业遵循循环经济发展规律要求方面的内容。

2. 新的利益观。

循环经济发展模式下的利益观主要强调企业在获取自身利益的同时，应充分考虑与兼顾社会和人类的全局利益，应将循环经济的发展规律纳入企业的战略管理范围内。这里的利益观的"新"主要是体现在"以点带面"，即通过发挥战略性新兴产业的"主导"或"先导"（点）的作用，带动企业整体经营发展，从而实现企业价值最大化；同时，引领社会经济整体的发展（面）。在多样化经营的情况下，企业必须明确属于战略性新兴产业的产品生产经营，通过该类产品的生产经营来引领整个企业，乃至整个地域经济的高效发展，使地域经济利益最大化。在整个企业的战略管理过程中：首先，应在政策引导下，寻找能带动企业及地域经济增长的新兴产业产品；其次，通过对该种或几种产品的经营管理，引领整个企业的发展，实现战略经营目标；最后，在整个经营管理过程中，应处理好代表新兴产业产品的经营管理与其他产品经营管理的关系。因此，在这一管理理念的指导下，业绩评价应包括对新兴产业经营收入增长幅度及盈利水平等方面的评价内容。

3. 新的创新观。

这里“新”是指这种技术创新不仅仅是一般的技术创新，而是以重大发展需求为基础的重大技术突破和创新。也正是这种重大的技术突破，才赋予了新兴产业在经济发展中的重大引领作用，而成为战略性新兴产业，这种新兴产业被冠之以“战略性”也正是从这种意义上提出的。因此，在企业的经营管理过程中，不仅要关注一般的创新，更应注重新兴产业产品生产的重大技术突破与创新的管理，包括研发的投入、新技术人员的培训管理等。可见，业绩评价应包括体现企业核心竞争力的关键技术创新能力以及员工的培训等方面的评价。

二、战略性新兴产业企业业绩评价原则

正如前所述，业绩评价是为企业经营管理服务的，是企业经营目标得以实现的一项有效制度安排。企业的战略经营目标的定位、管理的理念不但决定着企业业绩评价的内容，而且也决定了业绩评价的原则。随着战略性新兴产业企业经营目标的确定、管理理念的转变，业绩评价的原则及其具体内容也将随之发生变化。战略性新兴产业企业业绩评价应遵循以下原则。

第一，相关性原则。也即业绩的评价，包括指标体系等的设置应与目标的实现、管理要求相关。具体而言，应与“战略性”和“新兴性”的评价相关；同时，战略性新兴产业的核心是重大技术的创新与突破。因此，业绩评价应充分反映出企业在同行业中的发展水平、地位及关联度，以及企业的创新能力，尤其是重大核心技术的突破能力、技术研发的投入水平、人才的储备状况等。

第二，全面性原则。全面性主要是指战略性新兴产业企业的业绩评价应是全方位的，应从体现战略性新兴产业企业业绩的各个主要方面进行评价。根据战略性新兴产业企业的经营目标与管理要求，除了应从战略性、新兴性等方面进行评价外，还应将循环经济的内容纳入评价范围，与反映战略性、新兴性等评价内容结合，共同构成战略性新兴产业企业业绩评价体系。

第三，系统性原则。系统性是指评价体系能形成一个因果链，能对业绩

的形成进行充分的解释，找出影响业绩的因素。就战略性新兴产业企业而言，业绩评价应能充分体现引领企业经营目标顺利实现的驱动因素。只有这样，才能对企业的业绩进行科学、合理的评价并进行业绩的管理。

第四，以财务业绩为落脚点的原则。企业经营目的就是获取利润，追求企业价值最大化。无论何种性质的社会，也无论何种经济发展模式，对财务业绩的追求，始终是企业经营的宗旨。企业的生存以它为目的，企业的发展以它为前提，企业的任何发展策略均是围绕这一主题展开，只是在不同的环境下，企业需要采用不同的策略而已。也正是企业对这一目标的追求，推动了社会经济的向前发展。

第五，可比性原则。要求同一企业或同类企业的业绩评价结果可比，这样有利于对企业所取得的业绩进行客观的比较判断，为业绩的改进与管理提供依据。如战略性新兴产业企业分为“支柱产业”和“先导产业”，由于这两类产业处于不同发展阶段，在经济发展中所处地位和作用不尽相同，其考核侧重点也不一样，因此，应区别性地进行评价。此外，不同行业的新兴产业企业的业绩评价也应有一定的区别。

除上述之外，战略性新兴产业企业的业绩评价还应遵循重要性原则、成本效益原则、国家意志原则、可操作性原则、定性与定量评价相结合原则等。

三、战略性新兴产业企业业绩评价的主要内容

一般的企业经营业绩的评价，最主要的特点是侧重财务业绩的评价，即利润获取的评价，这种评价是着眼于当期的财务业绩。企业战略经营业绩的评价，突出强调的是“战略”意义上的，即可持续的利润最大化的评价，这种评价是以企业核心竞争力的形成与保持等为重点。循环经济下的企业战略经营业绩评价，其特点是将污染的治理、环境的保护及社会的利益纳入了企业业绩评价体系，并作为重要的考虑因素，在企业核心竞争力的评价上着重于生态化的创新能力与技术的评价。根据战略性新兴产业企业的经营目标定位、管理理念与业绩评价原则，业绩评价应具有以下的特点：第一，注重企业所选择的战略性新兴产业在整个行业中的地位、关联度及依存度的评价。这些方面的评价直接体现了企业对所选择经营产业“战略性”的管理要求和

“新的效率观”的管理理念；体现了相关性等评价原则。第二，这种业绩评价应突出企业的重大技术创新与突破、人才培训与储备方面的评价。这体现了企业对所经营产业“新兴性”的管理要求与“新的创新观”的管理理念；体现了相关性、重要性等业绩评价的原则。第三，侧重“战略性”和“新兴性”管理所带来的利益的评价，也即“战略性”“新兴性”管理所产生的财务业绩及社会效应的评价，这充分体现了“新的利益观”管理理念和以财务业绩为落脚点的评价原则。第四，循环经济方面的评价应纳入企业业绩评价体系中。这方面的评价体现了战略性新兴产业企业经营是以遵循循环经济发展规律为前提的要求，以及继承与创新相结合的事物发展规律。

根据上述，战略性新兴产业企业业绩评价应包括以下几方面的内容。

第一，财务业绩的评价。主要应集中于企业盈利能力等的评价，包括销售利润率、总资产周转率等。从事以支柱产业产品生产经营为主的企业，应注重企业盈利在同行业中的水平评价；而从事以先导产业生产经营为主的企业应侧重销售收入增长情况的评价以及经营规模发展状况的评价。

第二，“战略性”的评价。“战略性”意味着该产业具有长远性、导向性，即该产业是一个国家和地区长远经济发展的重大战略性选择，而且要引领社会经济可持续发展方向。因此，“战略性”层面评价应包括产业的全局性、先导性、关联性及动态性等。就企业层面而言，评价其“战略性”主要包括该企业的关联性和对外的依存度及其在同行中的地位等。

第三，“新兴性”的评价。“新兴性”主要体现在两个方面：其一，具有重大技术创新与突破；其二，成长潜力大。就企业层面而言，新兴性评价应包括企业重大技术创新项目数、研发费用的投入、技术进步贡献、某项技术突破所带来的收益等方面的评价；成长潜力的评价，包括生产效率、收入增长率、市场占有率等方面的评价。

第四，体现循环经济的评价。应从减量化、再循环、再使用三个方面评价企业对循环经济发展规律的遵循情况。具体而言，应从资源使用效率，如单位产值能耗等方面进行评价；可从环境保护，如单位产值“三废”的排放、“三废”综合治理等方面进行的评价；从循环使用，如能源重复利用率等方面进行的评价。

上述四个内容，财务业绩的评价是落脚点、是根本，其他三个层面的评价是为财务业绩评价服务，构成了驱动因素；战略性与新兴性的评价反映着战略性新兴产业企业业绩评价的特殊要求；体现循环经济内容的评价是战略性新兴产业企业业绩评价必须纳入的评价内容。整个评价结果综合体现了在遵循经济发展规律前提下，通过发挥“战略性”“新兴性”的优势，达到企业可持续的价值最大化，从而引领社会经济的高速发展。

| 第二十四章 |

论新常态下程序理性与结果理性有机融合的企业业绩评价

科学、合理的企业经营业绩评价体系应充分体现程序理性与结果理性有机结合的理念，既应遵循业绩评价秩序域的约定（包括对业绩形成过程的管理要求，业绩评价的规则等），同时，还应满足利益相关者（即评价者）对业绩评价的目标要求。然而，这种程序理性与结果的理性会随着经济环境的变化而改变，其结合的方式与特点也会发生相应的改变。随着我国新常态这一经济发展换档范式的导入，经济的发展呈现出了新的特征，对企业的经营环境产生了重大影响，进而影响业绩评价秩序域约定内容、业绩评价目标要求及程序理性与结果理性有机融合的方式。本章在对企业经营业绩评价的程序理性与结果理性有机结合的逻辑联系论证的基础上，通过新常态下经济发展特征对企业经营环境、经营目标及业绩管理产生影响的分析，阐述了新常态下企业经营业绩评价应突出强调与评价的内容及业绩评价的程序理性与结果理性有机融合所体现出的特征，以期为企业经营业绩评价的理论与实践研究提供一定的参考。

一、程序理性与结果理性有机结合的企业业绩评价的演进

所谓程序理性是指为达到一定目标或结果的行动，是根据秩序域内的约定合法、合规且有序地展开，因此，程序的理性取决于行动的过程。可见，程序理性强调的是行为程序的理性，而不是结果。而结果理性则是指在既定的秩序域范围内，行为达成的目标符合利益相关者的利益（利益冲突与协调

的结果)，因此，结果的理性强调的是结果符合目标要求，而不注重产生这一结果的行为程序。

企业业绩评价的程序理性主要是指业绩的形成管理与企业的经营目标相适应，业绩的评价符合相关的规则要求。企业业绩评价的结果理性主要是指业绩的评价结果符合利益相关者对业绩评价的目标要求。

在企业业绩评价中，一味强调结果的理性，即以结果论英雄，而不注重产生业绩行为的程序，最终可能会导致结果的不理性。这是因为，这种唯后果论的业绩评价未充分关注业绩形成的驱动因素的识别与管理，业绩的形成缺少有力的支撑；同时，也只有等到结果发生了以后，通过事后的分析，才知道问题所在，这时，损失也已经发生了；此外，这种单一的以结果论英雄的企业业绩评价容易诱发短期行为，因为这种理念下的评价重心是企业的财务业绩。由此可见，单一的唯结果论的企业业绩评价很可能会导致结果的不理性。

虽说，结果总是一定行为程序的结果，也即，就理论而言，程序的理性会产生结果的理性；然而，许多现象与事实均说明，程序的理性不一定会产生结果的理性。例如，在注册会计师审计中，有时，即使遵循了公认审计准则开展审计业务，结果还会出现重大的错报、漏报或舞弊未予发现，即出现了结果的不理性。业绩评价也是如此，大量的案例说明，有些企业即便是对业绩的形成过程根据有关规定进行了很好的管理，如提高了生产效率、降低了次品率、缩减了生产周期、产量大大提高等，这些看似企业经营业绩的驱动因素均得到了很好的提高和改进，但体现企业经营业绩结果的财务业绩并未出现预期的结果，反而还大幅下降。这也充分说明了程序的理性不一定会导致结果的理性。

产生上述现象的主要原因：第一，受“人是有限理性”的影响。根据西蒙的“有限理性经济人假说”，在特定的时空范围内，人对事物的认识是有限的、不充分的，这就会产生在既定的秩序域内的规则制定是不完备的、有局限性的，从而使看似理性的程序而其实非理性，如公认审计准则不尽合理或过时，业绩驱动因素并非真正的驱动因素等。同时，随着时空的变化，情况也会发生改变，如一些公认审计准则的过时，一些曾经是业绩驱动因素变得不再是驱动业绩有效增长的因素，但人们尚未认识到。第二，利益相关者之间的平衡被打破，但结果未体现出新的利益平衡，也就会出现结果的不理性。

解决这一问题的有效途径：一方面要不断地探索秩序域内的合理规则，如真正的业绩驱动因素，并随着时空的改变及时根据变化了的情况作出调整；另一方面，应动态地与利益相关者所达成的利益平衡相协调。这也就必然要求实现业绩评价过程理性与结果理性的有机结合，这种“有机结合”主要体现在：程序理性应以结果理性为目标，结果理性应以程序理性为前提。既应充分考虑利益相关者对业绩评价应达到的目标要求，寻找驱动业绩的真正要素；还应充分关注利益相关者对业绩评价应达到的目标要求的变化，并根据变化作出调整，重新寻找与确定真正的业绩驱动因素，并进行科学、合理的管理与评价，确保业绩目标的实现，从而达到结果的理性。

只有与既定评价秩序域相适应，并充分考虑利益相关者对业绩评价目标要求的过程理性和结果理性有机结合的业绩评价体系，才是有效的评价体系。

卡普兰的平衡计分卡和业绩三棱镜法，之所以成为有效的评价方法，是因为在其评价体系中既有体现结果理性，如符合评价者要求的财务层面和利益相关者贡献方面的评价内容及标准；也有体现过程理性的内部生产经营、客户、员工等层面的评价内容和评价方法。可以说，这种业绩评价体系是与利益相关者对业绩评价目标要求基本一致的，且能在行动程序中，充分体现合理、合规约定内容的业绩评价体系。在他们的评价体系中的一个突出特点，就是将重心放在了结果，即财务业绩的评价上，如卡普兰将权重的60%放在了财务业绩层面上。从这点来看，这种评价体系的特征是在程序理性与结果理性相结合基础上的结果导向型，是与特定时期内的既定评价秩序域相适应，并充分考虑了利益相关者对业绩评价的要求。

二、新常态下经济特点及对企业业绩管理的影响

新常态是习近平在2014年5月考察河南的行程中首次提出的，并于11月9日首次系统地进行了阐述。常态应是指某事物在特定时期内存在和发展状态或范式；而新常态是指事物从既定状态或范式变化发展为另一个状态的换档期的状态或范式。我国现阶段的经济新常态是指从前一阶段的高速增长、要素和投资驱动的经济发展状态转变成中高速增长、经济结构不断优化

升级和创新驱动的新范式。这种经济的新常态的本质是提质增效，有以下三大特点。

第一，经济从高速增长转为中高速增长。我国的经济在经历了30多年的10%左右的高速增长后，将进入7%左右中高速增长。从过去两年的经济发展情况来看，我国的经济已经进入了增长阶段的转换期，2013年增长速度为7.7%。然而，在经济增长速度放缓的同时，增长的质量却必须"上台阶"。

第二，经济结构不断优化升级。经济结构从以房地产开发和城市基础设施为龙头，以矿产资源开发和能源工业为基础，以钢铁、有色、建材、化工等重工业为支柱产业的产业结构模式逐步转变为：在产业结构层面，第三产业将成为总体产业的主体，战略性新兴产业将成为产业增量的主体；在需求结构层面，消费需求将超越投资和出口，逐步确定需求主体的地位；在区域结构层面，城乡差距将日趋缩小，区域发展不平衡性将缓解；在分配结构层面，收入分配将向居民倾斜，中产阶级将成为社会主体。这种优化升级将使风险结构得以释放，经济发展的动力结构得以转换。

第三，从要素和投资驱动转为创新驱动。过去的30多年，在赶超型的经济模式中，我国逐步形成了以劳动力、土地等要素的投入增长速度和以投资为核心的经济发展系统，配之以开放的出口导向型经济共同推动了我国经济的发展。这种要素、投资驱动将被调整为向创新要效益、要增值。

随着经济新常态范式的导入及运行，企业的经营环境将发生重大的变化，企业应积极主动地适应经济发展的新常态换档范式，在调速度、调结构、调动力等政策的指引下，选择适合自身经营特点和优势的产业和产品进行经营，真正发挥企业在经济发展模式转轨期中的重要作用。根据新常态下经济发展特征对企业的影响，企业的经营目标应定位于：以提质增效为总目标，以调速度、优结构、创新驱动为指引，以企业的经营特色与优势的保持和发展为核心，追求企业稳步的可持续发展，从而达到企业价值不断增值。这一经营目标的最大特点在于：第一，强调的是质的提升，而不是量的扩张，同时是一种内涵集约式的质的提高；第二，突出强调创新驱动，以及企业经营特色与优势的保持与发展；第三，企业的增值应是稳步的、可持续的。

企业经营环境的变化，不仅直接影响并改变企业经营目标定位，而且还使利益相关者对企业经营业绩评价的目标要求发生变化。从利益相关者对企业业绩评价的目标要求来看，代之以追求收入、利润的高速增长为中高速稳定的、可持续的增长。

企业经营目标定位的改变，必将对企业的经营业绩的形成管理产生影响，企业的经营管理必须突出以下几个方面。

第一，质量型的差异化竞争优势的形成。这也就要求企业应发现自身的经营优势或特色，并将这种优势和特色进一步强化，形成自身的核心竞争力，而不应一味靠规模的扩大、销售收入的增加提高效果。

第二，经营过程各细节的严格管理。所谓细节决定成败，向细节管理要质量、要效益，通过内部各细节的有效管理，如通过预算管理各环节、成本的各部分的管理提升质量，达到增值的效果。同时，应妥善解决产能过剩问题，例如，通过增设与企业经营关联度高的生产线，吸收过剩产能产生效益；或通过转让，将过剩产能去除，等等。

第三，创新驱动。尽管对于创新驱动人们早已认识到，然而，过去十几年企业仍是将生产经营效果的提升着眼点放在了扩大规模、投资上，而未将创新这一动力有效地予以关注。随着新常态经济范式的导入，要素规模驱动减弱，效益的增长将更多依赖人力资本和技术创新，创新驱动已不可避免地成为提升质量增加效益的主要动力而应备受关注。

第四，经济结构优化升级带来的投资机会的把握。新常态经济的一个主要特征就是经济结构不断优化升级，在这一过程中，一些新技术、新产品、新业态、新商业模式的投资机会大量涌现。企业应根据自身的经营特点与优势，以及结构调整的需要，选择性地进行投资。这种投资显然不是盲目的、追求规模扩大的投资，而是以提质为前提，以增效为目的。

第五，以高杠杆和泡沫化为主要特征的各类风险的化解。受既有经济发展状态影响，许多企业包括上市公司的资产负债率居高不下，这种财务风险使企业总的经营风险增加。企业应对这一类风险予以高度关注与控制，并在一定的期限内予以缓解与解决。

第六，绿色低碳循环的发展方式。由于环境承载能力达到或接近上限，推动形成绿色低碳循环发展的新方式已成为企业之己任。提倡绿色低碳发展模式早在 21 世纪初已提出，并且实践中已有许多企业在认真履行着这一责任。在新常态经济发展模式下，所有企业都应将绿色低碳循环发展方式作为企业的一项重要的经营目标加以管理与实现。

三、新常态下程序理性与结果理性有机结合的企业业绩评价

上述的变化必将使既有的程序理性和结果理性有机结合的企业经营业绩评价体系，包括评价的内容、标准、侧重点等发生相应的变化，并呈现出不同的特点。

体现程序理性的企业业绩评价的秩序域内容的改变如下。

第一，应突出创新驱动，尤其是核心技术创新驱动的评价。之前的企业业绩评价内容也包括创新内容的评价，但指标所占的权重不大，不足以显示其重要性。在经济发展的新常态下，应提高创新驱动指标的权重，以突出创新动力在企业业绩形成中的重要作用。各企业可根据所处行业的特征，确定有关创新评价指标的权重。例如，处于高新技术行业的企业，权重应适当地提高。

第二，应突出企业经营特色或优势，即差异化的评价。在经济新常态下，规模大、速度快不再是企业发展利好的风向标，“扬长避短”而不是“补短”才是企业应该坚持的经营发展目标。为此，企业应将其经营特长、品牌优势进行分析、总结提炼成指标，纳入评价体系，并赋以合理的权重。

第三，注重有效投资机会把握的评价。所谓“有效投资机会”是指在遵循经济结构优化升级的前提下，企业选择与自身经营特色或优势相关的项目进行投资，在谋求自身利益的同时，也为经济结构的优化升级做努力。为此，在企业业绩形成过程的管理评价中，应增加对企业投资项目与企业经营特色与优势的关联度及其效益的评价内容。

第四，充分关注人力资本质量的评价。人力资本一直是企业经营成败的关键与核心要素。人力资本质量是指人力资本在技术创新、有效投资机会把握、经营过程的管理等方面所产生的效果。因此，可用一定时期内人力资源成本与创新项目所带来的效益或投资收益等指标进行比较评价衡量。

第五，杠杆率的合理性评价。化解以高杠杆等为主要特征的各类风险，使经济风险总体可控，也是经济新常态下的特征或要求。这一过程需要持续一段时间，企业应将资产负债率等各种杠杆逐渐调整在风险可控的范围内。为此，企业应根据自身的经济实力及所处行业特征，确定合适的杠杆率，作

为评价杠杆是否合理的标准，纳入评价体系，对各种杠杆率进行监控。

第六，绿色低碳循环发展的评价。在经济发展新常态下，发展循环经济仍是其主旋律，企业应根据自身产品经营特点，根据中央有关发展循环经济的指导思想，确定体现低碳、绿色的环保发展的评价指标，纳入业绩评价体系。

第七，产能过剩化解的评价。产能过剩的化解其实质也是经济结构不断优化升级的具体措施。产能过剩是在既定经济发展模式下，由大量的要素和投资驱动造成的。如何将过剩的产能进行合理的吸收与转化也是新常态下的一个重要任务。企业应根据未来的发展战略，设计过剩产能的化解方案，并根据方案提炼出考核指标进行评价。

第八，合理确定评价的权重。在体现程序理性的企业业绩评价内容发生变化的同时，如前所述，体现结果理性的利益相关者对业绩评价的目标要求也发生了改变，不再要求企业追求营业额（销售收入）的快速增长、规模的扩大，而是要求企业放缓增长速度，通过内涵的集约化的经营管理策略，达到企业的稳步可持续价值增值。这种评价秩序域约定变化与评价者对业绩评价目标要求的改变，所体现出的主要特征是更加强调经营过程的调整、管理。这将成为新常态经济的一个主要特点。为此，应将体现结果层面的指标，如财务层面的指标所占比重适度下调，而体现业绩形成与管理过程的评价指标层面的权重上调，从而形成一个过程导向的程序理性与结果理性有机融合的企业业绩评价体系。

总之，随着新常态换档经济发展模式的导入，经济的发展呈现出了许多新的特征，这些特征对企业的经营目标的定位及经营业绩的形成产生重要影响，从而使业绩评价的既有秩序域约定与利益相关者对业绩评价目标要求发生改变，为此，体现程序理性与结果理性的内容也应作相应的调整。新常态的经济发展方式的实质是“提质增效”，这种提质增效不是通过外延的要素和投资驱动，而是通过内涵的以技术创新为驱动，以人才为核心，通过结构不断优化升级达到。企业业绩评价体系应充分体现出对这些方面的评价内容。

如果说，卡普兰的平衡计分卡是一个结果导向（侧重财务层面的业绩）的程序理性与结果理性有机融合的企业业绩评价体系，适应新常态经济发展模式的企业业绩评价体系的特征应是过程导向的程序理性与结果理性的有机结合。

| 第二十五章 |

高质量经济发展时代企业战略经营业绩评价问题研究

改革开放以来，我国经济经历了快速的发展，人民的生活水平大大提高，我国的经济实力也大大增强。然而，新的矛盾却出现了，这种矛盾首先体现在经济发展速度与发展质量之间的不平衡，即经济的高速增长与低质量发展之间的矛盾；其次，这种矛盾还体现在经济发展的结构性失衡导致有效供给不充分，不能满足市场的合理需求。这种不平衡和不充分就是经济发展存在质量问题。为此，习总书记在 2014 年 5 月提出了新常态经济发展模式，要求经济发展要降速度、优结构和创新驱动，这种发展方式的本质就是提质增效，其中，供给侧结构性改革成为重点和核心。习总书记在党的十九大报告中又明确指出："我国经济已由高速增长阶段向高质量发展阶段转变。" 12 月 18 日，党的十九大后中央召开的第一次全国性的经济工作会议，将这一重大判断进一步明确为新时代我国经济发展的基本特征，进而做出了推动高质量发展的重大部署。可见，高质量发展经济将成为我国经济今后一段时期发展的战略目标。所谓高质量发展，就是能够很好满足人民日益增长的美好生活需要的发展，是体现新发展理念的发展，是创新成为第一动力、协调成为内生特点、绿色成为普遍形态、开放成为必由之路、共享成为根本目的发展。企业是微观的基本经营单位，宏观的战略目标一旦设定，就需要微观企业的配合，才能得以落实与实现。同时，高质量发展战略目标的提出，也将对企业产生重大的影响，这种影响主要体现在：第一，企业的战略经营目标必须根据中央关于高质量经济发展战略的部署，结合企业经营状况及其所处行业情况做出必要的调整；第二，作为服务于战略目标实现的重要制度安排，业绩评价的理念也应进行相应的变革；第三，企业战略经营业绩评价内容也应根据战略经营目标的调整和业绩评价理念的变革而发生相应的改变。本章拟在分析高质量经济发展对我国经济发展要求的基础上，就企业的战略经营目标进行分析与定位，并提出新的企业战略经营业绩评价的理念，进而提出高质量经济发展时代企业战略经营业绩评价的内容，以期为高质量经济发展时代企业经营业绩评价体系的调整与完善提供借鉴。

一、高质量经济发展时期对经济发展的要求

如前所述，高质量经济发展，就是能够很好地满足人民日益增长的美好生活需要的发展，是体现新发展理念的发展。创新、协调、绿色、开放与共享构成了该时代经济发展的主要要求。

第一，创新是引领经济发展的第一动力。没有创新，就没有发展，创新发展注重解决高质量发展中的动力问题。经济的发展是创新的结果：企业产品核心竞争力的形成与保持靠的是技术创新，企业经营的科学和高效靠的是制度创新。在循环经济发展模式下，创新是指生态化的创新，即将生态经济发展规律与创新相结合，这种创新成为循环经济发展模式的重要支撑。在新常态经济发展模式和供给侧结构性改革下，强调的是经济结构不断优化升级过程中的创新驱动。在高质量经济发展时代，“实现中国制造向中国创造的转变”需要技术创新来引领；“中国产品向中国品牌转变”需要核心竞争力来支撑，而形成品牌的核心竞争力来源于技术、文化、组织、制度和观念的创新。

可见，高质量经济发展时代的创新应是一种综合的包括技术、组织制度、观念和理念等各方面的创新，这种综合的创新是“中国速度向中国质量转变”的核心动力。

第二，协调是全面发展的内在要求。没有协调，就会产生经济发展的畸形和结构的失衡。协调注重解决的是高质量经济发展中的不平衡问题。这种不平衡会导致资源的浪费、效率的低下，最终拖累社会经济的发展。习总书记在 2014 年提出的新常态经济发展模式就是针对我国当时经济发展中出现的发展速度与发展质量的不协调、经济结构的失衡以及要素、投资驱动与效益、增值之间的不协调的解决思路，通过调速度、调结构、调动力，以解决

整个规模不经济的发展状态。中央通过对经济状况的进一步分析，认为目前我国经济发展中的最大矛盾是：一方面供给过剩，产能过剩，库存积压；而另一方面却是有效供给不足，人民的需求得不到满足。因此，供给侧结构性改革成为实现高质量经济发展的重要内容。供给侧结构性改革的实质就是从供需平衡角度提出的经济协调发展，这可以极大地提高效益与效率。这里的协调应是供给与需求的协调、速度与质量的协调。

第三，绿色是可持续发展的必要条件。没有绿色发展，经济的发展就不可持续。绿色发展注重解决的是高质量经济发展中的人与自然的和谐问题。就本质而言，绿色发展就是贯彻循环经济发展的思想。循环经济发展模式是应对人类的生存与发展对自然资源的无限需求与自然资源有限性的矛盾的一种经济发展方式。当环境因素对经济发展的限制比任何其他影响因素都显得重要时，人们便不得不将主要注意力放在发展生态经济上。为使企业生产污染排放速度小于自然界的净化速度，减少不可再生性资源及再生周期长的资源消耗量，以应对资源短缺这一人类共同的问题，按生态发展规律组织生产经营成为企业生产与发展的硬约束和前提条件。高质量经济发展时期，同样面临着这些问题，必须优先解决这些问题，也就必须按循环经济发展规律组织生产，坚持绿色发展。

第四，开放是经济繁荣发展的必由之路。没有开放就没有思路，没有远见，也就没有创新的源泉。开放解决的是高质量经济发展中的内外联动，也即企业之间、国内与国外经济的联动。开放，也即“走出去，请进来”，“走出去”可以发挥我国企业的优势，发展壮大；“请进来”，可以利用国外企业与经济的发展优势为我所用，繁荣我国经济。开放，对于企业而言，就是通过企业间的联动，达到优化结构、协调发展的目的。

第五，共享是经济和谐发展的本质要求。没有共享，就体现不出制度的优越性，也就没有高质量的经济发展。共享解决的是高质量发展中的人与人之间的和谐问题。我国在改革初期提出的“让一部分人先富起来”的初衷，是让这部分先富裕起来的人引领带动其他人一起富裕，现今全民共同富裕的时机已成熟。从本质上说，信息、财富及福利的共享及其程度是衡量一个国家社会经济发展是否高质量的重要标志，也是一个国家制度优越性的体现。可见，共享是高质量经济发展的重要内涵，必将构成高质量发展时代经济发展的要求。

综上所述，协调发展强调的是供给与需求、速度与质量之间的协调，绿色发展强调的是人与自然的和谐，开放发展强调的是企业之间的和谐，共享是人与人之间的和谐。因此，高质量经济发展时代对经济发展的要求是在创新引领下的协调与和谐的经济发展。这种经济发展方式与循环经济发展模式相比，它强调的是全方位和谐的经济发展，与新常态下的经济发展模式相比，它突出强调了供给侧结构性改革，与单一供给侧结构性改革相比，它强调是综合协调的经济发展。

二、高质量经济发展时代的企业战略经营目标定位

企业的战略经营目标是追求价值的最大化，这是企业永恒不变的旋律，但是，这一主旋律在不同经济发展模式下或在不同发展时期，其内涵不尽相同。不同的经济发展时期、不同的经济发展模式，经济发展所呈现出的特点不同，对企业的生产经营管理和要求也不同，企业的经营目标定位也不尽相同。在工业经济时期，受生产能力的限制，供给不能满足市场需求，呈现出卖方市场的特征。这时，企业的经营目标定位于：通过追求产量的最大化，实现利润最大化。到了工业经济发展的后期，经济的发展逐渐从卖方市场变成买方市场，竞争日趋激烈，追求可持续发展成为企业的战略目标，企业的战略经营目标定位于：通过技术创新，形成和保持核心竞争力，从而实现企业价值应最大化。在循环经济发展模式下，提出了“低开采、高利用、低排放”，即“减量化、再利用、资源化”（简称“3R”），以“资产→产品→再生资源”的闭环流动型为生产特征的经济发展方式，与此相适应，企业的战略经营目标定位于：以“3R”为原则和指导思想、以生态化创新为内核、以竞争优势和核心竞争力的形成与保持为关键要素，谋求持续的企业价值最大化。

在高质量经济发展时代，无论是传统的企业还是战略新兴产业企业，都应将企业的战略经营目标定位于高质量经营业绩的追求。高质量的经营业绩体现在：第一，符合供给侧结构性改革的要求，生产的产品与市场需求相符合，产品的库存合理，杠杆合理，产能得到有效利用；第二，符合循环经济思想的绿色生产，包括对资源节约、有效利用，污染的治理，废弃物的循环使用；第三，体现人与人和谐的社会责任，如为企业所在社区创造的福祉，

包括提供的就业机会；同时，为企业员工提供的学习与提升的机会、参与决策的机会等；第四，在谋求企业自身利益的同时，还应关注联动企业的利益获得，这体现了利益的共享与共赢。

事实证明，无论哪种经济发展模式或方式，创新是企业在激烈的竞争中立于不败之地的重要法宝，工业经济时代依靠的是核心技术的创新，循环经济的发展依靠生态化的技术创新，战略性新兴产业的发展依靠重大技术创新驱动，在高质量经济发展时代，要实现上述的高质量经营业绩，就必须有体现高质量经济发展的技术创新、制度创新、文化创新和理念创新的综合创新。也正因为如此，创新构成了高质量经济发展的第一动力，进而比其他任何要素都显得更为重要。创新成为引导企业高质量经营业绩得以取得与战略经营目标得以实现的重要保证。

具体而言，高质量经济发展时代的企业战略经营目标应定位于：以高质量经济发展理念为指导思想、以综合创新为引领、以核心竞争力的形成与保持为关键，谋求协调的与和谐的、可持续的高质量经营业绩，从而使企业价值最大化。这一战略经营目标是对循环经济的发展目标的扩展与延伸，充分体现了高质量经济发展对企业经营的要求。

三、高质量经济发展时代的企业战略经营业绩评价理念

企业经营业绩评价是为企业战略经营目标实现服务的一项重要制度安排。高质量经济发展时代的企业战略经营业绩评价必须体现与战略目标管理相适应的理念。这种理念的核心就是高质量，也即，通过评价引导企业高质量经营业绩的实现。具体而言，企业的经营业绩评价应贯彻以下的理念。

第一，高质量的价值观。对价值最大化的追求是企业生存与发展的唯一目的，也是推动社会经济发展的主要动力。然而，不同的历史发展阶段，对价值最大化的追求形式却不尽相同。以我国为例，在计划经济时期，体现为追求产量最大化；在改革开放初期体现为追求税利最大化，到追求利润最大化；在市场经济建立时期，表现为追求企业价值最大化。高质量经济发展时代的价值观要求企业不能仅仅追求自身价值的最大化，而应在高质量经济发展指导思想下，即在符合供给侧结构性改革要求，在遵从绿色发展、价值共享前提下追求企业价值最大化。与以往价值观不同的是，这种价值观的追求

是联动企业、社区、整体价值的最大化。这种价值观要求企业在评价所创造的价值时，不以自身价值最大化为目标，而应以协调的、和谐的价值最大化为目标。

第二，高质量的利益观。进入高质量经济发展时代，企业的利益观也应发生变化，不应仅仅是以企业为单位的利益，而应是国家的整体利益、相关企业之间的利益、员工的利益、企业所在社区的利益。因此，企业在进行经营决策时，不仅要考虑自身的利益，更要考虑国家的利益、社会的利益、环保的责任。这些因素最终将制约着企业的利益是否可持续，标志着企业经营活动的质量。当企业的利益与高质量经济发展要求相矛盾时，应进行协调，寻找共赢的策略。与以往利益观不同的是，这种利益观尤其强调整体利益、大局利益、宏观利益。有时，为了整体利益，企业可能要牺牲一些自身的利益，例如，依据供给侧结构性改革的需要，为了化解过剩的产能，去杠杆、去库存，一些企业就必须放弃眼前的利益；否则，会造成资源更大的浪费。企业进行业绩评价时，应充分考虑这些因素，设置合理、科学的评价标准。

第三，高质量的效率观。这种效率观就是要使发展速度“下台阶”，发展质量“上台阶”，充分体现高质量的经济发展对社会经济发展的贡献，这时的企业经营效率不再以简单的投入与产出的比率来衡量，而应以生产产品结构是否符合市场的需求、成本是否合理、资源利用是否节约、污染治理是否达标、利益是否共享以及企业品牌的建立等来评价与衡量。

这种效率观还体现在，根据高质量经济发展要求，为了配合供给侧结构性改革的需要，有些企业需要补短板，形成生产经营的协调优势；而有些企业则需要扬优势，也即，企业应将自身的经营优势或特色进一步强化，形成自身的核心竞争力。

因此，这种效率观是一种协调效率观，即发展速度与发展质量相协调、供给与需求相协调的效率观。在进行业绩评价时，应充分反映以上体现高质量经济发展效率的因素，并在指标体系和评价标准中予以体现。

第四，高质量的创新观。绿色发展需要生态化创新、理念创新、制度创新和技术创新，开放与共享需要有理念创新与文化创新来共同支撑，品牌的打造需要理念、文化与技术创新共同完成。与以往创新不同，这种创新观强调的是综合创新，包括技术创新、制度创新、理念创新、文化创新等。为此，企业应根据自身的战略经营目标的定位，培育并形成富有特色的、有利于目标实现的综合创新能力。综合创新应构成企业战略经营业绩评价的重要内容。

上述的价值观、利益观、效率观、创新观就是质量变革、效率变革及动力变革的理念，应贯穿于高质量经济发展时代的企业战略经营业绩评价的始终。

四、高质量经济发展时代企业战略经营业绩评价的内容

根据高质量经济发展时代企业战略经营目标的定位及业绩评价应有的理念，第一，企业战略经营业绩评价的内容应突出综合创新能力的评价，因为它是引领高质量经济发展的第一动力，是企业战略经营目标定位中的第一关键要素，体现了高质量经济发展的动力变革，即创新驱动，体现了高质量的创新观。第二，核心竞争力的评价。核心竞争力体现着中国特色的高质量经济的内核，具有中国特色的难以模仿的核心竞争力，是实现“中国制造向中国创造”转变、“中国速度向中国质量”转变、“中国产品向中国品牌”转变的重要保证，也是综合创新能力的体现，在企业战略经营目标定位中是关键因素，也充分体现了高质量的效率观。第三，强调结构的评价。这是供给侧结构性改革的要求，符合协调的、可持续的高质量企业经营业绩的追求的战略目标定位，也是高质量价值观、利益观、效率观的集中体现。第四，绿色低碳循环发展的评价，也就是企业遵循生态发展规律基础上的经营发展评价，是高质量的价值观、利益观和效率观的体现，是企业经营可持续发展的制约条件，是高质量经济发展的前提要求。第五，利益共享度的评价。其体现了高质量的价值观和利益观，是追求和谐的、可持续的高质量经营业绩的要求。

根据上述，引导企业追求高质量经营业绩的评价体系应突出以下几个方面的评价内容。

第一，综合创新能力的评价。这种评价应包括技术创新（包括重大技术创新）、制度创新、理念创新与文化创新等。对于技术创新的评价，可用研发投入及产出、产出的时间周期、技术在产品生产中的运用等进行衡量评价。而制度创新、理念创新与文化创新可根据企业的经营管理需要着力打造和培育产生，可通过同行业企业的比较或与标杆的比较进行评价。

第二，核心竞争力的评价。核心竞争力是一个企业持续发展并在同行业中是否具有重要地位及占据重要市场份额的决定性因素。核心竞争力是综合创新的结果，是综合创新能力的体现。这种竞争力的评价可用企业拥有多少核心技术，或重大技术创新项目数，研制出的新技术；企业拥有的核心技术人员数，引进的核心技术人员数；在同行业中的地位（即企业在国内有多少家分、子公司，市场份额多少；与多少家企业建立了联合关系，企业是否在国外上市，有多少家分、子公司，市场份额多少）等进行评价。

第三，强调结构的评价。这方面的评价就是对供给侧结构性改革实施效果的评价，主要是对“三去一降一补”五大任务落实的业绩评价，这些方面的评价构成了高质量经济发展时代企业战略经营业绩评价的重要内容。一是去产能，也即对过剩产能的化解。企业应根据国家政策与高质量经济发展的要求，设计过剩产能的化解方案，并纳入企业的战略经营目标，并根据方案提炼考核指标进行评价。二是去杠杆，主要是化解以高杠杆等为主要特征的各类风险，使经营风险可控。企业应将资产负债率等各种杠杆逐渐调整到风险可控范围内。为此，企业应根据自身的经营特点及要求，并参考行业平均水平，确定合适的杠杆率，并作为标杆，对各种杠杆率是否合理进行评价，达到控制及去高杠杆的目的。三是去库存，即去无效供给。对企业而言，就是过剩的库存成品。企业可将这些库存的产品作为资源进行再生产利用，也可以输出到所需要的地区和国家。年去无效库存量可作为考核去库存的业绩指标。四是降成本。企业可通过技改，提高生产资源利用率，如废物利用，或少用资源，从而降低资源消耗；还可通过云技术、大数据的共享运用，机器人的设计与投入使用，降低人工费用，从而达到降低成本的目的。可以用成本费用降低率、成本费用收入降低率等指标进行评价。五是补短板。就企业而言，补短板，是指那些制约企业进行高质量经营的关键因素，应通过必要的措施，或制度和技术创新予以解决，以求全面发展，而不是畸形发展。企业可根据补短板的任务，结合自身的状况，制定出具体的行动方案并实时进行考核。

第四，绿色低碳循环发展的评价。如前所述，即便是高质量经济发展时代，绿色低碳的发展仍是前提，企业应根据自身所处行业的经营特点，根据高质量经济发展要求，选择绿色、低碳的环保发展评价指标，对照评价标准进行衡量评价。

第五，利益共享度的评价，主要是评价企业在信息共享，提供所在社区的福祉，包括提供的就业机会、带动社区的经济繁荣、环境治理等方面的状况及其程度。其充分体现了企业所承担的社会责任以及对社会的贡献。只有利益共享，才能达到共赢。

总之，企业应在高质量经济发展思想的统领下，根据所处区域经济发展特点、所处行业及企业经营特点，确定具体各自的战略经营目标，并确立与之相适应的业绩评价理念和评价内容。同时，应注意评价的重点，由于各企业在高质量经济发展时代所承担的任务不同，战略经营目标不尽相同，业绩评价的侧重点也不同，因此，应合理选择评价标准与方法、科学确定权重。

参考文献

[1] 拜亚斯著，王德中译．战略管理 [M]．北京：机械工业出版社，1988.

[2] 宝利嘉．战略执行——平衡计分卡的设计与实践 [M]．中国社会科学出版社，2003.

[3] 保罗·尼文，胡玉明等译．平衡计分卡——战略经营时代的管理系统 [M]．中国财政经济出版社，2003.

[4]《财政部等五部委关于印发〈企业效绩评价操作细则（修订）〉的通知》[EB/OL]．http://www.sasac.gov.cn/n2588035/n2588320/n2588335/c4259705/content.html. 2002-08-04.

[5] 财政部1999年重点会计研究课题．中国企业效绩评价方法研究．2001.

[6] 财政部统计评价司．企业效绩评价工作指南 [M]．经济科学出版社，2002.

[7] 财政部统计评价司．企业效绩评价问答 [M]．经济科学出版社，1998.

[8] 财政部统计评价司编．企业效绩评价工作指南 [M]．经济科学出版社，2002.

[9] 曹煦，王晓琪，巩文波．西方管理思想概要 [M]．北京：经济管理出版社，1989.

[10] 查尔斯·T. 亨格瑞，成本会计 [M]．中国人民大学出版社，1997.

[11] 陈毅．企业业绩评价系统综述（上）[J]．外国经济与管理，2000（04）：7-10.

[12] 陈翼．"大智移云"时代财务共享服务中心绩效评价体系研究 [J]．会计之友，2018（16）：73-78.

[13] 池国华，迟旭升．我国上市公司经营业绩评价系统研究 [J]．会计研究，2003（08）：45-47.

[14] 池国华．基于发展逻辑的管理业绩评价系统设计框架 [J]．南开管理评论，2006（02）：24-30.

[15] 丁伟．基于循环经济框架的环境财务报告研究 [J]．现代管理科学，2007

(02): 73 - 74, 94.

[16] 杜胜利. 企业经营业绩评价 [M]. 北京: 经济科学出版社, 1999.

[17] 杜胜利. 企业经营业绩评价的跨世纪思考 [J]. 财会通讯, 2001 (02): 7 - 9.

[18] 杜兴强. 人力资本、核心能力及持续经营假设内涵的解读 [J]. 财会通讯, 2002 (12): 3 - 6.

[19] 傅元略. 企业智力资产效益贡献的综合评价 [J]. 会计研究, 2000 (10): 43 - 45.

[20] 高立法, 冯腾达. 企业经营分析与效绩评价 [M]. 经济管理出版社, 2001.

[21] 高前善. 和谐社会中企业绩效的多重评价 [J]. 商业时代, 2006 (21): 30 - 31.

[22] 国家发展改革委员会、国家环保总局、国家统计局. 关于印发循环经济评价指标体系的通知 [EB/OL]. http: //fgcx. bjcourt. gov. cn: 4601/law? fn = chl359s419. txt. 2007.

[23] 国务院. 国务院关于加快培育和发展战略性新兴产业的决定. [EB/OL]. http: //www. gov. cn/gongbao/content/2010/content_1730695. html. 2010 - 10 - 10.

[24] 何晓群. 多元统计分析 [M]. 中国人民大学出版社, 2004.

[25] 侯美娇. 金融危机对中国企业的影响及其人力资源管理对策 [J]. 时代经贸 (下旬刊), 2008, 6 (12): 233 - 234.

[26] 黄群慧. "十三五" 时期新一轮国有经济战略性调整研究 [J]. 北京交通大学学报 (社会科学版), 2016, 15 (02): 1 - 14.

[27] 霍格伦. 成本·管理会计 [M]. 冶金工业出版社, 1985.

[28] 吉林省. 开展企业效绩评价服务国有企业改革, 2002.

[29] 贾品荣. 金融危机下的企业机遇 [J]. 西部论丛, 2008 (12): 59 - 60.

[30] 江西省财政厅统计评价处: 关于企业效绩评价基础数据核实确认有关问题的说明.

[31] 蒋桂松, 吴新建. 金融危机对中国实体经济的影响及对策 [J]. 时代金融, 2008 (12): 4 - 5.

[32] 解培才. 工业企业经营战略 [M]. 北京: 中国人民大学出版社, 1990.

[33] 牢牢把握高质量发展这个根本要求 [N]. 人民日报, 2017 - 12 - 21 (001).

[34] 李良辉. 企业财务评价指标体系初探 [J]. 财经理论与实践, 1996 (05): 36 - 38, 43.

[35] 李圣梅. 灰色关联度分析法在企业业绩评价中的应用 [J]. 价值工程, 2004 (07): 40 - 41.

[36] 李长青, 王琴, 戴悦. 循环经济理论下财务管理目标的实现 [J]. 财会月刊, 2007 (05): 88 - 90.

[37] 李智. 新常态下中国经济发展态势和结构动向研究 [J]. 价格理论与实践,

2014 (11): 7 – 12.

[38] 林俊杰. 平衡计分卡导向战略管理 [M]. 华夏出版社, 2003.

[39] 陆庆平. 关于深入开展企业效绩评价工作的几个问题 [J]. 财务与会计, 2002 (09): 4 – 6.

[40] 陆庆平. 实施效绩评价推进管理方式转变——企业效绩评价体系简介 [J]. 财务与会计, 1999 (03): 6 – 7.

[41] 罗伯特·S. 卡普兰, 安东尼·A. 阿特金森. 高级管理会计 [M]. 东北财经大学出版社, 1999.

[42] 罗伯特·S. 卡普兰, 戴维·P. 诺顿. 综合记分卡——一种革命性的评估和管理系统 [M]. 新华出版社, 1998.

[43] 罗伯特·卡普兰. 综合记分卡——一种革命性的评估和管理系统 [M]. 新华出版社, 1998.

[44] 罗伯特·西蒙斯, 张文贤译. 战略实施中的绩效评估与控制系统 [M]. 大连: 东北财经大学出版社, 2002.

[45] 罗飞. 成本会计 [M]. 高等教育出版社, 2000.

[46] 罗虎. 论中国特色的现代国有企业管理制度——激励约束机制和业绩评价制度 [J]. 福建论坛 (人文社会科学版), 2016 (01): 191 – 197.

[47] 孟建民. 企业经营业绩评估问题研究——中国企业绩效评价方法研究 [M]. 中国财政经济出版社, 2002.

[48] 孟建民. 中国企业效绩评价方法研究 [R1]. 北京: 财政部 1999 重点会计科研课题, 2001.

[49] 潘飞. 管理会计应用与发展的典型案例研究 [M]. 中国财政经济出版社, 2002.

[50] 潘琰, 程小可. 上市公司经营业绩的主成份评价方法 [J]. 会计研究, 2000 (01): 31 – 35.

[51] 钱德勒. 看得见的手 [M]. 北京: 商务印书馆, 1987.

[52] 秦志敏, 陈梦. 对国有资本金效绩评价指标的研究 [J]. 会计研究, 2000 (09): 61 – 62.

[53] 任书娟. 基于三重底线理论的企业综合业绩评价体系构建 [J]. 财会通讯, 2019 (26): 59 – 61.

[54] 萨缪尔森. 经济学 (第十二版) [M]. 北京: 中国发展出版社, 1992.

[55] 孙海鸣, 刘乃全. 企业战略理论发展及其重心演变 [J]. 财经研究, 2001 (02): 10 – 15.

[56] 孙璐. 权力边界、可控业绩与经营者业绩评价指标选择 [J]. 经济体制改革,

2005 (05): 70 - 73.

[57] 潭根林. 循环经济学 [M]. 北京: 经济科学出版社, 2006.

[58] 王德平. 企业战略管理 [M]. 成都: 西南财经大学出版社, 1999.

[59] 王光甫, 勒钟, 王事. 企业战略管理 [M]. 北京: 中国财政经济出版社, 2000.

[60] 王华俊. 建立循环经济评价体系 [J]. 中国有色金属, 2008 (04): 50 - 51.

[61] 王剑. 相对业绩评价研究评介——基于经济学和行为科学整合的分析框架 [J]. 华东经济管理, 2011, 25 (12): 135 - 141.

[62] 王珮, 赵起凤, 高海梅. 国有企业业绩评价制度的变迁与思考 [J]. 财会月刊, 2018 (17): 57 - 61.

[63] 王鹏姬, 陈柳钦. 平衡记分法在物流服务企业效绩评价中的应用 [J]. 财会通讯, 2003 (08): 24 - 25.

[64] 王素霞. 嵌入企业社会责任的管理会计架构研究 [J]. 财会通讯, 2021 (07): 172 - 176.

[65] 温素彬. 企业三重绩效的层次变权综合评价模型——基于可持续发展战略的视角 [J]. 会计研究, 2010 (12): 82 - 87.

[66] 习近平. 决胜全面建成小康社会夺取新时代中国特色社会主义伟大胜利——在中国共产党第十九次全国代表大会上的讲话. [EB/OL]. http: //cpc. people. com. cn/n1/2017/1028/c64094 - 29613660. html. 2017 - 10 - 28.

[67] 习近平. 谈治国理政 [M]. 外文出版社, 2014. 119 - 128.

[68] 肖序, 王军莉. 企业生态效率指标研究 [J]. 北京市经济管理干部学院学报, 2006 (02): 28 - 32.

[69] 谢德仁. 会计信息的真实性与会计规则制定权合约安排 [J]. 经济研究, 2000 (05): 47 - 51.

[70] 徐忠. 危机时刻话绩效——企业绩效管理的一个思考 [J]. 才智, 2009 (08): 269.

[71] 颜冠鹏, 冉启英. 供给侧改革背景下国有混合制企业绩效评价体系构建 [J]. 商业经济研究, 2017 (13): 91 - 94.

[72] 杨宇华. 数字经济时代的企业财务管理转型研究 [J]. 会计之友, 2020 (18): 60 - 66.

[73] 杨玉龙, 潘飞, 张川. 差序格局视角下的中国企业业绩评价 [J]. 会计研究, 2014 (10): 66 - 73, 97.

[74] 杨玉龙, 潘飞, 张川. 上下级关系、组织分权与企业业绩评价系统 [J]. 管理世界, 2014 (10): 114 - 135.

[75] 于增彪，闫凤翔，刘桂英，郭群英，刘满江．预算管理与绩效核算集成系统设计——亚新科 BYC 公司案例研究（上）[J]．财务与会计，2004（02）：12－18.

[76] 于增彪，闫凤翔，刘桂英，郭群英，刘满江．预算管理与绩效考核集成系统设计——亚新科 BYC 公司案例研究（下）[J]．财务与会计，2004（03）：18－23.

[77] 于增彪，张双才．企业集团业绩评价系统设计 [J]．新理财，2004（10）：20－26.

[78] 张立群．如何把握好"高质量发展"这一根本要求 [J]．西部大开发，2018（Z1）：114－115.

[79] 张蕊，于海燕．企业经营业绩评价综述：理论、方法与展望 [J]．当代财经，2016（11）：106－116.

[80] 张蕊．"新经济"时期企业经营业绩评价指标体系框架的建立 [J]．当代财经，2001（05）：73－76.

[81] 张蕊．金融危机下企业经营业绩评价的思考 [J]．会计研究，2009（06）：23－27，96.

[82] 张蕊．论企业经营业绩评价的理论依据 [J]．当代财经，2002（04）：68－73.

[83] 张蕊．论新常态下程序理性与结果理性有机融合的企业业绩评价 [J]．会计研究，2015（10）：89－92，97.

[84] 张蕊．企业经营业绩评价方法的比较研究 [J]．当代财经，2006（02）：109－113.

[85] 张蕊．企业经营业绩评价理论与方法的变革 [J]．会计研究，2001（12）：46－50.

[86] 张蕊．企业战略经营业绩评价的核心财务指标 [J]．当代财经，2003（06）：100－102.

[87] 张蕊．企业战略经营业绩评价指标体系研究 [M]．中国财政经济出版社，2002.

[88] 张蕊．企业战略目标的指标体系转换 [J]．管理世界，2005（08）：158－159.

[89] 张蕊．新时期企业财务业绩评价指标体系研究 [J]．财会月刊，2002（07）：14－15.

[90] 张蕊．循环经济下的企业战略经营业绩评价问题研究 [J]．会计研究，2007（10）：62－66，96.

[91] 张蕊．循环经济下的企业战略经营业绩评价问题研究 [M]．北京：中国财政经济出版社，2011.

[92] 张蕊．战略平衡计分卡：衡量企业战略经营业绩的新指标体系 [J]．当代财经，2000（10）：76－80.

[93] 张蕊．战略性新兴产业企业业绩评价问题研究 [J]．会计研究，2014（08）：41－44，96.

[94] 张扬. 循环经济概论 [M]. 湖南人民出版社，2005.

[95] 郑嘉伟. 新常态下的中国宏观经济形势分析与展望 [J]. 当代经济管理，2015，37 (05)：39－44.

[96] 支晓强，戴璐. 组织间业绩评价的理论发展与平衡计分卡的改进：基于战略联盟情景 [J]. 会计研究，2012 (04)：79－86，95.

[97] 支晓强. 如何选择业绩评价标准——兼论业绩评价在激励机制中的作用 [J]. 会计研究，2000 (11)：25－30.

[98] 中共国家发展改革委党组. 以新理念引领新常态，推动经济高质量发展 [N]. 经济日报，2017－11－01 (11).

[99] 周三多. 管理学 [M]. 北京：高等教育出版社，2000.

[100] 周一虹. 生态效率指标：环境业绩指标和财务业绩指标结合方法探讨 [J]. 兰州商学院学报，2005 (03)：1－4，27.

[101] 朱和平，王韬，颜节礼. 中小型高科技企业成长性评价研究 [J]. 证券市场导报，2004 (05)：64－68，79.

[102] 朱开悉. 未来财务报告的方向：企业财务核心能力 [J]. 财务与会计，2002 (07)：41－42.

[103] 朱清香. 新发展格局下企业绩效评价体系优化研究 [J]. 会计之友，2021 (09)：2－9.

[104] 专论：《全力推动我国经济转向高质量发展》[EB/OL]. http://theory.people.com.cn/n1/2017/1217/c40531－29711465.html，2017－12－17.

[105] A C D I，A D L，B T R. Performance implications of strategic performance measurement in financial services firms [J]. Accounting，Organizations and Society，2003，28 (7－8)：715－741.

[106] Bacidore J M，Boquist J A，Milbourn T T，et al. The Search for the Best Financial Performance Measure [J]. Financial Analysts Journal，1997，53 (3)：11－20.

[107] Barrett，GW，Farina. Integrating ecology and economics [J]. BIOSCIENCE，2000.

[108] Bromwich M，Walker M. Residual income past and future [J]. Management Accounting Research，1998，9 (4)：391－419.

[109] C. K. Lam，2002，Using the Balanced Scorecard as the Diagnostic Framework of the Company Performance Measurement System，Final Research Paper1 of Doctor Business Administration Program，University of South Australia.

[110] CIMA，CIMA Strategic Scorecard [EB/OL]. [2007，1]. http://www.cimaglobal.com/Documents/ImportedDocuments/tech_execrep_strategic_scorecard_boards_engaging_

in_strategy_mar_2007. pdf

[111] Duning, William R. Ratio analysis of financial statements: [M]. Harper & Brothers, 1928.

[112] Fisher J G. Contingency theory, management control systems and firm outcomes: past results and future directions [J]. Behavioral Research in Accounting, 1998, 10: 47 – 64.

[113] How the right measures help teams excel: Christopher Meyer, Harvard Business Review (May – June 1994), pp. 95 – 103 [J]. Journal of Product Innovation Management, 1995, 12 (1): 80.

[114] Jensen M C, Meckling W H. Theory of the Firm: Managerial Behavior, Agency Costs, and Ownership Structure [J]. Springer Netherlands, 1979.

[115] Kaplan R. The Balanced Scorecard – Measures that Drive Performance [J]. Harvard Business Review, 1992.

[116] Kaplan R S, Norton D P. Translating Strategy Into Action – The Balanced Scorecard [M]. Harvard Business, School Press Boston, Massachusetts, 2000.

[117] Kaplan R S, Norton D P. Linking the Balanced Scorecard to Strategy [J]. California Management Review, 1996, 39 (1): 53 – 79.

[118] Kaplan R S, Norton D P. Putting the Balanced Scorecard to Work [J]. Harvard business review, 1998, 71 (5): 134 – 140.

[119] Kaplan R S, Norton D P. Strategy Maps: Converting Intangible Assets into Tangible Outcomes [J]. Research – Technology Management, 2004, 47.

[120] Kaplan R S, Norton D P. Using the Balanced Scorecard as a Strategic Management System [J]. Harvard Business Review, 2007, 85 (7).

[121] Kaplan R S, Norton D P. Using the Balanced Scorecard as a Strategic Management System [J]. Harvard Business Review, 1996, 85 (2): 150 – 161.

[122] Kaplan R S, Norton D P. Strategy Maps – Converting Intangible Assets into Tangible Outcomes [M]. Harvard Business School Publishing Corporation, 2004.

[123] Kaplan R, Norton D. The Balanced Scorecard: Translating Strategy into Action [J]. IT Governance. Information Systems Control Journal, 1996.

[124] Kaplan R, Norton D. The Strategy – Focused Organization [M]. Harvard Business School Publishing, 2001.

[125] Lees, Gillian. Improving strategic oversight: the CIMA strategic scorecard [J]. Measuring Business Excellence, 2004, 8 (4): 5 – 12.

[126] Maltz A C, Shenhar A J, Reilly R R. Beyond the Balanced Scorecard: Refining the Search for Organizational Success Measures [J]. 2003, 36 (2): 0 – 204.

[127] Mills R. Strategic value analysis: Linking finance and strategy [J]. Management Accounting Magazine for Chartered Management Account, 1995 (April).

[128] Neely A, Adams C. Perspectives on performance: the performance prism [J]. Journal of Cost Management, 2001, 15 (1): 7 – 15.

[129] O' Hanlon J, Peasnell K V. Wall Street's Contribution to Management Accounting: The Stern Stewart Eva Financial Management System [J]. Social Science Electronic Publishing.

[130] Paul R. Niven, Balanced Scorecard Step by Step – Maximizing Performance and Maintaining Results [M]. John Wiley & Sons, 2002.

[131] Robert S. The Balanced Scorecard: Measures That Drive Performance [J]. Harvard Business Review, 1992, 70.

[132] Rostow W W. The stages of economic growth: a non – communist manifesto [M]. Cambridge University Press, 1990.

[133] Schumpeter J. , History of Economic Analysis [M]. New York: Oxford University Press. 1954: 12 – 23.

[134] Stefan, Schiller. Measure up! Yardsticks for continuous improvement: by Richard L. Lynch and Kelvin F. Cross (Oxford, U. K. : Basil Blackwell, 1990), 213 pp. ISBN 1 – 55786 – 099 – 8 [J].

[135] Stern J M, Stewart G B, Chew D H. The EVA Financial Management System [J]. Journal of Applied Corporate Finance, 2010, 8 (2): 32 – 46.

[136] Waterhouse J H. A Stakeholder Approach to Strategic Robert B. Wells Performance Measurement.

[137] Weintraub S. Modern economic thought [J]. University of Pennsylvan, 1977.

[138] Yuan Z, Bi J, Moriguichi Y. The Circular Economy: A New Development Strategy in China [J]. Journal of Industrial Ecology, 2006 (10): 4 – 8.